イヤイヤ訪ねた世界遺産だったけど

アジアで見つけた夢の足跡

Korea
Indonesia
Thailand
Cambodia
Laos

大西剛

新評論

Indonesia
インドネシア
世界最大の仏教寺院といわれるボロブドゥール寺院遺跡

❶

❷

Korea

韓国

❶……仏国寺・観音殿の軒に施された丹青
❷……海印寺山門
❸……新羅時代の最高傑作といわれる
仏国寺・多宝塔

❶

❻

❹

❺

Cambodia

カンボジア

❹……三重の回廊で囲まれたアンコールワット中央祠堂
❺……アンコールトム・南大門前
❻……アンコールトム・バイヨン寺院に彫られた巨大な四面仏

❽

❾

❼

Thailand

タイ

❼……アユタヤ・ワーチャブラナ寺院
❽❾…同じ仏教国ビルマの手で無惨に破壊されたアユタヤの寺院

Laos

ラオス

⑩……ルアンパバーン・シェントン寺院。ラオス仏教の寺は飾り気がない
⑪⑫…ルアンパバーンの新年祭風景
⑬……新年の祈り。ルアンパバーン近郊のパクオー洞窟内

⑩

⑪

⑫

⑬

もくじ

旅のはじまり　9

第1章　「似て非なる国」再見の旅——韓国——

●韓国への思い　16
●いざ、韓国へ　18
●禅寺と勘違いした韓国王宮　25
●「日帝」の遺物　35
●韓国寺院との対面　38
●葬り去られた百済の歴史　42
●浴びせられた罵声　45
●北の韓国　48
●海印寺《ヘインサ》へ　56
●慶州は新羅の都　65
●終わらない韓国の旅　73

第2章　宗教のかたちと民族のかたち　――インドネシア――

●シンガポールの昭南旅館　80
●脱亜入欧のショップハウス　84
●消されたチャイナと消せないチャイナ　89
●国はいったい誰のものか　95
●バリ島のマクドナルド　101
●寺院というエクステリア　105
●王立宗教裁判所　111
●バリ舞踊とヨーロッパ　117
●バリ人気質の来し方行く末　122
●大きな島と小さな島　130
●ボロブドゥールのイスラム娘　132
●鋭角的な寺院群　141
●仏教とヒンズー教の相克　147

●奪われた歴史ドラマの主役の座　153

第3章　文明の系譜は今どこへ　――カンボジア――

●プノンペンの記憶　160
●シェムリアップの村人　171
●アンコールという被写体　176
●カンボジア唯一のビーチリゾート　185
●ポル・ポト時代の生き証言　191
●リゾートの廃墟　194
●七ヵ月ぶりのプノンペン　199
●トンレサップの暮れ色　203
●写真の中のアンコールへの旅　206
●再びヒンズー教と仏教徒の関係について　211
●アンコール文明の衰退　215

第4章 微笑みの国の舞台裏 ――タイ――

●発熱アジアが迎えた試練 220
●魔都バンコクのイメージ 222
●遅れてきた大国 228
●バーツショック後のバンコクにて 232
●黄金の仏塔を支える者 239
●山田長政の通った道 244
●内陸の島アユタヤ 248
●アユタヤ王朝前半を飾った遺跡群 253
●アユタヤ中期のビルマの侵攻 258
●ロッブリーに眠るアユタヤの秘密 263
●近親憎悪か征服欲か 272

第5章 変わらない、という豊かさ ――ラオス――

●アジアでいちばん静かな首都 278
●ビエンチャンから郊外へ 287
●ラオスとタイの切れない関係 294
●新年初日のルアンパバーン 300
●ピーマライオのハイライト 309
●人間が暮らす世界遺産 318
●「知られざる国」が発するメッセージ 324
あとがき 330

イヤイヤ訪ねた世界遺産だったけど

旅のはじまり

アジアバブル絶頂期の一九九五年から、それが砕け、すっかり意気消沈した一九九九年までは、私にとってもアジアをチョロチョロ動き回った腰の座らない四年間だった。京都発のアジア情報誌の取材を担当しており、いちばん初めは自費で、二回目からは編集部に旅費を出してもらい、ときには旅行社や観光局の招待を受けてアジアに出掛けた。

それ以前にも、アジアというエリアには何度か訪れていた。最初は一九八九年のシンガポール。ニュージーランドへの長期旅行の帰りで、使ったのがたまたまシンガポール航空だったことからストップオーバーで三日ほど立ち寄った。六月のことで、南半球の冬の気候がしみついていた身には、初めて降りた日本以外のアジアの地シンガポールはまるでサウナのようだったし、食べ物のすえた臭いにムッとして、ゴミ捨て場にでもいるような感じがした。

シンガポールはすでに庭園都市への道を着々と歩み、メインストリートには美しいビルが林立していたが、そんな場所でもどこからともなく臭いが立ちこめ、それがねっとりした湿気と一緒になって肌にまとわりつくようだった。ちょっとそれるとゴミゴミしたチャイナタウンが健在で、地べたには食べ物のカスやタバコの吸殻がゴロゴロしていた。美しいシンガポールのイメージを求めた観光客がどっと押し寄せるはずのマーライオン・パーク付近にも冴えない屋台センターがあって、下着のシャツ一枚のオヤジが客の食べるテーブルで肉や魚をさばき、そこらを血や臓物でベタベタにしていた。

街には地下鉄も通っていたが、まだできて間もないということであった。そのためか、運転手は停車位置にきちんと停めることができず、何度か行きつ戻りつしてようやく扉を開けた。シンガポールの地下鉄はプラットホームにも扉があるため、ピッタリ停めないと客を乗り降りさせることができないのだ。

私にとってしばらくは、これがアジアのイメージとなってしまった。「トロピカル」というバタ臭い語は似合わず、「南洋」と呼ぶほうがふさわしい。はっきり言って不潔に見えたし、まだまだ「近代文明」という言葉とは不釣り合いのように思われた。今にして思えば、このときのシンガポールだってアジアでは突出した優等生ではあるのだが。

以後、バンコクやバリにも行くが、アジアの印象は相変わらずで、一九九五年七月、初めての取材旅行でマレーシアへ行くときも、中学生の社会の授業で習った通りのスズ鉱とゴム園の国でしかないだろうと思って日本を発った。ところが、首都のクアラルンプールで、その見事な都会ぶりに圧倒された。純白の高層ビルが空を突き刺すようにそそり立ち、そこかしこの建設現場では、負けじとばかりに背の高いクレーンがアームを空に振り上げている。ブキビンタンという繁華街には、しゃれたショッピングビルが軒を並べ、平日も夜遅くまで家族連れで賑わっていた。どうやら市民の間では、夕方、父親の仕事が終わるのを待って家族で街に繰り出すのが一つのレジャーになっているようだった。ショッピングビルにはフードコートという食堂街があり、そこで家族で夕飯をとりつつ、ウインドーショッピングを楽しむのだ。親たちの表情はどこかしら自信に溢れ、子どもたちの目は輝き、発展の波に乗りだしたアジアの躍動感がプンプン漂っていた。それはまさに、自分が子どものころに日本が高度成長路線を邁進していた当時を見るようでもあり、日本人以外のアジア人に急に親しみを感じはじめた。

以後、各国を回り、予想外の発展ぶり、近代化ぶりを目の当たりにした。そして、必ずそこには、自信に溢れ目を輝かせるアジアの同胞たちの姿があった。取材だから、あらかじめ行く場所が決められており、決して自由な旅とは言えない。ときには、日系企業を訪問したりして商社マンから話を聞いたり、あるいは現地の観光関係者や新興起業家に会わねばならないことがある。それでも彼らが熱っぽく語る夢に耳を傾けていると、いわゆる「発熱するアジア」の渦中に身を置くようで、自分までもが熱くなった。

その一方で、いつも気後れするのが遺跡・文化財関係の取材だった。今が「旬」といわんばかりのアジアの都市や人々に比べて、どうも干涸びてカサカサしている。もともと私自身、博物館に行っても、土器の破片や古瓦の類は五枚も見たら飽き飽きするタイプの人間であるということも理由の一つである。学校時代も世界史の授業となると、まったく聞き慣れない人名や地名、無味乾燥なカタカナ、そして年号数字の嵐に辟易し、試験はカンニングでクリアするものと決めこんでいた。その上、遺跡というものは大抵が不便な所にあって、行けば必ず汗と埃まみれになる。決して快適とは言えない遺跡めぐりを、わざわざ自分で高い金を払ってまでする人がいるのだな、と素直に感心したりもしていた。

そんな調子で、私はアジアに出掛け、訪ねた国は二十ヵ国近くになっていた。一九九七年夏には通貨危機が勃発してアジアのバブルはあっけなく崩れ、一年経ち、二年経っても、なかなか景気は戻らなかった。やがて私は、アジア情報誌の仕事を降りた。

アジアを旅した四年間は、私にとって何だったのだろうとふと思う。現地で見聞きした経済ネタは二一世紀になってしまった現在はもう使えない。拡大するアジア市場だとか、巨大な投資プロジェクトだとか、記事を書く参考にとインターネットでかき集めた話題も、今となってはまるでホラ話のようである。せっかく面識を得た在アジアのビジネスマンも事業縮小で日本に呼び戻されたりしているし、飛び込み取材に応じてくれた日系デパートは何と本体が倒産してしまった。ネパールで社長インタビューまでした「エベレストエア」という航空会社も、一九九九年一〇月にネパールに行ったときには潰れていた。

だが、そんな中で、私にとっては逆に輝きを増したのが、嫌で嫌でたまらなかった遺跡・文化財の類だった。私が訪れた中には、はからずしてユネスコの世界遺産リストに登録されている物件が多く含まれていた。もっともそのころは、「世界遺産」という言葉すら知らなかったが。

しぶしぶ訪れ、無節操にシャッターを切るうち、結構夢中になっていた。ゆっくり時間がとれなかった所はとりあえず写真に収めていたのだが、日本に帰ってそれを見返していると、近いうちに遊びでじっくり行きたくも思うようになった。とは言いながら、相変わらず「遺跡」と聞くと気後れすることのほうが多かったが、取材を重ねるうちにスリランカ型仏塔が海を越えて各地に点在するのに気がつき、アンコール遺跡で見たナーガ（蛇）のモチーフや砲弾型の塔堂がカンボジア以外の国でも見られることを知った。そうしてアジア史に無知だった自分の頭の中で、点が線になり線が面になっていった。

後からじわじわ滲みてくるのが私にとっての「世界遺産」だった。本来、事前にもっと期待もし、勉強もしてから行くべきだったのだろうが、冷めた目で無知のまま臨んだからこそ、点が線になり線が面になる面白さを体で味わうことができたように思う。やはり、値打ちのあるものは無関心な人間をも振り向かせるだけのパワーを秘めているのだろうし、巷で右往左往している経済の浮き沈みとはまったく無関係の存在のようだ。

何もないジャングルにとんでもない文明の跡が眠っているのも、またアジアの凄さだ。近代的な産業の装置や立派なビルがない国を「途上国」と呼んだりするが、たとえば、アンコール遺跡やボロブドゥールのような現在の技術をもってしても難しいといわれる石組みを造り上げた国々を、そういった一言で括ってしまうのは如何なものか。しかも、旅行者という気楽な立場で訪ねてもすぐに音《ね》を上げねばならない酷暑の中で、巨大な石を動かし、その表面に精緻な彫刻を刻むのは想像を絶する作業であったろう。現代人が築いた都市がやがて遺跡になったとして、これほどの光彩を放つことが果たしてできるのだろうか。

文明というものは、物に刻まれた記録だからこそ意味があるような気がしてならない。インターネット時代が到来し、何でもチップや薄っぺらなディスクに刻まれる電脳文化なるものが世界を席巻する現在、とくにそう思う。人間というものは、本来、物質を御《ぎょ》すことに価値や生きる喜びを見つけてきたのではないか。日本画の世界では、絵の具の溶き方を覚えるだけでも一〇年以上はかかるという。一方、コンピュータグラフィックスなら、理論上は一六〇〇万色もの色が、素人でもたやすく画面上で合成できることになっている。写真にしても、デジタル処理をすれば、昼間の景色を夕方に変え、構図の中の余計なものは、電線も消せるしゴミも消せるし、人間だって相手に断りなく抹殺できる。デジカメ時代の写真家たちは、一瞬のシャッターチャンスのためにすべてをかけるという作業から逃れようと思えば逃れることもできるということだ。

だが、デジタル化された生きたあかしは、この先に装置の仕様が変わってしまえば永久に解読不能となるのかもしれない。未来都市の博物館には、外見では区別がつかない光磁気ディスクがズラリと陳列されることになるのだろうか。そして、内部に記憶されているはずの何百メガバイトという情報は、ラベルに書かれたわずかな文字によってのみ推察されることになる。

そう思えば、世界遺産というものは随分と逞しいではないか。電脳時代の記録ディスクは、わずかな傷や埃に弱く、子どもに踏まれただけでひとたまりもないが、世界遺産と言われるものは、灼熱の太陽や激しいスコールに何百年もの間さらされようが、戦争でことごとく打ち壊されようが、見苦しいだけのゴミにはならず、歴史の生き証人として厳然とメッセージを放ち続けている。

第1章

「似て非なる国」再見の旅
——韓　国——

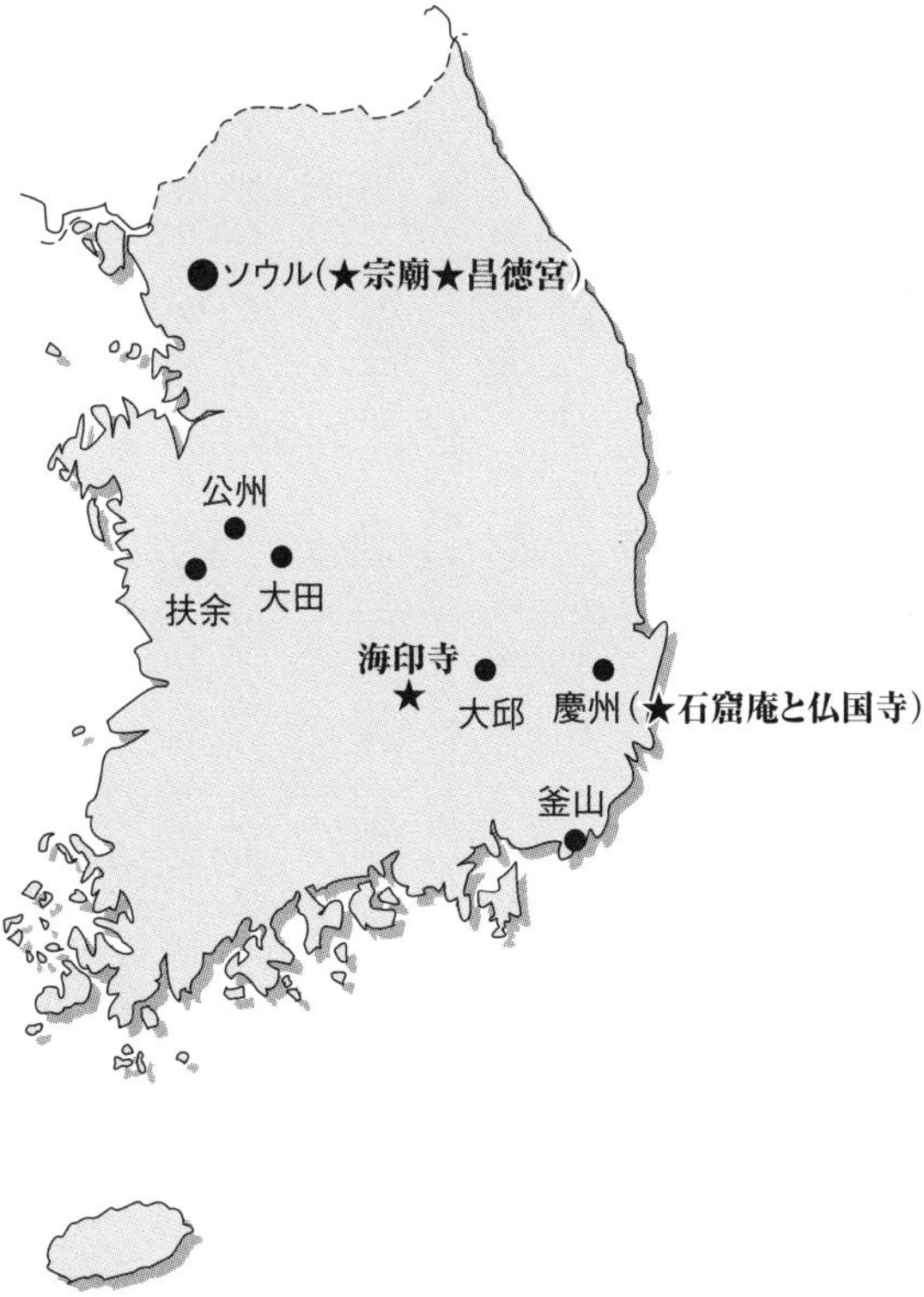

韓国への思い

これから述べる韓国にしても、訪れる前は世界遺産への興味はまったくなかったというのが正直なところだ。それどころか、自分が訪れた名所や旧跡のうち「宗廟《チョンミョ》」「昌徳宮《チャンドクン》」「海印寺」「仏国寺」という四つが世界遺産リストなるものに登録されていることすら、帰国してからもかなり長い間意識することがなかった。ともかくも、韓国に行くのは億劫だった。嫌でも行かねばならないのが取材旅行の辛さであり、また良さでもあるのだが、幾つかの理由から韓国はできれば行きたくない国の一つだった。

今、にわかに韓国側で日本語や日本文化の解禁といった融和ムードが出てきているが、およそ日韓関係と言えば、従軍慰安婦問題をはじめ、日本が過去に犯した「歴史的犯罪」の後始末の話がずっとくすぶり続けていた。韓国エステに焼き肉三昧の韓国旅行が派手に宣伝される一方で、飲み屋で自分たちがしゃべっている日本語を聞きつけられ絡まれたりとか、写真を撮っていると、群衆に取り囲まれてとんでもない目に遭ったという話も珍しくない。

私が育った場所は大阪府の南部で、在日の韓国・朝鮮人が少なくなかった。当時は「韓国人」と「朝鮮人」の区別があることさえ知らなかったが、いずれにせよ、在日コリアンの子弟の通う学校がわが中学の校区にもあった。その付近のある一角は、日本人の中学生が少人数でいると必ずケンカを売られるという噂が定着していて近寄れなかった。

高校生くらいになると、そういうことの歴史的背景を知識としては知るようになるが、大阪市内の私立高校に通う兄などは、通学途中で韓国の高校のグループとの諍いにも巻き込まれていた。兄の高校と韓国の高校は代々仲が悪く、制服を着ているだけで「やらねばやる」の関係が避けられなかったという。

近所の公立高校に通っていた私にはそんな経験はなかったが、高校三年のときに教科書を忘れ、違うクラスの友人に借りたことがある。その友人の家は織物工場を経営していて比較的裕福だったし、本人も面白い奴で人気者だったから苦労知らずのボンボンのように思っていたが、何の気なしに借りた日本史の教科書の裏表紙をめくったところにハングル文字が三つ太マジックで書かれてあった。それは紛れもなく彼の名前で、彼は在日コリアンだったのだ。裏表紙には漢字で日本語の名前が書いてあったが、あえてその裏側に書いたハングル文字は、日本人という仮面をかぶっていることへの彼の屈折したレジスタンスのように思われた。

私はハングル文字を見るたびに、彼のことを思い出す。「似て非なる国」といわれる日韓両国。私にとって、ハングル文字はその象徴のようにも思えるのだ。

日本も韓国も同様に、中国を本家とする漢字文化圏にあるはずなのだが、韓国生まれのハングルは一画一画が鋭角的で毅然としていて、なよっとした柳腰の平仮名とはまったく趣を異にする。そして、それに組み合わされるポッカリと丸い字画はさながら人間の口だ。それらが一体となって、何か強烈なメッセージを発しているかのように思える。

日本の仮名はしょせん漢字から派生した文字にすぎないが、ハングル文字は独自の発想によって創りだされた。ハングルに強烈な視覚的インパクトを感じるのは、「我々は独自の文字を生みだしたのだ」という激しい自己主張がそこに潜んでいるからだろうか。もちろん、私の妄想にすぎないが、古来、韓国人は日本人に言いたいことがたくさんあって、「叫び」の表情のようなハングルの字面はそれを代弁しているかのようにも思える。

独断と大いなる偏見でもっていろいろ御託を並べてみたが、一言でいえば、私が韓国に行くのが億劫なのは、あの地では日本人は嫌われ者に違いないという思い込みがあったからだ。そして、もう一つ困ったことに、私はキムチをはじめとする一連の韓国料理がどうも生理的に合わないのだ。

いざ、韓国へ

一九九六年の一月、行くのが億劫だった韓国へ行くことになってしまった。私がかかわっていたアジア情報誌の編集部にJR西日本からもらった「ビートル二世」のチケットがあって、使用期限が近づいていたので早いこと使ってしまおうという、ただそれだけの旅だった。「ビートル二世」とは博多港と釜山港の間を往復するジェットフォイル船で、毎日午前一〇時に出航し、その三時間後には釜山に着く。予算のない編集部にとってタダで行ける外国は魅力なのだが、所要時間もわずかなら、釜山での滞在もわずかに一泊二日だった。

博多港のターミナルはローカル空港の国内線ターミナルを思わせるたたずまいで、出発を待つ乗客は荷物も小さく、気軽にどこか近所へでも出掛けるような面もちだった。出国の審査も記憶に残らないほど簡単で、これが飛行機なら「さあ、いよいよ外国か」という気分にもなるのだろうが、およそそんな雰囲気はなかった。船自体も小さく、国際航路という大げさな感じはまったくない。乗っている客はほとんどが日本人か韓国人だから見た目にそんなに違いはなく、客の一人が読む新聞のハングル文字が唯一国際航路の雰囲気を漂わしている。まあ、それでも国際航路ということで缶ビールが免税価格で売られていて、それを飲みながらボーッとしているうちに釜山の港に到着した。

釜山港の桟橋はやたらに長い桟橋だった。乗客たちは、みな急に元気を取り戻したかのように先へ進む。もしかして、ほとんどが韓国人だったのだろうか。そんなことを思うと、余計に入国審査をされるにも身構えてしまう。順番が来て無言のままパスポートを出すと、係官は一瞥し、手慣れた素振りでスタンプを押す。小さな丸いスタンプが一つだけ、拍子抜けするほど入国審査は簡単だった。

ターミナルを出て韓国の土を踏む。外地に来たとはいえ、その道中はまったくの水平移動の世界だった。よく外国へ行くことを「海を越える」などと大げさに言うが、何とあっけないものだろう。それに、見える景色に日本とどれほどの違いがあるわけでもなかった。しかし、間違いなくこの土地ははるかヨーロッパにまでつながっている大陸の一部なんだと思った瞬間、ずいぶん遠くまで来たという思いにとらわれはじめた。

正味一日という釜山での滞在中は、ひたすら食べた。編集長との同行だったが、彼はこれまでに何十回と韓国に来ている韓国のプロのような男で、韓国が苦手だとはとても口にできない私を、嬉々として釜山の味処に引き回したのだった。まずは、チャガルチ市場で遅い昼食。ここは二階建ての大きな魚市場で、一階はズラリと水槽が並ぶ。魚を買って二階へ行くと、好みのスタイルに料理して食べさせてくれる。このような市場は沖縄にもあると聞くが、私には初めての体験だった。魚は日本で売られている魚と変わらない。それもそのはずで、日本海が同じ漁場なら当然のことだ。ただし、韓国では「日本海」といわず「東海」と言う。我々は、ヒラメ、ハマチ、アワビ、タコを買い、支払いはしめて九万ウォン。当時のレートでは一万二〇〇〇円を超えており、決して安くないというのが実感だった。二階は大広間のような座敷席で、幾つもの調理場がある。それぞれ腕を競っているのだろうがよく分からないので、いちばん愛想のよさそうなところへ行き、買った魚の半分を刺身に、半分をチゲ鍋にしてもらった。

値段交渉も調理のオーダーもすべて編集長が仕切ったが、言葉はすべて日本語だった。大丈夫かと尋ねると、これだけ日本人がやって来ていっぱい金を落としていくのに日本語が悪いはずはない、と断言した。そして、近くの座敷で鍋をつっついている男女のほうを顎でしゃくり、あんなのも、日本のオヤジが韓国人の水商売の女を連れて来ているケースが多いのだ、と得意げな顔で講釈した。

そういえば、ホテルにチェックインしたとき、我々はツインルームを予約していたにもかかわらず、フロントの男はシングルルームを二つにするようしつこくすすめた。編集長に言わせれば、そうやって男の客を個室に入れて女性を世話するというのが韓国のホテルの常だそうだ。キーセン観光が批判の矢面に立ったのはひと昔前のことだったように思うが、いまだにそれは健在で、そんなつもりはなく韓国に来ても、誘いの手は向こうから伸びてくるらしい。

料理を待つテーブルに、キムチの小皿がたくさん並んだ。これらはすべて無料だそうで、韓国の飲食店では当たり前のサービスだという。白菜、大根、キュウリのほか、キムチにならないものはないと言えるぐらいの種類の多さで、私にとってはほとんど拷問だったが、韓国のプロの編集長の手前、無理して食べざるを得なかった。なるべく舌がキムチを感じる時間を少なくするため、よく噛まずに、キムチが食道に入るや否やググッとビールを流し込んだ。

やがて大皿の刺身がやって来た。韓国も日本と同様、魚を生で食べる国なのだと改めて思うが、その食べ方はかなり異なる。エゴマの葉やサニーレタスのようなもので刺身を巻き、ニンニクや唐辛子味噌をつけて食べる。刺身の切り方も違っていて、斜めにそぐように包丁を入れるのではなく、まっすぐに細く拍子木切りにする。ヒラメのように薄身の魚までそうしてあるので、歯ごたえがなく辛気くさい。

思ったより高かったとはいえ、二人で一万二〇〇〇円分の魚を食べるのは重労働だった。残してはいけない、という意識も重くのしかかっていた。何しろここは韓国なのだ。日本人が自分で頼んだ料理を残すなど、これほど神経を逆撫でする行為はないのではないか。しかし、さっきから義務のように食べていたキムチは、なくなればどんどん追加がくる。果たして、我々がすべて食べ終わるときは来るのだろうか……。

私にとって深刻であった悩みは、「いっぱい食ったし、そろそろ行こう。腹ごなしに垢すりでもするか」という編集長の一言で露と消えた。韓国で食事を残すのは非礼なことではなく、むしろ全部平らげることのほうが失礼にあたるという。食べきれないほど出すというのがもてなしの基本であって、全部食べてしまったら、これっぽっちしか出てこないのかという意思表示に見られるらしい。飲食店でもそのような理屈が適用されているのかどうかは知らないが、確か母の田舎でもそんな感覚があったような記憶がある。盆の墓参りのときなど、これでもかといわんばかりに皿が並んだ。とはいえ、町に住む給与生活者だった私の家では、出されたものは気持ちよく一つ残らず平らげるのが日々の食事の作法であった。

市場を出てひたすら歩いた。二人ともどうしようもなく満腹で、腹ごなしに風呂に入るにも、さらにその前の腹ごなしが必要だった。日本の地方都市のようなエリアを歩き回ったが、そのとき見たものについては車のことしか記憶にない。道幅の広い車道に沿って変哲もない民家と小さなビルばかりが続き、日本と同じような歩道橋があったりしたが、走っている車だけはまったく様子が違っていた。日本車の輸入が禁じられていると聞いていたが、まったくその通りで、日本のみならず、いまやアジアならどこでも見られる日本車の洪水がそこには存在しなかった。

しかし、よく見ればパジェロとうり二つの四駆が走り、レジェンドやデボネアに酷似した高級車が走っていた。そして、フェスティバそっくりの大衆車やアルトそっくりの軽自動車もあった。それらの車が唯一日本車と異なるのは、エンブレムだった。三菱やホンダといった社名の代わりに「現代」、「大宇」など、韓国の自動車会社の社名と見慣れない車名が刻まれていた。輸入は禁じられているものの、技術提携の名のもとに、国内で日本車そっくりの車が製造されているらしい。それでもなおトヨタの影は見られない。一台だけクラウンが走っていたが、そこには純正のトヨタのエンブレムが光っていた。第三国を経由して輸入されたものだろうが、それにしても隣の国にもっていくのにそんな手間のかかることをするものなのか。今では日本車の韓国への輸出も認められ、韓国の自動車会社も日本へ売り込みをかける時代となっているが、とにかく、当時はまだそういう状況だったのだ。

国内で自動車産業を育てるということは、経済の牽引車を育てるということになる。走っている車は違えど、韓国がやっていることは日本がやってきたことと似てなくもない。さて、その韓国の自動車産業が生み出したオリジナル車はどうかと言えば、大衆車でも幅広で高級感をめざしたようなデザインとなっていた。日本の車は、究極、ドイツ車のコピーを造ることを目標としてきたように思えるが、こちら韓国はアメリカ車のコピーを造るのが目標ではないかと思われた。ともかくも、そういう具合に日本の車とはテイストが違っていた。

景色が単調で、車という工業製品にしか目が奪われない道を歩き疲れて、風呂に行った。カプセルホテルのロッカーのような脱衣場では、ニンニクの臭いが鼻をついた。日本の銭湯よりは豪華で、ホテルの大浴場よりは薄暗い湯船があった。入浴もそこそこに別室に行き、垢すりに臨んだ。ほかにもマッサージなどのサービスがある。もちろん、財布は身につけていないので、それらの料金は後で清算することとなる。

診察台のようなベッドに腹這いになり、まずは背中からはじまった。編集長は痛くないと言っていたが、私はかなり痛くて、背中の皮が擦りむけているのではないかと思った。男の垢すり師は終止無言で、体の向きを変えさせるときだけかけ声のような短い語を発した。一通り終わって、その成果を見せてくれた。野球のボールほどになった垢の塊。いや、垢ではなく無理やり削り取った現役の皮膚の塊だ。本当にこれが体にいいのだろうか。そのくすんだ象牙色の球体を見て気持ち悪くなった。と同時に、二度と自分から垢すりを望むことはないと思った。

夕食は、大衆食堂で巻寿司とうどん。韓国にあって日本食に近い食べ物だそうだが、海苔にはゴマ油が引いてあり、うどんの出汁は甘ったるい。やはり、私には韓国の味が合わないようだ。後はホテルに帰り、重たい腹を抱えながら寝入ってしまったという実に怠惰な一日だったが、午前四時ごろ、女性の叫び声のような物音で惰眠《だみん》をはぎ取られてしまった。急いで外に出てみるとヨッパライ同士のケンカのようで、警察が駆けつけた後も、当事者同士で激しく罵り合っていた。こんな時間というのに、タクシーの運転手たちが次々と見物にやって来た。

翌朝は、ホテルのレストランで韓国朝粥。食後すぐ町に出たが、これといってすることもなく、屋台でおでんと中華饅頭を食べ、ワッフルのような菓子をつまむ。帰りの便のチェックインは午後一時すぎなので、ちょっと早い昼食ということで焼き肉屋に入ってプルコギを食べる。まるで、一泊二日という短い時間で韓国食の詰め込み勉強をしているようだ。

ハングル文字の看板が並ぶ釜山の飲食店街

ちょっとは慣れればよかろうものを、結局、私には合わなかった。この間したほかのことといえば、国際市場といわれるエリアを散歩したくらいだ。名前の割にさほど国際性は感じられず、キムチをはじめ韓国庶民の食材を売る店が並んでいる。肉屋の前では、胴を落とされた豚の頭が通行人を見つめるように幾つも掲げられていた。

よく雑誌などで、韓国の街並みは「ハングル文字さえなければ大阪のよう」と書かれているが、それは東京の記者の見方であろう。関西人の私には、新宿の裏通りとそっくりに見えた。そんなわずかなズレが生じることこそ、ここが「似て非なる国」の証かもしれない。

禅寺と勘違いした韓国王宮

再び韓国を訪れたのは、一九九七年五月中旬のことだった。

私がかかわっていたアジア情報誌は三年目を迎えていたが、売り上げも伸びず、我々制作スタッフへもプレッシャーがかかってきた。それまでも「売れるものをつくれ。でないと、金が入らないのでいいものができない」という発行人と、「ある程度金をかけていいものをつくらねば売れるわけがない」という制作サイドの食い違いはあったが、ここにきて「売れなければ、せめて広告でも取ってこい」と、発行人から強く要請されるようになった。

売れない以上、広告を取るにも限界があるというのが制作側の思いだったが、そうとばかりも言っておれなかった。そんな中で、スタッフの一人であるKが思いついたのが、情報誌とリンクしたアジアのテレビ番組をつくろうという企画だった。Kは自分で小さなビデオプロダクションをやっており、自社のカメラマンや機材を使えばロケ代は安く上がる。そして、ローカルUHF局の安い時間帯を買い、番組提供権やスポットCM枠を、情報誌の広告枠と抱き合わせで販売するという筋書きである。

荒唐無稽というか無謀というか、そんな簡単に物事が運ぶとは思えなかったが、机上の計算では情報誌の赤字を少しは補えることになっていた。我々の情報誌がたとえマイナーな存在といえども、テレビの威光を借りればスポンサーはつくだろうし、経年変化の少ない番組をつくれば何回かは再放送もできる。

Kのプロダクションと発行人との間で損益配分に関する契約書が交わされ、放映のあてのないまま取材の段取りは進行した。並行してUHF局関係者らとも話し合いの場がもたれたが、広告料をあてにするより番組自体を販売したほうが採算ベースに乗りやすいとのことだった。全国の民放テレビ局に番組ソフトを供給している販売会社というのがあって、そこに委託すれば放映局探しの苦労もいらない。一回の放映料は雀の涙ほどらしいが、各局に重複して売り込んでもらえば薄利多売の商売にはなるということだった。

いずれにせよ、経年変化の少ない番組をつくらねばならないことだけは確かで、テーマは歴史・文化に絞られた。日本ではアジアブーム真っ盛りで、アジアのことを面白おかしく取り上げたテレビ番組も少なくなかったが、こちらはひたすら地味路線で、視聴者がワッと飛びつくような時代性やインパクトはまったくなかった。とりあえず、各国の政府観光局とコンタクトを取る。「テレビ番組の取材にご協力いただきたいのですが」、ここまでは威勢がよくても、放映するあてはまるでなく、プロダクションも制作母体である情報誌も無名ときている。場合によっては、詐欺やかたりと思われたっておかしくない状況でのスタートだった。

予算の関係で、当然のように近場が取材候補になる。まずは、大阪の韓国観光公社にアプローチした。門前払いされるのを覚悟の上で行ったのだが、たいへん好感を示してくれた。公社の担当者が言うには、韓国と言えば、マスコミはみんな焼き肉だ、キムチだ、エステだとか、当の韓国人にとっては非日常的な賑やかしのテーマばかりで、韓国の素顔にまじめに迫ったものがないため非常に残念に思っていたが、我が国の歴史・文化を取り上げようという番組が現れて嬉しく思うとのことだった。そして、金銭的な支援はできないが、車の手配や取材先のアポイントに協力すること、そして公社の課長クラスを全行程に同行させてガイドにあたらせることを約束してくれた。

このテレビ進出計画の結末は、三〇分番組を一クール一三回放映分を制作し、ローカルのＵＨＦ局で、あまり人気のない時間帯のレギュラー番組としてや、スポーツ中継で雨が降ったときのいわゆる雨傘番組として放映されることとなったが、前述したように、まだこの時点では依然として放映のめどは立っていなかった。

総勢三名という限りなく人数を切り詰めたロケ隊は、関空発ソウル行きの大韓航空機に乗り込んだ。私にとっては二度目の韓国だが、前回よりも行くのが億劫だった。前回の旅は駆け足だったとはいえ、「似て非なる国」という印象をより鮮明に心に焼き付けられたような旅だったからだ。

正味二時間弱のフライトの間に慌ただしく配られる機内食は西洋式の軽食で、恐れていた韓国食は出なかった。関空のチェックインからソウルの空港のゲートを出るまで、船で行った前回と比べると何ということもない普通の海外旅行だった。どうやら、飛行機というものは、両国の間にあるもの一切を消し去る装置かもしれない。搭乗手続きや機内サービスというグローバルスタンダードが文化の違いを覆い隠し、単調な空と雲ばかりの景色からは、移りゆく風景を眺めては目的地までの道のりを思うという汽車旅のような旅情は感じられない。どこへ行こうと、搭乗の前後にやたらと時間を取られるおかげで、その距離感が混沌とする。隣の韓国に行くにも半日かかるが、中国や香港、フィリピンも同じ半日圏内だ。いわゆる東南アジア各国にしても、シンガポールとミャンマーでは距離や方角はかなり異なるが、しょせんは「行くだけで一日潰れる」という単純な時間計算に置き換えられる。

金浦空港に着き、何の変哲もない空港ロビーで観光公社職員のCさんの出迎えを受けた。

「私はガイドではありませんが、今回はずっとみなさんを案内します」

朴訥《ぼくとつ》とした穏やかそうな三〇すぎの男で、名刺には課長代理の肩書きがあった。まず、いちばん気になったことは、この人物が日本をどのように思っているのかということと、名刺に書かれた肩書きだった。日本を基準に質問をするのには憚《はばか》りがあったが、気になったことゆえ尋ねてみた。

「韓国でも、このように課長や課長代理というポスト名を使うのですね」

「役所も銀行もシステムは日本と同じです。会社の組織もそうですね。昔に、日本がつくったものを受け継いでいますから」

「日本語はどこで習いましたか」

「テレビで覚えました。私は釜山の人間ですが、釜山では日本のテレビが映りますから」

公社に手配してもらったワンボックスのバンに乗り込み、ソウルの中心部をめざす。最初のロケ場所は宗廟《チョンミョ》である。ソウルに充てられた時間はこの日の午後の半日だけ。その間に、宗廟と昌慶宮《チャンギョングン》、昌徳宮《チャンドクン》、景福宮《キョンボクン》のロケを済ませてしまおうという強行軍だ。途中、六三ビル脇で車を停め、イメージカットを撮影した。高さ二六三メートル、ソウル一の高層ビルで、韓国人の自慢の一つだという。道をはさんだすぐ脇に「漢江《ハンガン》」という大河が流れる。韓国観光公社の大阪支社にも漢江を紹介したパンフレットが置かれていて、表紙の写真は、静かな川面に遊覧船が浮かび、その背後に六三ビルがそびえ立つという構図となっている。写真の上には、「遊覧船があるので美しい漢江」というキャッチコピーが書かれていて、在日も含め日本語が使える韓国人はごまんといるはずだが、それにしては何とも奇妙な言い回しであることかと、私には印象的だった。

車を路肩に停め、のっぽのビルを仰ぎ見るようなアングルで狙う。対岸に回ればパンフレットのように漢江の川面に影を落とすビルが撮れてちょっとは絵になるのだろうが、そんな時間の余裕はなかった。ビルの前の川原は結構広くて、パンフレットの写真で想像していたより漢江との間に距離があった。その川原にはテントが張られ、バルーンが上がり家族連れで賑わっていた。何かイベントでも行われている様子である。わずか五分ばかりで撮影を終え、漢江に架かる大橋を越えてソウルの中心部に入った。ソウルはまるで東京のようだとよく言われるが、私には東京を上回る大都会のように感じられた。

「韓国の若い人はみんなソウルに出たがります。今、ソウルの人口は約一〇〇〇万人ですから東京と同じくらいですね。でも、国の人口は四千数百万人ですから総人口の四分の一がソウルにいます。日本では東京に一極集中していると言われるようですが、日本人の約一割にしかすぎません」と、Cさんは説明する。

車の窓からでは街の全体的なスケール感がつかめないが、モノサシが違うと言えばいいのだろうか、街路やビルの一つ一つの造りが東京のそれより一回りか二回り大きいように見えた。今は違うが、昔は新幹線のコーンコースのトイレの小便器は、在来線のものより一回り大きかったのを思い出す。東海道新幹線が開通したのは東京オリンピックが開かれた昭和三九（一九六四）年のことだった。当時の日本人は、日本はまだ後進国であると思っていたはずで、オリンピックは国威発揚の一大チャンスでもあった。この大量の外国人を迎えるまたとない機会に、たかが便器といえども、日本は世界の一等国に伍《ご》するのだという気概が感じ取れたように思う。Cさんによると、ソウルの街もオリンピックを機に様変わりしたという。今、私の目の前にある、ソウルの大都会然としたたたずまいもオリンピックの副産物なのだろうか。いや、これが大陸サイズというものなのか。いずれにせよ、仕様の根本が違うように感じられた。

宗廟と昌慶宮、昌徳宮、景福宮は、李氏朝鮮王朝の遺構であり、最初に訪れた宗廟は、歴代の王や王妃の位牌を祀る場所である。門をくぐると、石が敷き詰められた横長のだだっ広い空間があり、その向こうに平屋の木造建築が延々と左右に伸びている。等間隔に並ぶ丹塗りの柱が庇《ひさし》を支え、庇から少し奥まった壁面に、丹塗りの扉が柱と同じピッチで造り付けられている。扉はすべて閉ざされており、位牌はその内側に安置されている。建物が横に長いのは、王朝の歴史とともに位牌が増えて増築が重ねられたからだそうだ。李氏朝鮮は一三九三年に誕生し、一九一〇年の日韓併合まで実に五〇〇年以上にわたって存続した。なお、李氏朝鮮時代には、正面の石の広場で儒教式の祭礼が盛んに催されたという。

ある解説書によると、「この建物の長さは一三五メートルで韓国の単一建造物としては最長、建築家白井晟一に『パルテノン』といわしめるほど力強さにあふれ、目前にしたときの圧倒的な迫力は筆舌に尽くしがたい」とのことである。だが私個人としては、ギネスブックやオリンピックを見に来たわけではないので、韓国最長だとか世界最大とかいう類の話には関心がなく、あいにくと白井晟一なる建築家の名前も知らなかった。柱越しに均等に並ぶ扉の中に李朝歴代の王と王妃の位牌室がすべて平等に配されている宗廟は、造形的には同じパターンの繰り返しである。様式美としてはかなりすぐれたものなのだろうが、端正すぎるというのだろうか、心に迫るものが感じられなかった。

昌慶宮、昌徳宮、景福宮は、いずれも王宮だった場所である。正確には、正式な王宮は景福宮であり、李氏朝鮮を建国した李成桂（一三三五〜一四〇八）が造営した。豊臣秀吉の朝鮮出兵（一五九二〜一五九八）によって焼き払われ、一八六七年に再建された。昌徳宮は第三代王の太宗（一三六七〜一四二二）が設けた離宮で、昌慶宮は太宗の別宮として使われた。どちらも秀吉の朝鮮出兵で一度焼失しているが、昌徳宮の正門だけは戦火を免れ、王朝初期の建築様式を今に伝えるという。

日没がロケのリミットだ。とにかく時間がないためにじっくり見学してはおれないが、それらの建築物は近接しているため、一続きに回ることができた。それぞれに立派な楼門を構え、巨大な楼閣を中心に幾つもの建物が付随する。建物と建物の間の空間は、池や芝生、庭園などがしつらえてあるのだが、それがどうも私には、京都の南禅寺や東福寺のように、幾つもの塔頭《たっちゅう》を従えた大きな禅寺のイメージとオーバーラップしてならなかった。現場で、一つ一つそれが王朝時代にどんな役割を担っていたかの説明を受けながら回るのだが、「塀の造りはよく似ているが、こんな淡い朱色の塗り壁は日本の寺院には見られないなあ」などと、つい心の中でつぶやいている。王宮であるはずの建物を、日本の寺院との比較において理解しようとしているのだ。

もとより私は、歴史や文化への興味が乏しいためか、国内で名所めぐりをするときなど、それが城郭のような政治的建築物なのか、神社や仏閣のような宗教的建築物なのか無頓着であるし、神社と仏閣の違いにしても、賽銭を入れて拝むときになって柏手を打つべきかどうかと考えてしまう。景福宮に昌徳宮、宮と付けばせめて神社を思い浮かべてもよさそうなものだが、私にはそれらが禅寺のように見えてならなかった。

日本でこれらの王宮にあたるものといえば「京都御所」になるのだろうが、景福宮の正殿である勤政殿は、御所の紫宸殿と比べても一回りも二回りもスケール感があるように思えた。日本と韓国の間には、ソウル入りしたときに街全体に感じたようなスケール感の違いがあるのだろうか。体内時計ではないが、大陸の人である韓国人は、島国日本の人間より目盛りの大きなモノサシを内に秘めているのだろうか。

勤政殿もまた宗廟と同様、正面に石を敷き詰めた大きな広場があった。宗廟では石が敷かれている

景福宮の勤政殿

だけだったが、ここでは敷石の上に石柱が縦一列に立っていて、石柱には殿の手前から順に、「正一位」「正二位」「正三位」という文字が彫ってある。Cさんに聞けば、広場は官人たちが集う儀式の場であり、石柱は位に応じた立ち位置を示しているとのことだった。日本でも、「今みなさまのおられるあたりは、当時、何万石以上の大名が着座された場所でございます」とガイドがやっているのを聞いたりするが、それとよく似たものだろう。専門的な知識がないので断定はできないが、私の知る限り日本の文化財の類においては、建物の機能的な部分はたいてい屋内に取り込まれている。屋外にあるのは庭のような観賞の場であり、遊びの場であり、一定の目的をもった広場というものはあまり目にすることはない。せいぜい、時代劇に出てくる奉行所のお白州ぐらいだ。だが、宗廟にしても景福宮にしても、中心となる建物の正面外部に広場があるという形式になっている。建物自体にはさほど違和感を感じなかったが、この

韓国式茶道のコンクール

ような造りに異質さを感じた。

宮内はかなりの賑わいで、初老の男性が写真を撮っている姿も多く見られた。写真熱はかなりのものらしく、ニコンやキャノンの最高級機にプロが使うのと同様の大口径レンズを装着している。芝生の上では鮮やかなチマチョゴリの女性が大勢でお茶を点てていた。いつもこのような光景が見られるのではなく、たまたまこの日に韓国式茶道のコンクールが行われているからとのこと。だが、それ以外にも民族衣装をまとった人が少なくない。しかも、あちらこちらで若い男女が上等そうな民族衣装に身を包み、プロらしきカメラマンに写真を撮ってもらっている。

「日本人が和服を着ないように、韓国でも、だんだんと韓服を着なくなっています。だから政府では、韓服を着ていけば美術館や観光地の入場料を割り引いたりする政策を導入しました。それと今、結婚をする若い人が韓服を着て写真を撮るのが流行っていて、みんな写真代に二〇〇万ウォンくらい使っています。日本円にするとおよそ三〇万円ですね。韓国の人はブームに弱い。日本の人より極端ですね」

正直なところ、文化財を眺めているより、余談としてついてくるCさんのこんな下世話《げせわ》な話のほうが面白かった。帰国後かなりの時間が経ってから、宗廟と昌徳宮が世界文化遺産に登録されていることを知る。だが、このときの取材はそんなことはどうでもよくて、営業的理由で経年変化の少ない文化財に絞られただけだった。

「日帝」の遺物

翌朝は早めにホテルを発ち、ソウル駅を撮影した。石と赤煉瓦の駅舎は、いわゆる「日帝時代」の代表的建築物の一つである。東京駅を模して建てられたという割には、小じんまりとした感じで造りもさして似ておらず、東京駅よりも赤煉瓦の使われている比率は少ない。

第二次世界大戦終結以前の日本が「大日本帝国」を名乗った時代、その名の通り帝国主義を振りかざし日本が朝鮮半島を支配していた期間のことを韓国

ソウル駅舎

では「日帝時代」と呼んだりする。そして、その日本統治の大本山ともいうべき旧朝鮮総督府庁舎は、長年にわたって国立中央博物館として使い続けられてきたが、すでにその前年に撤去工事が終わっていた。前日のロケではCさんの口からまったくその話は出なかったが、総督府が置かれたのは景福宮のすぐ隣だったとのこと。イギリスのインド総督府をモデルにしたともいわれる巨大な石造の総督府ができたことにより、李氏朝鮮の正宮は、一部が取り壊されるとともに残る建物もすっぽりと覆い隠されてしまったのだそうだ。韓国も悲しいが、日本の力を見せつけるために建てた建物が、日本式ではなく西洋式であったことは日本の悲しさを表してはいまいか。

当然ながら、この屈辱的建物を一刻も早く撤去すべきだという声は強かったというが、建物が巨大でありすぎたためになかなか実行に移せなかったという。よりにもよって国立中央博物館に転用されたということは、民族の誇りであるはずの文化遺産を植民地支配の象徴に収蔵していたことにもなる。

一方で撤去反対論もなくはなく、その中には、戦後約半世紀を経て国立中央博物館はすっかり韓国の建物になってしまったという穏健な意見もあれば、撤去することこそ屈辱の歴史を葬り去ることだという臥薪嘗胆《がしんしょうたん》的な意見もあったという。なお、一九九四年にある月刊誌がこれについて有識者を対象に調査したところ、「撤去賛成」が三八パーセント、「現状のまま保存」が一七パーセント、「移転して保存」が四五パーセントだったそうだ。

旧総督府取り壊しについては日本でもかなり話題になっていたので、日帝時代の建物すべてが撤去されようとしているとばかり思っていたが、ソウル駅舎がそうであるように、ソウル市庁舎、韓国銀行、元三越だった新世界デパートなど、日本が建てた建物が結構主要な建物としてまだ使い続けられ

アメ売りのパフォーマンス

ているらしい。

ともあれ、ソウル駅舎が「日帝」の遺物であることに間違いはなく、それを日本人である我々が撮影している姿を見て反感を覚える人がいないとも限らない。そういう歴史は別にしても、ソウル駅前というのは決して治安のいい場所ではないらしい。「酔っ払いや浮浪者が絡んでくるかも知れないから撮影には気をつけたほうがいい」と、Cさんは言う。だが、韓国観光公社の人であるCさんが横にいるというのは心強いことではあった。前夜、歩行者天国となった通りを歩いていると、アメ売りの若者が派手なパフォーマンスを演じていた。民族音楽風のメロディーに合わせて囃子言葉を叫びながら、アメの塊を器用に操り次々とハサミで切り分けていく。ラジカセやマイクを使っているのは今風だが、韓国のアメ売りは昔からこのようなパフォーマンスで客寄せをしたそうだ。カメラを向けるのに躊躇があったが、Cさんの一言で若者は快くポーズを決めてくれた。

つつがなくソウル駅舎を撮影し、高速道路で一路、公州《コンジュ》、扶余《プヨ》に向けて南下する。右側通行であることを除くと、標識のデザインなどは日本の高速道路とよく似ており、サービスエリアの雰囲気もほとんどそっくりと言っていい。韓国でモータリゼーションが進んだのはつい近年のことで、大衆車の価格は日本円で一三〇万円くらい。日本で言えばカローラクラスに相当するが、所得の差を考えると結構高い買物になる。それでも、すでに四人に一人が車を保有しているという。休日は家で過ごすのが普通だったが、車が普及するとともにみんな出掛けるようになったそうだ。

韓国寺院との対面

インターチェンジを降り、いよいよ公州だ。釜山とソウルという都会しか見たことがないため、初めて見る韓国の地方都市に期待が湧いた。街よりも田舎のほうがその国らしい景色が見られるのは、きっと韓国でも同じのはずだ。ソウルからここまで幾つもの田舎を横切っているはずだが、高速鉄道や高速道路の類は途中の景色に見て見ぬふりをさせる装置のようで、旅情など感じている暇がない。市内に行く前に、甲寺《カプサ》と東鶴寺《トンハクサ》のロケをするため車は山へと入っていく。今回の取材に際し、韓国の歴史を読み漁ったプロデューサーのKが、車中、とくとくと韓国仏教について解説する。

古代の朝鮮半島では、仏教が政治と結びつき国家挙げての信仰を集めていたが、一三九二年に成立した李氏朝鮮の時代に朝廷が儒教を崇拝したため、仏教の排斥運動が起きたという。現在のソウルにあたる漢陽の都では、市中の寺院は打ち壊され、僧侶が市内に入ることも禁止された。身分を賤民へとおとしめられた僧侶たちは、町を離れて山に逃れた。仏教は山中で求道色を強めながら、民間信仰として守り継がれた。日本なら有名社寺が都会の真ん中に存在し、小さな寺なら住宅地などの生活圏でも見られるが、このため韓国の場合、仏教の寺といえばほとんどが人里離れた山中奥深い所にある。

「これから行く甲寺も東鶴寺も山寺だが、韓国の仏教寺院はしょせん、全部が山寺なんだ」

Kが話を締めくくると、Cさんが補足説明をした。

「韓国でいちばん多いのがクリスチャンなんですね。今、韓国はアジア有数のキリスト教国と言われています。だから、教会がたくさんあります。仏教徒も人口の三割くらいはいますけど、クリスチャンのほうが多いのです。日本では仏教徒でも葬式以外は仏教とあまりかかわりをもたないことから『葬式仏教』と言ったりしますね。だけど、韓国の仏教徒は熱心です。お坊さんの戒律は厳しいです。それと、韓国の仏教寺院は葬式をしません。仏教徒もクリスチャンも葬儀は儒教式で行います。シャーマニズムのような大昔からの信仰もあり、何かあると巫女さんに祈祷してもらいます。日本でいう『苦しいときの神頼み』のようなものです。東鶴寺も仏教のお寺ですが、東鶴寺は巫女信仰との結びつきももっています。Kさんがおっしゃるように、韓国で寺に行くというと、みんな山に行くことを連想しますね」

日本人の私は、山寺と言えば『山寺の和尚さん』の童謡を思い浮かべる。その歌の主人公は、煩悩から逃れているはずの僧職にありながら、鞠がつきたいという子どもじみた欲求を抑えきれず、その挙げ句、猫を紙袋に入れてつくというとんでもない動物虐待をしでかしてしまう。他愛もない歌だと思うが、韓国の僧侶が聞けば腰を抜かすかもしれない。ともかくも韓国の山寺は、幾多の苦渋に絶えながらも仏教の教えを守り継ぐという信仰の聖地であるらしかった。

鬱蒼と大木の茂る渓谷沿いの道をクネクネね走る。まさに、信仰の聖地をめざすのにふさわしいアプローチだった。まず訪れたのは甲寺。狭いながら駐車場があり、横に食堂もあるからまったくの聖地ではなく、我々のように車で訪れる観光客もいるようだ。

傾斜地に点在するお堂巡りは、まるで山のハイキングだった。お堂の一つ一つはさほど大きくなく、ソウルで見た李氏朝鮮時代の遺構に比べると、スケール感においても違和感がない。屋根の造りも中国寺院のような反り返りがなく、私の目には自然に見えた。だが、門を含めてすべての建物には、思わず目を見張るような日本の寺との違いがあった。

軒下から柱にかけて、漆喰以外の木造部分を埋め尽くすように、緑と墨、朱色を基調に、花弁と幾何模様で構成されたあでやかな文様が描かれている。色使いはシックであるが、もう少し彩度が上がればミクロネシアやポリネシアの民族文様とも見まがうだろう。その一方で、京都で言う「みやび」や「はんなり」というニュアンスに通じるものも感じられる。何と優美なことか……いったい何であるのかCさんに尋ねた。

「この模様は『丹青《たんせい》』といい、お寺や王宮だけに許されたもので、一般の人の家では描いてはいけないことになっていました」

質問の真意が伝わらなかったのか、Cさんも詳しくは知らないのか、ガイドブックのような答えしか得られなかった。だが、それでもよかった。予想もしなかった文様を目にし、携えてきた自分のカ

大乗仏教と南方上座部仏教

釈迦（B.C.463？～B.C.383？）が開いた仏教は、釈迦の死後数百年を経て、「上座部」と「大衆部」に分裂した。「上座部」は戒律を厳しく守り、修行を重ね、その本人が最高の悟りを得ることを理想としたのに対し、「大衆部」は自分だけが悟りを得るのではなく、ほかの人々の救済も重んじた。「大衆部」は「上座部」の仏教を「小乗仏教」と呼んで批判し、自らを「大乗仏教」と称するようになった。

「上座部」はスリランカを経由して東南アジアに伝わったことから「南伝仏教」とも言われ、また、「小乗仏教」とは、「大衆部」の主観から生まれた表現であるため、今日では一般に「南方上座部仏教」と呼ばれる。「上座部」すなわち「大乗仏教」は、中国大陸から朝鮮半島、そして日本へと伝わったことから「北伝仏教」とも呼ばれる。

メラに収めたことで十分「来たかいがある」と感じられた。ベルトコンベアのような史跡ロケのプログラムに乗っかる中で、これが初めて積極的に興味の湧いた対象だった。個々の建物の庇《ひさし》には「大権殿」などと、意味が分かりそうで分からないその建物の名称を書いた額が掲げられている。だが、文字の意味などはどうでもよくて、文様ばかりに目を奪われた。

東鶴寺は尼寺だった。東南アジアの南方上座部仏教（小乗仏教）では女性の出家は認められないが、日本と同様大乗仏教の流れを汲む韓国には尼寺もある。甲寺は四二〇年の創建であるのに対し、東鶴寺は七二四年の創建という。見た目には三〇〇年の歴史の差や、男性の寺と尼寺の違いは分かるべくもなかった。東鶴寺にもすべてのお堂の軒先から下に例の文様が描き尽くされ、私はそればかりを眺めていた。

葬り去られた百済の歴史

公州《コンジュ》と扶余《プヨ》は、ともに三国時代の歴史の舞台だ。中学の歴史の教科書にも出てくるあの三国時代のことである。古代の朝鮮半島は、紀元前五七年に興った「新羅」と、紀元前三七年に興った「高句麗」、紀元前一八年に興った「百済」の三国が鼎立《ていりつ》していた。公州は四七五年から百済王朝の首都となり、五三八年に扶余に遷都、そしてその一二三年後、百済は新羅と唐の連合軍に滅ぼされた。とかく日本の侵略話ばかりの日韓関係史にあって、こと百済に関しては、高句麗や新羅と戦った際に日本が援軍を送っているから、この地域だと少しくらいは日本の評判はいいのだろうか。

「百済時代の記録はほとんど新羅が焼き捨てたため、当時のことを探るには、むしろ日本に残された資料が参考になるんです」と、Cさんは言う。

公州の都が置かれた公山城を訪ねる。車は公州市街を離れ郊外へと向かう。路面のよくない坂道を上り、うらぶれた空き地で停車した。空き地は、崖の上にあり見晴らしが実によかった。崖の下には石垣が組まれ、その石垣はかなりの距離にわたって伸びている。この石垣が公山城の城壁だったのだそうだ。さらに車で丘の上に行き、城跡だったという場所に着いた。城内に幾つかの古い建物があるが、それらは後の李氏朝鮮時代のもので、百済全盛時代の建物は残されていない。

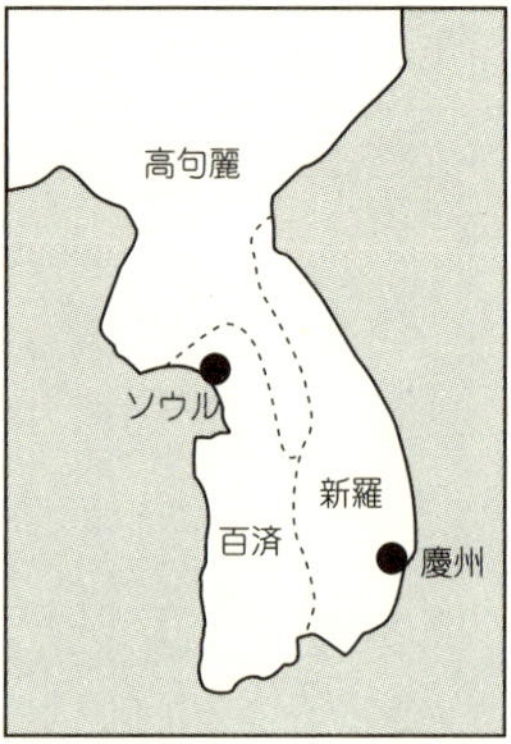

定林寺境内

公州で百済時代をいちばんよく伝えるものは、武寧王陵ということだった。武寧王とは、五一一年から五二三年まで在位した百済中期の名君である。陵は公山城から離れているので、車に乗り込んで移動した。いったん市街に入りまた郊外へ。小高い丘の上に幾つもの円墳が並び、あたりは公園のようになっていた。なだらかな円墳越しに市街を見下ろす景色は何とものどかである。その円墳の一つが武寧王陵で、発見されたのは一九七一年と意外に新しい。韓国の歴史の上でも最大の発見の一つと騒がれたそうだが、武寧王の墓以外はほとんど主が分かっておらず、見つかった順に一号墳、二号墳と、数字が付けられているだけという。それほどまでに、百済時代の歴史は葬り去られてしまっている。

ソウルからの移動と公州のロケで丸一日費やし、日暮れに扶余へ移動した。三日目は扶余のロケである。扶余では、まず朝早く定林寺に行った。ここは百済時代に開かれ寺院で、国宝に指定されている五層の石塔がたたずんでいる。ただそれ以外は高麗時代の作という石仏が安置された堂があるだけで、甲寺や東鶴寺とは打って変わった平坦な境内には伽藍跡を示す礎石が残るのみだ。市中の仏教寺院はことごとく打ち壊されたと聞いたが、こういうことを言うのだろうか。

韓国の歴史には、日本の侵攻のみならず同族同士の争いがあり、百済と新羅・唐連合軍の戦のような同族・異国が入り乱れた争いもある。第二次世界大戦後の韓国史でさえ、決して平坦なものではない。一九五〇年には、東西両陣営の対立で引き裂かれた同族を相手とする朝鮮戦争を経験する。停戦以後も長らく軍政が続き、一九七九年には朴正煕大統領が狙撃される事件もあった。今の金大中大統領にしても、軍政を批判し激しい民主化闘争を繰り広げていた時代に、一度は死刑を宣告されている。民主化を求める市民と軍隊が衝突し大量の死者を出した一九八〇年の光州事件で首謀者とされたのがその理由だ。

日本にしても、大化改新、室町時代の下剋上、明治維新に第二次大戦とそれなりに戦乱を経ており、今もなお原爆の後遺症に苦しむ人々がいることを思うと、平和というには語弊があるかもしれないが、古いものが残っているのは、韓国ほどの試練を経験していないからと言っていいだろう。ときには批判の対象となる「シロクロをはっきりさせない」という国民性が、同族同士の争いをほどほどに収め、その結果、多くの文化遺産が被害に遭わずに済んだのかもしれない。もっとも韓国には、「日本の植民地支配がなければ、朝鮮半島に分断国家は生まれなかった」という考え方も根強いらしく、手放しで「日本は平和を好む国だ」と礼賛するのは禁物だが。

浴びせられた罵声

甲寺や東鶴寺、公山城に定林寺と、こちらに来て訪ねた史跡には古い説明札も残っていた。古いといってもせいぜい数十年前のものだろうが、漢字ばかりで書かれているためにおおよその意味が理解できた。すでに簡体字を使うようになった漢字の本家・中国の文書よりも、はるかに分かりやすかった。新しい説明札はほとんどがハングル文字で書かれているからちんぷんかんぷんで、古い説明文のほうがよく理解できるというのは妙な感じだ。発音自体は異なるだろうが、日本人も韓国人も以前は同じ文字を使って意志を伝達していたのだ。

きわめて個人的な思いとして、日本人に挑みかかるように感じていたハングル文字の字面も、二度目の韓国訪問で三日目にもなるとだんだん違和感が薄れていたが、こうして漢字の文章で意味が理解できると、私には意味の分からないハングル文字はやはり日本人を拒絶する文字ようにも見える。それにしても、韓国の人々は漢字とハングル文字をどのように使い分けているのだろう。日本語では漢字と平仮名、片仮名の役割分担ははっきりしているが、韓国の看板などを見ていると、漢字のものは漢字ばかり、ハングル文字のものはハングル文字ばかりだが、たまに漢字とハングル文字が混ざった表記も見られる。ということは、「ハングル＝平仮名・片仮名」というような単純なものではないのだろうか。

「一九六〇年代の一〇年間、偉い学者が提唱してハングル専用運動が起こりました。漢字を使わずハングル文字を使おうというもので、その影響で小学校から高校までは、教科書などもみんなハングル文字になりました。ところが、ハングル文字しか知らないと韓国の本でも昔のものが読めませんし、歴史を知るにも支障を来します。だから、専門書や大学教育には漢字が使われてきましたし、今は学校でも再び漢字を教えるようになってきています」

Cさんの説明から察するに、ハングル文字は丸々漢字に取って代わる文字なのだ。また、ハングル文字は表音文字だということだが、日本人の感覚でいうと、人名も固有名詞も、また文章もすべて仮名で書くことに等しいわけで、それなら当然国民の「漢字力」は落ちることになる。

定林寺の次は扶蘇山城《プソサン》をめざす。扶蘇山城の入り口で、史跡管理事務所の役人が待っていた。韓国観光公社が、我々に同行するようアレンジしてくれたのだ。日本語は少ししかできないとのことで、Cさんの通訳で案内を受ける。扶蘇山城は文字通り山の上にあり、駐車場からは歩いて登った。

途中に、土産物を打っている屋台が出ていた。手押し車に小物の工芸品を並べ、初老の女性二人が店番をしている。一人がたどたどしい日本語で私に「見て行け」と声をかける。この年代なら日本語教育を受けているはずだが、もうほとんど忘れたのだろうか。背後でKとカメラマンが撮影のセッティングをする気配がした。こうしたやり取りも、遊びカットとしては有効だ。私はなるべく自然を装わねばならない。こんなとき、値段交渉くらいは片言の韓国語でできればいいのだが、あいにく私は「これ、いくら」という言い回しすら知らない。まあ、日本語でもいいかと思った瞬間、それまで黙っていたもう一人の女性が血相を変えて怒鳴り声を上げた。

「写真を撮らないでください。どうして、黙って写すのですか」

それは実に正確な日本語だった。イントネーションも標準語のものだ。そして、その同じ言葉を何度も何度も繰り返す。Kはと言えば、唖然として黙ったままだ。史跡管理事務所の役人は、じっと無言でうつむいている。明らかに、「これはまずいことになった」という様子だ。確かに非は全面的に我々にあったが、お客さんが自国の人間になじられているという目の前の現実と、同胞の怒りとの板挟みで自分はどちらのフォローもできないのだ。Cさんは、意外に平然としていた。

「すみません、ごめんなさい」と、ようやく出たKの言葉も無視するように「どうして写すのですか」と連呼する。自分が納得のいく理由を説明しないと許さないとでもいう雰囲気だ。この場をどう収拾すればいいのだろうか。やがてCさんがその女性に対して、ぼそっと何かつぶやいて黙礼をした。そして我々に、さあ行きましょうか、と合図した。

「ここは百済最後のお城があった所です。新羅と唐に攻め込まれ、この先にある落花岩から白馬江へ、宮廷の女性三〇〇〇人が身投げをしました」

黙ったままの役人を後目に、Cさんは扶蘇山城の説明をする。今の一件に関しては、まったくのノーコメントだった。我々を責めることもなく、以後の注意を促すでもなく、かといって女性の気持ちを代弁するわけでもない。

城に登ると、切り立った崖の下を白馬江が流れていた。幅の広い堂々たる流れである。水が濃い緑色をしていて、深さもかなりありそうだ。広い川幅のためすぐ先で海につながっているものと勘違いをしたが、あとで地図を見ると海まではまだ五〇キロもあった。半島部とはいうものの、これは紛れもなく大陸の川なのだ。

足元の危なっかしい小道を進み、川へ突き出た岩石の塊のような場所へ移動する。その先にあるのが落花岩だ。大勢の官女たちが身投げした様子が花が散るようだったことからそう名付けられたという。身投げしたその場所には、「百花亭」という東屋《あずまや》が立つ。扶余屈指の観光地になっているそうだが、今来た道はとても観光客が歩く道とは思えない。その百花亭から白馬江を見下ろすと、足がすくんだ。ただ、垂直に近い急傾斜ながら川までは若干の距離がある。ここから身投げしたという官女たちは、きれいに川に吸い込まれたのではなく、途中の岩に身をぶつけて即死したのではなかろうか。

北の韓国

扶余を後に温陽温泉へ。その道すがら、ウェアムリ民俗村でロケをすればその日は終了だ。温陽温泉は取材が目的ではなく、翌日に大田《テジョン》へ向かうための宿泊地にすぎない。前回の韓国で釜山の風呂屋の垢擦りにあまりいいイメージを抱かなかった私にとって、温泉取材がないというのは喜ばしいことだった。

ウェアムリ民俗村は、ソウル近郊にあるような観光のための民俗村ではなく、昔ながらの韓国人の暮らしのあり方を後世に伝えるために、今も伝統をよく伝える本物の村を民俗村として指定したものだという。「韓国の誇りは積極性のある国民性」と、Cさんは語った。しかし、これは昔から受け継がれてきた伝統的なものであるかどうかは疑問だとも付け足した。一九七〇年代から一九八〇年代へかけての韓国の発展は、「漢江の奇跡」と呼ばれた。その下地となった一つが「セマウル運動」だった。「セマウル」とは「新しい村」という意味で、農家の暮らしを近代化し、生産力を高めようという国家的な運動だったが、裏を返せば、それまでは国民の大半を占めた農民たちは結構スローペースで生きてきたということだ。運動の結果、農村の昔ながらの生活文化は廃れる傾向となり、ウェアム リ民俗村はその反動によって指定されたようなものだという。

簡単に民俗村のロケを終え、日暮れの道を行く。道の両脇は田畑ばかりだ。遠くに見える農家の造りは簡素で寒々しく、耕地の広がりとは裏腹にどう見ても貧農地帯というイメージが拭えなかった。セマウル運動は、この村には波及しなかったのだろうか。

「北の韓国には、今、食べるものがありません」と、Cさんは言う。「北の韓国」という言葉は、Cさんの説明の中にときおり出てくる言葉だった。北のイメージ、寒いイメージ。目の前の景色をさらに寒々しくした景色が頭に浮かんだ。私が子どものころは農業人口が国民の三分の一を超えていて、冷害に苦しむ東北地方の農家が、ときに大きく新聞に取り上げられていたことを思い出した。紙面での呼びかけに応じ、私の家も衣類やなにがしかのお金を送ったことがある。

Cさんも車窓の寒々しい風景を目にして、こんな話を我々に切りだしたのだろうか。だが、見かけだけではここが貧農かどうか分からない。「日本人はウサギ小屋に住んでいる」と言った外国の政治家がいたようだが、それは木造家屋の侘びた風情を解することができないため、余計に日本の家がみすぼらしく見えたのではないかと思うからだ。Cさんは話を続ける。

んあるのです」

「ご存じのように、われわれは北の韓国に自由に行くことができません。だけど、観光地はたくさ

「北の韓国」とは、単純に韓国の北部のことを言っているのかと思ったが、どうやら朝鮮民主主義共和国、つまり「北朝鮮」をさしていた。Cさんの語彙の中には「カンハントウ」という語もあったが、それは「韓半島」であり「朝鮮半島」のことだった。さらにCさんの話では、韓国観光公社でも遠くない将来に南北統一の時がくると想定し、北の観光ルートを開発しようというプランが上がっているとのこと。すでに「北韓部」というセクションを設け、北朝鮮観光についての調査研究がはじまっている。韓半島の観光資源のうち七割が北朝鮮にあるそうで、統一が実現すれば「韓国観光」の魅力は三倍増ということになる。ただ、あいにく韓国では北朝鮮観光の情報が得られにくい。百済時代の史料の話ではないが、こちらも日本にいたほうが情報が入手しやすいという。

翌日、大田《テジョン》の近郊にある独立記念館へ足を運んだ。ここは、韓国でも我々がもっとも避けて通りたかった場所であり、なおかつ、大阪の韓国観光公社の係員に「ここは是非紹介して欲しい」とリクエストされた場所だ。あるガイドブックによると、いわゆる「日本の戦争犯罪」が一堂に展示してあるということだ。

ベトナムのホーチミン市にも、「戦争犯罪博物館」というそのものズバリの施設があり、ベトナム戦争時にアメリカが犯した残虐非道の数々を公開している。私が訪れたときには、アメリカ人学生の小グループも来て記念写真を撮っていたが、彼らは指でVサインをしていた。「ピースサイン」など

といい、もう二〇年も三〇年も前の昔の流行だと思うが、今でも小学生なんかがカメラを前に同じポーズをつけたりする。そもそもこれは、平和を表すピースではなく「ＶＩＣＴＯＲＹ」の頭文字を指で真似たもので、戦いの勝者がかざすサインだという。戦争責任についてさまざまな見方や立場があるにせよ、韓国版「戦争犯罪博物館」の敷地に入って、あのアメリカ人のようには到底なれない。

記念館の職員は、我々を満面の笑顔で迎えてくれた。日本のテレビに取材されることはたいへん有意義なことだと喜んでいる。パンフレットも手渡された。ちゃんと、日本語版も用意されている。

「古代から現代に至る韓国の歴史に沿って、一番から七番まで七つの展示館があります。そのうち、三番から六番までが日本との関係の展示館です。この記念館は日本の罪を知らせるのではなく、世界平和のためにつくられたものです。二度とこんなことが起こらないように、という私たちの願いが込められています」

一通りの説明を受け、ロケのスタート。職員の言葉を疑うわけではないが、逃げ出せるものなら逃げ出したかった。このとき、この独立記念館に新たな展示として登場したのが、前年（一九九六年）に取り壊された旧総督府の尖塔だったというから、日本人である我々にとっては針のムシロが一枚増えたようなものだった。館の係員を案内役に付けてくれたことが、まだしもの救いだった。

館内は老若男女とりまぜたいへんな人出で、小中学校の団体も非常に多い。日本の歴史的犯罪についての展示は、すでに二号館からはじまっていた。「日帝侵略館」と題された三号館には、日本の軍人が韓国人を箱に入れて踏みつける様子、焼き火箸を押しつける様子、頭だけ出して生き埋めにし、その上から日本刀を振りかざす様子のほか、数々の残忍な拷問風景が手のこんだジオラマで展示されている。これなら、小学生やそれ以下の子どもにも「日本のひどさ」が一目瞭然となるに違いない。金属供出や韓語禁止、国家神道の強制など、肉体的にも精神的にも、ありとあらゆる戦争犯罪の記録が並べてあった。そんな中に、日本人である我々が割り込んでいく。おまけに、大きな撮影機材を抱えて。

案の定というか、運悪くというか、早速、子どもたちが業務用のビデオカメラが入っていることに気がつき、我々を取り巻いた。Kがその子どもたちに「こんにちは」と、日本語で声をかけた。そんなことをして大丈夫なのか……マスメディアで日本語の歌を禁止しているほど日本語に対してナーバスな国だ。後で、よくあのとき日本語で挨拶したものだとKに聞くと、日本人であることを隠すような卑怯な真似はしたくなかったと言う。もちろんその通りなのだが、そういう正論さえ危なっかしく思えるほど展示内容は壮絶だ。前日も、ビデオカメラが起因して土産物売りの女性になじられている。

果たして、Kの「こんにちは」に対しての子どもたちの反応はというと、結果的には何事もなく、みんな笑顔ではしゃいでいる。「ニッポン、ニッポン」という声も聞こえ、そこには何らとげとげしさは感じられない。彼らは、本当に展示物を見ているのだろうか。自分の国の人間が虐待された歴史を目の前に見せつけられれば、理屈抜きに怒りが込み上げるのが自然なはずだ。自分が子どものころの社会見学と同様、本来の教育意図などお構いなしに、仲間と連れだってウロウロしているだけなのか。日本人には過去の歴史は風化してきているが、韓国でも「戦争を知らない子どもたち」は過去と現在が乖離《かいり》しているのだろうか。

館内の撮影が一段落したところでCさんが説明する。

「先ほどの説明にもありましたが、独立記念館設立のいちばんの目的は、韓国の若い世代に正しい歴史観を学ばせることなんですね」

正しい歴史観という以上、正しくない歴史観も存在するわけだ。独立記念館を造ろうという考えは第二次大戦が終わった直後からあったそうだが、現実に具体化したのは日本の教科書問題が直接の引き金となったとのことで、この記念館は一九八七年に完成に至る。

「もう一つの目的は、南北統一に対する国民の意思を一つにすることです」

よく考えれば朝鮮半島は、ベルリンの壁が崩れてもなお、それまで通りの東西の緊張を温存する数少ない場所でもある。Cさんは我々を、記念館の敷地内に設けられた「統一の鐘」へと案内した。その鐘には、南北統一が実現したときに両者が打ち鳴らせるようにと、二本の突き棒が備わっていた。

「一一〇年前までの韓国には、南北統一さえ実現す

統一の鐘

れば何とかなるといったムードが漂っていました。また一方で、国民の間に北に対する敵対心も根強いものがありました。だけど今は、むしろ北を助けていきたいという気持ちが強くなっています」

接近と決裂の堂々巡りという南北関係だが、外国人の想像以上に国民の心情は統一へと傾いているのだろう。だが、そうなったらそうなったで新たな問題が浮上する。旧西ドイツが実質的に統一コストを負担したように、韓国も統一コストの負担は避けられないだろう。ある試算では、韓国国民の税金は一・五倍に跳ね上がるという。

「結婚には法律婚と事実婚がありますね。事実婚的に、人の行き来や産業交流など民間レベルから徐々に事実上の統一を進めていけば、急激なコスト負担は避けられるという見方もあります」とCさんは述べるが、果たしてどうだろう。

独立記念館をたっぷり取材した後は大邱《テグ》の薬令市《ヤクリョンシ》のロケを行い、その日のロケは終了の予定となっていた。薬令市とは、昔からの薬の卸売り市場である。漢方薬のようなものかと聞けば、それとは異質のものだという。漢方薬なら鹿の角など動物もその原料となるが、韓国の伝統薬はすべて植物が原料で、いっさい動物は使わない。いわば「韓方薬」なのだ。私はつい、韓国も中国もごっちゃに考えてしまうことがあるし、日本独自のものか中国や韓国から伝来したものかという区別にいたっては実にいい加減だ。だけど、韓国の人はそうでなく、アイデンティティへのこだわりはたいへんなもののような気がした。ハングル文字だってその一つかもしれない。ともあれ、独立記念館のロケがつつがなく終わり、ほっとした気持ちで薬令市に向かった。車中、Cさんは独立記念館のことに話を戻した。

「独立記念館があの場所に造られたのは、地理的に国の真ん中であるとともに、独立運動家を数多く輩出した土地だったからです」

日本の教科書問題を機に盛り上がった記念館実現の気運は、当時の全国民を巻き込んだ。約一〇〇〇億ウォンという建設コストの七割までもが国民の募金で賄われ、小学生も貯めたお小遣いを差し出したという。

「韓国は、日本を敵に見立てることで原動力にしてきました。だけど、それはよくないことです。日本は仮想敵国をつくらずに経済を発展させました。世界的にも例のないケースです」

どうもCさんは、私が先入観で捉えていた「日本に常に反感を抱いている韓国人」とは少々違うようだ。その発言にはドキリとさせられることが少なくなかったが、きわめつけはこの一言だった。日本人である私より、韓国のことを突き放して眺めているようにも思われた。


大邱の夕、水キムチを食べに宿を出た。ああ、キムチ。私が苦手とするキムチの中で、もっとも辛いものが水キムチだ。「観光客は行きませんが、大邱ではいちばんおいしい店です」と、Cさんは案内する。その道すがら、近道をしようと公園を横切ると賛美歌の合唱が聞こえてきた。見れば薄明かりの噴水を囲み、白いワンピースを着た女性たちが歌っている。キリスト教宣教団の聖歌隊だそうだ。もの悲しい歌声だった。また一つ、韓国で異質なものを見せつけられたような気がした。我々は町の中心部を離れ、明かりの少ないほうへと向かっていた。やがて到着したのは、軒の傾いたような大衆食堂だった。古びた木のテーブルに着くと、目の前にいろんなキムチが並べられた。やはり、キムチは私に合わない。水キムチには極力箸をつけずに、ビールをあおってその場をしのいだ。

食後、町に戻って散策する。九時半をすぎても多くの店が開いていて、タワーレコードの電飾も見えた。洋服屋も多く、ウインドウに派手なドレスを並べた店に若い男性が入っていく。韓国の洋服屋は男性向け、女性向けの区別がなく、背広を専門に売るような店でも贈答用商品のコーナーには女性用の衣類や小物が置いてある。

南欧風の喫茶店に入りコーヒーを飲んだ。店内には小さなステージが設けられ、若い女性がフォークギターの弾き語りをしていた。コーヒーにはポップコーンがサービスでつく。どれも客寄せのためだという。一〇時半ごろ店を出ると、町はもうひっそりしていた。だが、暗闇で肩を寄せる若い男女は少なくなかった。

海印寺《ヘインサ》へ

キムチの国、ハングル文字の国、キリスト教徒の多い国、民族が分断された国、アイデンティティにこだわる国、今もフォークの弾き語りが現役の国。

ソウルに着いて以来、自分でも滑稽なくらい何かにつけて日本との比較で物事を考えていた。どの国へ行こうがしょせん異邦人であり、しかも短期の滞在であるため、その国の本当の姿など理解できるわけがないと割り切っている。少々分かったつもりになったようでも、その国に二、三年ほど暮らしている商社マンなどの話を聞けば、自分が得た知識などいかに薄っぺらなものかがすぐ分かる。こんな取材者にできることといえば、現地で触れた日本との違いを通して、逆に日本で暮らす自分の身の周りを見つめ直すことくらいだ。現地で得られるものは、せいぜい日本を知る手がかりにすぎないと覚悟しているが、それにしても、韓国にいると何かにつけて日本と比べてしまう。だが、頭でああだこうだと判断していく速度よりも速く、この国に親しみが感じられるようになってきた。いったい、この感覚は何なのだろう。

翌日、大邱《テグ》の朝も相変わらず早い出発で、一路、海印寺をめざす。韓国の歴史・文化を追うこのロケにとって、海印寺は一つのハイライトだった。海印寺は、国立公園に指定された伽倻山《カヤサン》の中腹にある韓国屈指の大寺院だ。

大木の葉が覆い被さる山門。軒下はやはりあの丹青《たんせい》で鮮やかに彩られている。山門をくぐり、両側に木々が鬱蒼と生い茂る長い参道を行く。ちょうど遠足の小学生とぶつかり、参道は手をつないで歩く子どもたちでいっぱいだった。さらにまた門があり、それをくぐると丹青の施された幾つものお堂が姿を現す。

「海印梵鐘」の額のかかった堂には、鐘と並んで大きな太鼓が吊されている。太鼓の胴にも一面に丹青が施されている。五人ばかりの僧侶がやって来て、そのうちの一人である若い僧が太鼓を叩く。年長の僧が背後で見守り、やがてもう一人が横に進み出て連打をはじめる。若い僧は叩くのをやめ、その矯《た》めすようなばちさばきに見入る。韓国の仏教では、太鼓を叩くのも大切な修行の一つであり、

太鼓叩きの修行をする僧たち

熱心に叩き続けることで雑念が払われるのだという。

海印寺にも門前には食堂があったし、駐車場もあった。遠足の小中学生以外にも、グループ旅行風の中高年などの「俗人」たちが境内をうずめる。そうした中、薄いウグイス色の僧衣をまとった一団が、毅然とした足取りで堂から堂を移動する。カメラを持った群衆もさっと身を引き、道を開ける。山中奥深くたたずむこの韓国屈指の大寺院も、信仰の聖地としてのみ存在するのではなく観光寺院の性格も帯びているようだが、日本の観光寺院との明らかな違いはそれら修行僧の姿だった。日本の寺でもどこかで修行は行われているのだろうが、私個人はあまり目にしたことはない。

山の中にあって海印寺というのは変に思えたが、嵐が吹けば海は荒れる、静まれば海面は平らになる。「海印寺」とは、そうした意味からのネーミングという。また、この大規模な伽藍全体で船が海に出航する姿を表しているという。だが、どうして寺が海

大小の屋根を連ねる海印寺

に出なくてはならないのだろうか。

さらに上へと参道を進み、境内を見下ろす。そこは横手から伽藍全体を見渡せるちょうどいいポジションだった。大小さまざまな瓦屋根が、上から下へと斜面を埋め尽くすように視界に広がる。甲寺や東鶴寺と同様、山を切り開いて建てられたものだが、規模ははるかに上回る。その立体的な大迫力は、お堂を一つ一つ眺め歩く以上に、ここが大寺院であることを実感させた。上から見下ろすかぎりにおいて、韓国寺院独特の丹青《たんせい》は見えない。ひたすら連なる瓦屋根。法隆寺や東大寺の大屋根のようでもあるが、その連なりはもっと密度が濃い。

気がつけば不思議な感覚にとらわれていた。どう表現すればいいのだろうか。言葉を探しても思い浮かぶのは「えもいえぬ感覚」ぐらいで、売文業の端くれとしては情けないくらいに具体性を欠くのだが、それまで一度も味わったことのない、ほかのアジアの国を訪ねたときにも決して感じなかった感覚で体の奥が熱くなった。

海印寺は確かに韓国屈指の大寺院だが、この寺を有名にしているのは、規模の大きさというよりも「八萬大蔵経」の版木を収蔵するからだという。その八萬大蔵経の版木とは、高麗王朝時代の一三世紀に彫られたもので、その総数は八万一二五八枚。版木一枚当たりに彫られた文字は三〇〇字余りで、そのすべてにわたり一字一句の誤りさえも見いだせないとのことだった。

「古い韓国の彫刻技術は非常に高度で、これらお経の版木は芸術作品にもたとえられます。白樺の木を使っていますが、三年間海水に漬け、塩水で蒸し、また三年間じっくり陰干ししました。いつまでも腐らないようにするためです。そしてお経を彫り、その後で漆を塗り、さらに周囲をあて木で補強しています」

熱心に説明するCさんには悪いが、どうもこの手の話には興味がわかない。どこの国でも、高名な文化財にはそれなりのいわれがあって当然だと思うからだ。映像技術が発達した今、テレビや映画で少々の特撮には驚かなくなったのとよく似たものだ。むしろ気になったのは、日本では「高麗」と呼んでいる時代のこの国のことも、Cさんは「韓国」と言っていることだった。私個人は、「韓国」とは第二次大戦後に半島南部に誕生した政権の名称だと解釈していたが、Cさんにとっては「韓半島」のすべてが「韓国」なのだ。これに関して後から知ったことだが、韓国の人々にとって「朝鮮」という語は、日本人が蔑称として使ったという記憶が強く焼きついており、できるかぎり「朝鮮」の二文字は「韓国」に置き換えられるのだそうだ。

蔵経板庫

さて、その八万余の版木の収蔵場所だが、眼下に見える立派なお堂の一つではなく、「蔵経板庫」と呼ばれる建物だという。境内のいちばん奥の山際、ひときわ高くなった場所に、ほかの建物とは打って変わった簡素な二棟の建物があるが、それが「蔵経板庫」だった。

「蔵経板庫」の中に入ることはできないが、外から版木を見ることができた。というのも、建物は密閉されておらず、壁の上と下に格子窓がズラリと各横一列に設けられているからだ。上側の窓と下側の窓は大きさが違い、山側の棟は上側の窓が大きく、手前の棟は下側の窓が大きい。これは、換気や湿度のコントロールのための工夫であり、土間のままの床に埋められた塩や炭とあいまって、完璧な保存環境を実現しているとのことだった。現代の科学で測定しても、庫内の湿度は常に一定であることが実証されたという。

こういった話にも私は淡々と相槌を打つだけで、

契　丹

5世紀以来、東部モンゴリアに現れた遊牧民族の一派で、916年、諸部族を統合した耶律阿保機が国家を打ち立て、中国の華北、満州をも領有して勢力をふるった。古くより遊牧民族は中国の脅威であったが、その遊牧民族が中国の領土に侵入し、初めて建設した国家がこの契丹である。

907年に唐が滅亡し、698年以来朝鮮半島北部に存在していた渤海も滅亡すると、高麗は契丹と領域を接するようになる。960年に中国に成立した宋も契丹の侵攻に苦しんだことから、高麗との関係を強化するが、その結果、契丹はそれまで外交上関心を示さなかった高麗にも圧力を加えるようになる。そして、1010年に大軍をもって高麗を攻撃し、首都開城を焼き払う。そこで高麗では、契丹の脅威から国を守ろうと、大蔵教の版木が彫られたのだった。なお契丹は、中国で宋と並立していた金に1125年に滅ぼされ、金は1234年に蒙古によって滅ぼされる。

Cさんには非常に申し訳なく思ったが、「なぜ、このように膨大な点数のお経が彫られ、頑なに守り継がれてきたか」という話には大いに興味をもった。

「八萬大蔵経」の彫られた一三世紀という時代は、皇帝チンギスハーンで知られ、大モンゴル帝国を樹立した蒙古軍がアジアを駆けめぐった時代である。高麗王朝も一二三二年、三〇万という大軍の蒙古兵に攻められて以降、約三〇年間にわたって常に蒙古襲来の危機にさらされ続けた。その間、六回の大規模な攻撃を受けている。

しかし、高麗王朝の歴史の中には、一一世紀の初め、蒙古と同じ遊牧民系国家である契丹《キッタン》の大軍に襲われたとき、大蔵経の版木を彫った功徳によりそれを退散させたという輝かしい場面があった。蒙古軍の襲来に対してもこの偉大なる大蔵経を担ぎ出せばよかったのだが、いかんせん蒙古軍にしても大蔵経の力には一目置いていたため、高麗を初襲撃した際にその大蔵経の版木を一つ残らず焼き払っていた。

そこで高麗は、蒙古軍に必死で立ち向かうとともに、宋の国より輸入した大蔵経を手本に、役人も民衆も一体となって再び大蔵経の版木製作に着手した。宋の大蔵経には誤りらしき箇所が見受けられ、高麗の人々はそれを丹念に確認しながら彫ったという。それは、ひとえに大蔵経の威力を完璧なものとするためである。この八萬大蔵経に一字一句の誤りがないのは、蒙古軍をことごとく退散させたいとする官民の願いの賜物だった。

果たして版木製作に着手して一四年後に蒙古軍は撤退、その二年後の一二五二年、実に一六年の歳月を費やし「八萬大蔵経」は完成した。当初、八萬大蔵経は江華島《カンファド》に納められ、海印寺に移されたのは一四世紀末になってからだ。さらに約一世紀後の一四八八年、このかけがえのない国家守護を末代にまで守り継ぐべく願いをこめた「蔵経板庫」が完成を見た。

我が国にも及んだ蒙古軍の襲来は、「元寇」として日本史の一ページに刻まれている。要するに、日本も高麗も、一三世紀という時代に蒙古軍の脅威にさらされた同じ東アジアの一国だった。一二七四年の「文永の役」、一二八一年の「弘安の役」の二度にわたる戦いにおいていずれも日本は劣勢であったが、二度が二度とも台風が吹き荒れ、蒙古の兵たちは海の藻屑と消え去った。蒙古側は、この台風を「神風」と言って恐れたという。日本では神の力が蒙古を退散させたが、韓国では仏法が国を守る力となった。

蒙古という第三者を介して、「日本史」と「韓半島史」にはあまり知られていない接点があった。しかも、その処し方のズレが面白いではないか。なぜ、海印寺の伽藍全体が船出の様子を模したものであるのかという疑問もこれで解けた。だが、それにしても、先ほどからの「えもいえぬ感覚」は私の身からなかなか離れなかった。いったい、どこから来るものだろうか。


昼は、門前の食堂で山菜定食を食べる。机の上に、わんこそばのように小さな皿がズラリと並ぶ。日本食のようなものを期待したが、メインの山菜は別の皿で出てくるらしく、それらはすべてキムチだった。ここも、なくなればすぐに新しい皿を運んでくれる。

「韓国のお店では、キムチがどんどん出てきます。それらは全部無料です。食べ残しても構いません。次のお客さんに出しますから、もったいなくもありません。この習慣は不衛生だからと、ソウルオリンピックのときに政府がなくそうとしましたが、田舎では相変わらず続けています」

海印寺にはもう一度来たいと思った。だが、韓国に来るということは、私にとってはキムチとの戦いでもある。Cさんの話は、そんな私の気をさらに重くさせた。でも、いいか、是非もう一度来てみたい。

旅もいよいよ終盤で、次は最終ロケ地の慶州へ向かう。

慶州は新羅の都

慶州へは、退屈な高速道路での移動だった。Cさんから慶州の説明を聞く。

「みなさんもよくご存知のように、慶州は新羅の都だった所です。紀元前五七年から統一新羅が滅亡する九三五年まで、ずっと都であり続けました」

韓国パッケージツアーの大半が、垢すりにエステ、キムチに焼き肉三昧といった中、数少ない文化指向のツアーとして「慶州」の名前はよく目にする。一方、「新羅」についても日本史の授業で習っている。先にも述べたように、古代朝鮮半島で「新羅」「百済」「高句麗」の三国が覇権を争った時代、日本は百済から仏教を学び、また百済と手を組んで新羅と交戦したことも知っていた。だが、慶州が新羅の首都であったことは、このCさんの説明を聞くまで知らなかった。なお、百済と新羅は現在の韓国だが、高句麗はほぼ北朝鮮にあたるという。三国が現在のどこにあたるのかも、このときまで考えたことすらなかったのだ。

「慶州は仏教の都でもありました。三国は互いに争いましたが、勝ち残ったのが新羅でした。そして新羅の王は、仏教の力を利用して韓国の政治を行ったのです。新羅の王様は自ら釈迦の化身と名乗り、大きなお寺を造りました。それが有名な仏国寺です。日本が最初に仏教を学んだのは百済でしたが、聖徳太子の時代になり、新羅から仏教を学ぶようになります。日本で有名な法隆寺にも、新羅の影響がたくさんあります」

日本史の授業で習ったかぎりでは、何となく日本は百済と仲良くて、新羅とはあまり仲良くなかったというイメージだったが、Cさんの話を聞くと必ずしもそうではなさそうだ。『日本書紀』による仏教伝来は五五二年。Cさんの言う通り、このときに仏教をもたらしたのは百済である。一方、新羅に仏教を学んだという聖徳太子が摂政になったのは五九四年のことだった。六四五年の大化改新で蘇我氏が滅ぼされるが、蘇我氏は百済派の豪族だったという。すでにその時点で、日本は百済より新羅を選んだとも解釈できるが、新羅と戦う百済に日本が援軍を送ったという白村江の戦いは、その後の六六三年に起きている。いったい、日本と百済、新羅の関係はどうなっていたのか。試験勉強の産物で年号だけは不思議なくらい覚えているが、肝心のバックボーンが分からない。

「日本もそのころは、まだ政治が不安定だったのですね。昔の天皇さんはたくさん奥さんがいましたから、奥さんの親の影響も大きかったようです。新羅と親しい豪族出身の奥さんが産んだ皇子と、百済と親しい豪族出身の奥さんが産んだ皇子が力を競うこともあり得たわけですから」

予定よりも早く慶州に着き、タイトな日程の今回の旅で初めての自由時間となった。まだ陽は沈んでおらず、カメラを提げてホテルを出た。慶州は「屋根のない博物館」とも言われている。だが、ホテルの周辺にはひなびた農村が広がっていた。細くクネクネとした道沿いに畑がつくられ、その合間に古い木造家屋がポツポツと並ぶ。所々に藁が積まれる風景は、どこか懐かしいものがある。おそらく、これは堆肥にするのだろう。ただ、どの農家も庭をコンクリート塀で囲っていて、開放的だったかつての日本の農家とは雰囲気が違う。それはそれで面白い被写体ではあるのだが、カメラを構える

仏国寺

のに勇気がいった。人通りがほとんどないのも好都合なのだが、それが逆に不気味に思えた。盗むようにしてシャッターを押した。閉ざされた商店風の民家には、ハングル文字の看板が掲げてあった。見慣れたはずのハングル文字に、再び強烈な違和感を感じた。

翌朝、夜明け前にホテルを出て吐含山《トハムサン》の日の出を狙う。慶州には仏国寺とともに石窟庵《ソクラム》という国民的な名所があって、吐含山の日の出を拝み、石窟庵を見学するのが一つの観光コースになっている。

あいにくの曇り空で、吐含山の日の出は撮れなかった。ほかにも観光バスでやって来た大勢の観光客がいたが、みんな諦めて石窟庵に向かう。石窟庵は石窟寺院の一種だが、自然の岩を穿ったインドなどの石窟寺院とは異なり、くりぬいた山の斜面に花崗岩を積み上げて石室を設けたものだ。

七五一年の創建で、内部に高さ三・四メートルの釈迦如来像を安置している。奈良の東大寺の大仏が完成したのが七四九年だから、この石窟庵の仏像とほぼ同じ時期となる。その意味で、日本人が見る映像素材としては興味深いが、内部の撮影はできないことが分かっていたので、早朝から観光客で賑わう外の様子だけを撮影した。

朝食を取り仏国寺へ。五三〇年ごろの創建というから、まだ新羅が百済や高句麗と覇権を争っていた時代である。

「仏国寺は名前の通り、寺全体が仏の国を表しています。中央の石段が、青雲橋、白雲橋ですね。寺の手前は俗世界で、石段を上り寺にお参りすることで仏の国へたどり着くというわけです。でも、残念ながら現在は、文化財保護のため石段を上ることはできません」

当初、すべて木造だった仏国寺は、新羅が半島を統一した以後の七五一年、今見る規模の約一〇倍にまで拡充され、その際に青雲橋や白雲橋などの石造りの部分が加わったという。ロケでずっとめぐった寺は初めて見るものばかりだったが、ここ仏国寺は写真で何度も目にしていた。「韓国の京都―慶州」などというキャッチコピーとともに、今目の前にある寺の正面の写真が観光パンフレットやガイドブックに必ず出てくる。写真でもそうだし、Cさんの説明にも出てきたように、確かにすらっと斜め一直線に寺門へ通じる青雲橋、白雲橋などの石段が特徴的で、これほど石造部分と木造部分が対等に存在を主張している様式は、きっと日本の寺には見られないだろう。だが、見た目にはそれは自然な感じで、説明を聞いてようやく日本の寺とは違うということを意識する。その姿は優美であるし、

「韓国の京都」のコピーではないが、雅な感じもしないではない。ただ、寺というよりは、寺と神社を融け合わせたような印象をもった。

石段は使えないので、見学ルートに従い境内に上る。回廊に囲まれた中庭のようなスペースに、まったくスタイルの違う二つの石塔が立っていた。造りがシンプルな方が釈迦塔、えらく複雑な造りが多宝塔といわれ、どちらも統一新羅全盛期を代表する塔だという。だが、釈迦塔に関していえば、扶余の定林寺で見た百済の石塔に似ていなくもない。いずれにせよ、私自身、これらの石塔にはそれ以上の興味がわかなかった。

一六世紀末の「文禄の役」で寺は豊臣秀吉の軍に焼き払われたが、石でできた部分は焼け残った。青雲橋も白雲橋も、釈迦塔も多宝塔も韓国の国宝となっている。全盛期の一〇分の一とはいえ海印寺よりも規模は大きそうだが、当初からのものはその石造部分だけであり、大寺院の偉容が再現されたのは一九六九年からの復元事業によるものという。仏国寺でも、境内に連なるお堂の軒にはことごとく鮮やかな丹青《たんせい》が施されている。甲寺、東鶴寺で目にして以来、寺院や由緒ある建物の軒に丹青を確認することが一つの楽しみになっていた。

しかし、ここにきてふと疑問がわいた。要するに、韓国の建物というのは、石造部以外は数多い戦乱の中で焼き払われているのだ。だったら、それらを復元する際にいったい何を手がかりとしたのか。丹青にしても、オリジナルがすべてそのようであったのか。何かをモデルにした一つの様式が、復元作業に共通して用いられているのでは……。そう考えるのは邪推だろうか。仏国寺の説明を受けながら、もう一つの疑問が頭をもたげた。仏教を弾圧した李氏朝鮮時代に、仏国寺はどういう運命をたどったのか。この韓国の仏教寺院でも、仏国寺に限っては山中ではなく街中にある。焼き払われたのはすべて秀吉のせいだったのか。

だが、この二つの疑問に関しては、どちらもCさんにぶつけるのは憚られた。Cさんに関しては、日本と韓国の関係についてかなり冷静な目をもつ人物のようだが、「韓国は日本を仮想敵国に見立ててきた」という話にしても、それはあくまでも自分が話を切り出しているわけで、日本人からそんなことを言われたくないという思いがないとはかぎらない。私の疑問は、韓国人が大切にしている歴史観や韓国が進める文化財の復元作業を冒涜するものとも取られかねない。日本人としての立場を毅然ともっているのであればこんな質問などに躊躇することもないのだろうが、あいにくと私にはそれがない。ここまできたロケを気持ちよく終わらせるには、不用意な質問はしないほうがよいというセコイ打算が働いた。

お堂を一通りロケして歩き、高い場所から寺全体

仏国寺境内を見下ろす

の俯瞰を狙う。韓国の木造文化財の復元作業にある種醒めた疑問を感じながらも、甍の波を眺めながら海印寺で感じたのと同様の「えもいえぬ感覚」が目覚めてきた。この「えもいえぬ感覚」というのは決して違和感や反感ではなく、共感や共鳴といったものに近い感覚だった。どこかしら心地よいものさえ感じてしまう。日本人とよく似た顔の人間が違う言葉をしゃべり、ハングル文字という違う文字を読み書きし、まったく味付けの異なる料理を食べている。見かけではよく言われるように「似て非なる国」という印象が勝つが、これほど寺院がしっくりくるのはいったいどういうわけだろう。

海印寺で感じて以来の気になる疑問を残したまま、慶州を離れて釜山に向かう。釜山ではロケを行う予定はない。ただ、釜山港から博多行きのＪＲ「ビートル二世」に乗り込み、港や船内、海から眺めた釜山市街を撮影し、それを編集段階でつなぎ合わせて船で韓国に渡ったという筋書きにするのだ。

高速道路を使って釜山着。乗船手続きまではわずかばかり時間があるということで、どこでもいいから何かを撮ろうということになった。釜山の出身であるＣさんは、それなら海がいいと言う。背後に山が迫った釜山の街は、車でちょっと走れば海を見下ろす景色が撮れる。離れ小島が見えたりしてきっと絵になるということだった。

カーブだらけの坂道を上り、どこか知らないが高台に着いた。「東海」つまり「日本海」に面した展望広場は観光客で賑わっていた。広場の中央に、二人の子どもを抱いた母親のコンクリート像が据えられていた。それを囲んで中年女性のグループが、手拍子を叩きながら演歌のような歌を大きな声で歌っていた。これが流行なのだろうか、みんな頭にサンバイザーをかぶっている。そんなところは少し前の日本の婦人会旅行のようでもあるのだが、日本の婦人会はここまでハメを外さないだろう。みんな、スカートではなくモンペをはいているところも婦人会とは違う。どちらかというと、上海の外灘《ワイタン》公園でダンスに興じる集団に近い雰囲気がある。

その後、少し車を走らせ、眼下の斜面にひしめき合うように立ち並ぶコンクリートの民家を上から撮った。どの家も、屋上に大小とりまぜ幾つもの瓶が並んでいる。それはキムチを漬ける瓶だという。それもまた韓国らしくて面白い。韓国の家ではさぞかし大量の、またいろんな種類のキムチを食べるのだろう。日本でも以前はぬか床をもつ家は少なくなかったが、これほども大量には漬けなかった。韓国では、庭のないコンクリートの箱に住むようになっても、家庭でキムチを漬ける習慣が残っているのだ。今回も毎食出てくるキムチには悩まされたが、韓国のロケはキムチで終わった。

民家の屋上に置かれたキムチの瓶

終わらない韓国の旅

ソウルで訪ねた宗廟と昌徳宮が世界遺産であることは後から知ったと先に書いたが、海印寺や仏国寺が世界遺産であることも、同じくかなり後になってから知った。二〇〇一年三月現在、韓国には七つの世界文化遺産があり、我々は意識しないままそのうちの四つを訪ねていた。また、歴史の流れからすると、ちょうど逆順をたどったことになる。

最後に訪れた仏国寺は三国時代から統一新羅時代にかけての遺産であり、二番目に訪れた海印寺は、新羅の後、後三国時代を経て朝鮮半島の統一政権となった高麗朝ゆかりの遺産である。そして、最初に訪れた宗廟と昌徳宮は、高麗朝を倒し長らく半島の盟主となった李氏朝鮮時代の遺産だ。無知な私は、不覚にも昌徳宮に禅寺のイメージを重ね合わせたが、三国時代から新羅、高麗朝まで、歴代王朝が仏教を信奉したのに対し、李氏朝鮮は儒教を取り入れ仏教信仰とは訣別する。日本に仏教を伝えた朝鮮半島では、かなり早い時期に仏教が国家のメインから退いていたということになる。また、その際、寺院の打ち壊しや僧侶の弾圧など、激しい排斥の動きがあったが、それは前時代まで仏教が国家守護として重用された結果、僧と官の癒着をはじめ仏教の頽廃が目に余ったからだといわれている。

だがしかし、仏教と政治の癒着など、ＮＨＫの大河ドラマなんかにはよくあるシーンだ。また先日、機会があって閑谷学校（一六六八年開校）を訪ねたが、江戸時代、備前（岡山）藩主池田光政が庶民の儒教教育のために設けたこの学校には孔子（紀元前五五一～紀元前四七九）を祀る神社があった。

江戸時代というのは、幕府が「宗門人別帳」をつくらせ、仏教寺院に役場の戸籍係のような役割を負わせた時代である。そして、その時代の幕府公認学問は儒教。その儒教の祖は、神道スタイルで祀り上げられている。信仰への貞操感が強い民族なら呆れてモノが言えないのかもしれないが、混淆ぶりもここまでくればむしろ痛快にさえ思えてくる。いわば呉越同舟しておれば、呉と越をうまく丸め込み、そのまま同じ舟に乗せ続ける。おまけに、両者に協力させて舵取り役まで負わせてしまう。

仏国寺を建てた新羅の王が自ら釈迦の化身と名乗ったように、仏教を信奉していた時代の朝鮮半島の王たちは、いずれも深く仏教に帰依した。ところが、日本でも天皇家は仏教を重んじはするが、あくまでも天皇は自らを神道の神に連なる一族と名乗っている。

韓国でも、仏教徒も葬式は儒教式で行ったり、仏教信仰と巫女信仰の結びつきがあるなどそのボーダーは曖昧な部分があるという。日本では儒教が宗教かというと、むしろ道徳のようなものかもしれない。ただし、「宗教であるか否か」というのは学者や近代人の好む定義であり、民衆にとってそんな区別など存在したのか。儒教も仏教も生きていく指針であり心の拠り所だったのだろうし、周りが信じておれば選択の余地などなく、空気のようにそれを受け入れるしかなかったのではないか。まさか、儒教は道徳で仏教は宗教だなどと、突き放して吟味することなどあり得るのだろうか。

確かに儒教の教えは、主君に忠義を尽くすべし、親を大切にすべしなど、規範の押しつけという性格が強いのに対し、仏教の場合、仏に祈れば救われるといった形で庶民にメリットをもたらしてくれるという違いはある。だが、両者の間に明らかな矛盾が感じとれないかぎり、儒教では満たされない分を無意識に仏教に求めるといった具合に、両者は連続した存在として一つの「教え」をなしてきたのではないか。

ところが、それを民衆を統制する道具に使った朝鮮半島の権力者としては、大本山の異なる仏教と儒教を同時に認めるというのはできない話だったのではなかろうか。たとえば、民衆が仏の前に手を合わせる心と、親や祖先を大切に思う心との間にさほどの隔たりがあるとは思えない。だがしかし、「仏教は堕落した、王はその仏教を説いた釈迦の化身だ」という中で、次なる権力者は「われも釈迦の化身である」などと名乗れるだろうか。「実は、これまでの王は偽物だった」と触れ回る手もないではないが、別の権威を担ぎ出したほうが手っ取り早いに違いない。

一方、日本の支配者は、目的に応じてそれらをうまく使い分けた。とくに、鎌倉時代以降の武家政権などは、実権は手中に収めつつも、神に連なる権威としての皇室を天子様として巧みに温存させておく。いや現在も、でたらめな政治で何とかしのげているのは皇室の存在があるからかもしれない。白黒をはっきりさせない日本。それに対し、朝鮮半島では白黒をはっきりさせた形跡が世界遺産にもきっちり刻まれている。

個人的には、世界遺産であろうとなかろうと、宗廟にはさほど再訪の意欲はわかないが、海印寺や仏国寺には是非もう一度行きたいと思う。あいにく経済的理由で実現していないが、その代償であるのかないのか、日本でも神社仏閣を少しは注意深く見るようになった。私の住む京都の街で、あるとき六波羅密寺を訪ねてみた。六波羅という場所は平家ゆかりの土地であり、「六波羅探題」などという言葉とともに日本史の授業でも習っている。新羅と慶州の関係ではないが、私は二〇年ほど京都で暮らしていながらも、六波羅が現在のどこにあたるのか考えたことは一度もなかった。地図で調べると、祇園の南、清水寺の西に小さく「六波羅密寺」とある。超メジャーな観光地からも簡単に歩いていける場所だった。

あたりは民家の密集地で道幅も狭く、平家一門が邸宅を並べたという往時を偲ぶよすがもない。六波羅密寺の境内も、お世辞にも広いとは言えない。だが、本堂の庇《ひさし》を見て驚いた。韓国寺院で見た、あの丹青《たんせい》に似た模様が描かれている。退色して元の色は分からないが、韓国のような緑色ではないようだ。図柄のモチーフも、花弁ではなく波のようだ。だが、その描かれた場所やタッチは丹青のイメージそのものだった。後日、ある神社の軒先でも丹青のような模様を発見した。

またあるとき、金閣寺を訪ねてみた。私はひねくれ者なのか、あの金ピカの建物が見たいわけではなかった。正式には鹿苑寺金閣。あの金ピカの建物は、あくまでも鹿苑寺の一部分なのだ。その境内には、きっとほかにも何かあるのではないかと期待したのだ。まさか、中にも入れず、遠巻きに眺めるだけなら五分もあれば十分なあの建物だけのために、わざわざ遠くから大勢の観光客がやって来るとも思えない。

金閣寺には小学生のときに一度訪ねているが、金ピカ以外、ほとんどその記憶はなくなっている。果たして三〇年ぶりに訪れた境内に宗教的な雰囲気は感じられず、荘厳さや聖地の気配とも無縁のようだった。ただ、敷地は思ったより広く歩きごたえがあった。はんなりとした雰囲気があり、京都観光にはちょうどよい場所だと思った。とはいえ、ちょっとはまじめに金閣寺を鑑賞してやろうと思っていただけに、肩すかしをくらった気分だった。

だがよく考えてみれば、大原の三千院でもいい、平泉の中尊寺でもいい、日本の名刹といわれる寺の、古来文学で語られたり、今も歌や雑誌に登場するときのある種のイメージ、それを期待していくと結局は期待外れに終わってしまう。あのイメージはどこにあるのだろうと探し回っても、たどり着けないまま拝観順路の終点にきてしまう。そんなのはよくあることだ。

ふと、韓国で訪ねた海印寺や仏国寺のことを思い出した。あのときの不思議な感覚は、しいて言葉を探すなら、どこか血が騒ぐというか、今風に言えばＤＮＡが騒ぐというか、どうもそんな感じではなかったろうか。日本の名刹に出向くとき漠然と期待するイメージ、だが結局は出会うことのないイメージ。そんなものを韓国の寺院に見たのではなかったか。それは、わびさびなのか、聖地、荘厳といった世俗と関係を断ち切った潔さなのか、まったく分からないのだが、遺伝子の奥底に秘めた原風景のようなものが呼び覚まされたとはいえまいか。あるいは、あのえもいえぬ心地よさは母親の胎内にいるときの心地よさのようなものかもしれない。

知り合いの友禅画家に言わせれば、神社のたたずまいは穏やかで、そこに日本人の原風景があるそうだ。それに比べて仏教の寺は、大陸の影響が色濃いためかどこかゴツゴツしているとのこと。ただし、京都でも由緒を誇る上賀茂神社や酒の神として有名な松尾大社は、古代朝鮮半島からの渡来氏族である秦氏が氏神を祀ったものだ。商売繁盛の伏見稲荷大社も同じく秦氏が建立したものだ。やおろずの神の集合体である日本の神道の中には、韓国の神も混じっている。巫女の衣装が色こそ違え、こと形に関してはチマチョゴリに似ていると感じるのは甚だ主観にすぎようか。

なお、秦氏は新羅系の豪族で一族から出た秦河勝は、聖徳太子の信任もあつく、その参謀役のようなものを務めたという。京都・太秦の広隆寺は、今では国宝第一号に指定されている弥勒菩薩半跏思惟像を聖徳太子から賜った秦河勝が、それを安置するため建てた寺だとされている。また、今大人気の雅楽ミュージシャン東儀秀樹氏は秦河勝の子孫だそうだ。東儀家というのは、奈良時代から今日に至るまで約一三〇〇年間、雅楽を世襲の仕事として、歴代の朝廷や四天王寺、徳川幕府に仕えてきた由緒ある楽家だという。

国家神道という形で押しつけられた日本の神道は、日帝侵略の象徴の一つとされている。今も反日本の旗印として存在し、確かにそれにより苦しめられて嫌な思いをした人はいるのだろうが、神道そのものは韓民族とは無縁ではない。あるいは、扶蘇山城で我々をなじった女性が、もし、我々が日本人であることに気がつかなかったとして、同じ行動に出たかどうかは甚だ疑問だ。またあるいは、韓国人が常食とし、キムチづくりに欠かせない唐辛子は、豊臣秀吉の朝鮮出兵の際に日本からもたらされたという説もある。日韓併合や朝鮮出兵を丸々肯定する気はないが、本当の意味での民族的バックボーンは、知識や意識を越えたところで形成されているのかもしれない。あるときは違和感を覚え、あるときは血が騒ぎ、あるときはまったく何も感じない。神も仏も孔子も唐辛子もごちゃまぜになった中にも、何かしら崩しがたく侵しがたい共通の要素が潜んではいないだろうか。「似て非なる国」といわれる日本と韓国。だが、実際はその逆で、似てはいないが非ではないというのが日本と韓国ではないだろうか。二度目の韓国旅行も決してじっくり回ったとはいい難いが、史跡を中心にめぐったためか、一泊二日で飲食三昧という初回の韓国旅行とはまったく正反対の印象を得ることとなった。

第2章

宗教のかたちと民族のかたち
――インドネシア――

シンガポールの昭南旅館

韓国のロケ旅行で、私の役どころは番組のレポーターだった。いずれ番組が完成するとリンクするはずの情報誌で曲がりなりにも毎回巻頭のカラーページを担当しているので、私を「旅行作家」に仕立てて、ぶらりアジアを旅しながら行った先々を視聴者に紹介するという設定にしたのだ。単なる営業政策というか、辻褄合わせというか、その程度の理由である。だがそれは、私のあまりにお粗末な語りと、やや猫背のスタイルのせいで取り止めになっていた。韓国ロケが終わってKがプロデューサー権限で決めたことで、このことは私には知らされていなかった。

韓国から帰って一ヵ月後には、シンガポールから入ってインドネシアのバリ島、ジャワ島をめぐるロケという第二弾が予定されていた。語りが不出来だったことくらいは自覚していたので、何も知らない私はこれではいかんと発憤し、三脚に八ミリビデオをセットして語りの練習に打ち込んだ。そのころは、あわよくば本物の旅行作家になれればいいと思っていた。どうせ放映されたところで、ローカル局の重箱の隅のような時間帯だろうが、少しぐらいは自分のハクづけになるだろうと踏んだのだ。

そして、出発のほんの数日前、私がレポーターから荷物持ちへ格下げになっていたことを知る。すでに航空券にも私の名前が入っているし、その間に入っていた仕事もキャンセルしていたので、降りようにも手遅れだった。このロケでは、最後にジャワから再びシンガポールに戻って日本に帰ることになっていたが、私はシンガポールで抜け、そこからカンボジアへ一人旅をしようと飛行機やホテル

ラッフルズ（Thomas Stamford Raffles, 1781-1826）

イギリスの植民地行政家。イギリス東インド会社の社員として、1805年にペナンに派遣され、1808年よりマラッカにあったが、自分の上司だったインド総督ミントーに進言して、当時オランダの支配下にあったジャワを攻略させ、1811年より5年間、自らジャワ副総督として植民地経営を推進した。

1816年にジャワがオランダに返還されるといったん帰国。1818年よりスマトラの副総督として勤務する中、中国からインドの植民地への貿易ルートを確保し防衛するために、1819年シンガポールに商館を建設した。1824年、英蘭協約の締結により、イギリスのシンガポール領有をオランダが承認すると、ラッフルズは、シンガポールを東洋貿易の本拠地と位置づけ、関税がゼロという自由貿易港にする。それ以後わずかの間に、シンガポールは地域内の貿易の中心地となった。

を予約していた。「テレビ取材の荷物持ちをしてました」などといっても、「旅行作家」をやっていく上で何のハクづけにもなりはしない。だが、その傍ら写真くらいは撮れるだろうし、まあ観光旅行のつもりでと、ついタダで行ける外国に足が向いてしまうのだった。

映像を見た歴史ファンが思わず息を呑むような史跡というのは、あいにくシンガポールには期待できなかった。それは、この島自体がさほどの歴史をもたないからだ。シンガポールが開けるのは、一八一九年、イギリスのジャワ植民地の副総督だったラッフルズが上陸して以降のことで、そのときの住民の数はマレー人の漁師と中国人の農民を合わせてわずか一五〇人ばかりだったという。

過去を語るものといえば、一九世紀以降にこの島へ出稼ぎに来て住み着いた中国人たちの拠り所だった道教寺院と、取り壊しを待つ古びたチャイナタウンくらいだろうか。後は、過半数を占める中国人に混じってマレー人やインド人が暮らしているという現在の姿から、さまざまな民族が東京二三区程度の広さしかないこの島に流れ込んだ過去に思いを馳せるしかないだろう。その意味では、マレー人街やインド人街と、そこに立つモスクやヒンズー寺院も貴重なロケポイントだった。これも史跡とは呼べないが、クリケットやラグビーに使う広い芝生やいかめしい石造建築の最高裁判所、かの有名なラッフルズホテルも考えてみれば重要な場所だ。そもそもこの島は、ラッフルズ上陸以降にイギリスの植民地となったがゆえに開けたのだから。だが、あの手の建物は撮影許可が厄介で、泥縄式に日程が決まる我々のロケでは申請している時間がなかった。

予算も日程も切り詰めた一連の旅で、シンガポールにあてられたのは二泊三日。初日は、日本からの移動でほとんど時間が食われるし、三日目は午後にバリへ向かうので、実質的にはせいぜい一日半くらいだ。その間に、三〇分番組一本分の映像を収録するという。「とりあえず、撮ってみないと分からない」というのが、Kの開き直りにも似た見解だった。

飛行機は、ほぼ予定通りシンガポール着。タクシーでラッフルズホテル方面へ向かう。我々は、ラッフルズホテルとは道をはさんですぐ隣の安ホテルに部屋を取っていた。撮影許可が取れなくても、せめてその安ホテルの窓から俯瞰で狙えないかという思惑があった。このあたりはシンガポールの中心部で、フットワークがよいのも好都合だった。というのも、人件費そのほかが日本並みに高いシンガポールでは、予算の関係上ガイドも車も雇うのは厳しく、タクシーや地下鉄で動くことにしたからだ。シンガポールで車を借りる金があれば、インドネシアならガイドも雇えて釣りがくる。

ラッフルズホテルには、シンガポール陥落後、日本軍が接収し「昭南旅館」と名前を変えて使用していたという歴史がある。戦前もシンガポールに住む日本人は少なくなく、資料で当時の写真を見ていると、ラッフルズホテル界隈にも、貿易会社に鉄工所、菓子屋に理髪店などさまざまな日本語の看板が見られ、私の住む京都でいえば「戦前の四条河原町」、東京なら「大正時代の銀座〇丁目」なんていう古いのモノクロ写真を見ているようなゆかしさがある。

だが、実際の歴史はそんなノスタルジーに浸れるほど甘いものではなかったようで、ここに渡った日本人には「からゆきさん」も大勢いたし、貧困そのほかの理由で母国日本に見切りをつけざるを得なかった人が少なくなかったという。また、こちらに来たら来たで、外地で暮らす悩みは尽きず、ようやく仕事が軌道に乗り出しても、日本人に反感をもつ人々から子どもや妻が迫害を受けたり、あるいは熱帯特有の病気に悩まされたりもしたようだ。そして、シンガポールもまた韓国と同様、日本軍の「戦争犯罪」を問う声がいまだくすぶり続けている。

そう考えていくと、シンガポールも歴史的に興味深い場所ではある。ラッフルズホテルに隣接した我々のホテルからは、戦前の日本人が遠く故郷を離れて暮らしを営んでいたエリアを訪ね回ることもたやすかった。だが、その界隈から日本人の暮らしの痕跡はほぼ完全に消し去られており、当時を偲ぶ映像を撮るなど到底無理な話だった。そのことは、過去に二度シンガポールを訪れた際に自分の目で確認していた。

脱亜入欧のショップハウス

ホテルにチェックインし、ロケの用意を整えるとすでに薄暗くなっていた。取材でアジアに足を運ぶようになってもついつい陥る錯覚なのだが、とくにシンガポールのような赤道直下の地域は決して日が長いわけでなく、太陽はいつも律儀に早めに沈み、朝日が昇るのはのんびりしている。肌では夏を感じているので夜七時半くらいまでは明るいはずと思うのだが、六時半をすぎると日が暮れはじめる。考えて見れば、こと取材旅行にはありがたい「長い昼間」が期待できるのは、白夜で知られる北欧のように緯度の高い地域だけなのだ。

遊んでいても仕方がないので、機材を持ってホテルを出る。シンガポール川の遊覧ボートで河口に出て、ライトアップされるマーライオンを海から狙おうという算段である。ラッフルズホテルの隣には「ラッフルズシティ」という「そごう」が入ったショッピングセンターがあり、すぐ下が地下鉄のシティホール駅となっている。そこから一駅だけ地下鉄に乗り、ラッフルズプレイス駅で降りた。地上にある出入口は白亜のいわゆる近代西洋建築風で、まさにラッフルズホテルのイメージそのものとなっている。周りを囲むビルの間をくぐるように進むと、すぐ先にシンガポール川が開けている。

川幅はさほどでないが、ヨーロッパ風の豪華な欄干のある橋が架かっている。その橋には確かイギリス人の名前がつけられていたはずだ。シンガポールも香港と同様、やたら英国風の名前が残されている。橋を渡って右に行けば「エリザベスウォーク」という名前の遊歩道もある。我々は左に折れ、石畳のプロムナードを歩いてボート乗り場をめざした。薄暗くてよく分からないが、対岸の「ボート・キー」と呼ばれる川沿いのエリアは、二年前よりさらに整備が進んだ感じがした。ショップハウスを改装したレストランが並び、川に接した店先にズラリとテラス席が設けられている。ショップハウスとはチャイナタウン特有のもので、一階が店舗で、上が住居となっている建物だ。

八年前の一九八九年、この街に初めて来たときもこのシンガポール川の遊覧ボートに乗っている。そのときは昼間だったが、川沿いには新しいビルや石造の西洋建築が見られる一方、かなり長い距離にわたって古いチャイナタウンが生き残っていた。ボートから写したピンぼけのカラープリントには、玄関の建て付けが菱形に歪んだおんぼろの中国長屋の前に立ち、上半身裸でタバコを吹かす、シンガポール政府がもっとも嫌いそうなオッサンの姿が写っている。

その中国長屋が「ショップハウス」と呼ばれていること、そして東南アジア一円のチャイナタウンにはどこにでもある建築スタイルであることを知るのは後になってのことだが、壁に漢字がペイントされたり、煤けた漢字の看板が大きく掲げられていて、分からないなりに中国っぽく思われた。ただ、よく見ると玄関の扉の周囲にアールデコ調の装飾があったりするので驚いたが、氏より育ちではないが、ヨーロッパ風をめざして建てられたものの使われているうちに中国風が染み着いたのかもしれない。

ボート乗り場には、遊園地の券売り場のような小屋があり、係員が詰めていた。その前で、イスラムの衣装をつけた若い女性二人が顔を見合わせて苦笑いしている。あいにくボートは出たばかりで、次のボートの時間まで半時間くらい待たねばならないという。彼女らはともに大きなバッグを抱え、一人はカメラを持っていた。てっきり田舎から東京見物に来るような感じで、マレー系のシンガポーリアンが都会見物に来たのだろうと思ったが、聞けばマレーシアから来たという。よく考えると、東京二三区か淡路島かという国土で国内旅行もないだろう。マレーシアといってもいちばん近いジョホールバルなら、二〇〇円弱のバス代を払って三、四〇分で来れるのだが、彼女らもれっきとした外国人観光客なのだ。

乗り場のすぐ近くには、ラッフルズの白い像が建つ。確かここから歩いてすぐのイギリス女王の名のついた記念館前にもラッフルズの像があって、鈴なりの観光客を集めていた。とにかくシンガポールは何かにつけラッフルズなのだろうか。ちなみにラッフルズホテルは、ラッフルズとは直接関係はないのだが、このホテルをはじめた男が高名なラッフルズの名前をネーミングに利用したのだそうだ。

何かで読んだ話では、ラッフルズは支配者には珍しいタイプだそうで、支配を受けた人々から愛されたというのがその理由らしい。だが、善政をしいたのか、人柄がよかったのかは知らないが、支配者は支配者ではないかと思う。しょせんは利用するためにやって来たのだ。ただ、この愛された支配者は、いまやシンガポールへの招き猫の役割を演じ、少なからず外貨獲得に貢献していることだけは確かだろう。終戦後の日本でもマッカーサーを慕った国民がいたというが、東京の街なかにマッカーサーの像があるという話はあまり聞いたことがない。

対岸に見えるショップハウスのレストラン群は、日が落ちるに従って明かりが闇に強調され、だんだん雰囲気がよくなってきた。中国風からヨーロッパ風に姿を変えるといってもいいのかもしれない。「いい感じじゃないか。終わったらあのあたりでメシでも食おう」と、Kが言う。

だが私には、些細なことながら嫌な思い出があった。二年前、私は夕食を取ろうと、その並びにあるカフェテラスに腰を下ろした。中国系のウエイトレスにオーダーした後で、私の周りの席に何組かの西洋人がやって来た。店は混みはじめ、今か今かと待ちかまえる中、まず西洋人の席にビールが運ばれ、私の席にビールがきたのはそれよりもだいぶ経ってからだった。一緒に頼んだはずの灰皿も運ばれてこなかったで、私は灰皿を催促した。だが、一向に灰皿は届かなかった。

冷房のある屋内はすべて禁煙というシンガポールで、オープンエアーのカフェテラスは喫煙者が一息つける格好の場所だ。私は、灰皿一つのことで結構真剣になっていた。ようやく、灰皿を持ったウエイトレスがやって来た。だが、それは私にではなく隣の西洋人の席に置かれた。頭にきたので、「灰皿はまだか」と婉曲的に文句を言った。だがそのウエイトレスは、「客がいっぱいで灰皿が足りない」としゃーしゃーと言ってのけたのだ。「じゃあ、どうして私の後からきた隣の席に灰皿を届けたのだ」と詰め寄りたかったが、あいにくその英作文が間に合わず、知らぬ顔でウエイトレスは去っていった。そして、最後まで私の席には灰皿が届かなかった。

ちなみに、この手の西洋人優遇志向は東南アジアの先進都市では珍しいことではないらしく、その後バンコクでも何度か経験した。とくに、ドムアン空港のトランジット・カフェのウエイターは、西洋人と東洋人で露骨に接客態度を使い分けていた。

ボートの時間まですることがないので、ただただあたりの景色を眺めていた。ベンチには若い男女が座っていて、何か話をするわけでもなく、肩を寄せぼんやり遠くを見つめている。若い男が自転車に乗ったまま片足を川岸の柵にヒョイと乗せ、じっと川を眺めている。その近くには釣りをする男もいる。子どもを連れたマレー系の若い夫婦が通りかかり足を止める。夫が持っていたカメラを私に差し出し、一枚写して欲しいという。観光ですかと聞けば、いや、シンガポーリアンだと首を振った。

世知辛くせかせかした街だと思っていたがこんなのんびりした夕べもあるのだ、などと思っていると、労務者風の男たちがゾロゾロ歩いてきた。彼らがやって来るほうを見ると、中型のトラックが停まっている。また一台トラックが停まり、よく似た風体の男たちがその荷台から降りてきた。これが、よく聞く出稼ぎ労働者たちだろうか。人件費が上がり、かつ豊かになった国民が三K労働を好まなくなったシンガポールでは、インドネシアやバングラディシュ、ミャンマーといった国内に雇用機会の少ない周辺のアジア諸国から、安い人件費で肉体労働や清掃などの雑役に従事する労働者を受け入れているらしい。

結局、一時間近く待たされてボートに乗った。我々やマレー人女性以外にも客がいて、ボートはほぼ満席となった。ボートはまず河口へ向かった。もう、どっぷりと日が落ちていた。「世界三大期待はずれの観光地」の一つと皮肉られるマーライオンも、ライトアップされるとそれなりに絵になるものだ。マーライオンの口が吹き出す一筋の水がキラキラ輝いている。外洋に出ると、海辺に建つワールドトレードセンターのビルが見え、その横には外国航路の桟橋が薄明かりの中に浮かんでいた。貨物港では闇の中に何基もの巨大なクレーンが並んでいる。ここは、とてつもなく国際的な街なのだ。

ボートはすぐに川へと戻る。先ほどのボート乗り場を通りすぎ、クラーク・キーをめざしてさかのぼる。ここにもショップハウスのレストランが連なり、色とりどりの光の帯が川面に影をにじませている。私が大嫌いなはずのショップハウスのレストラン街も、悔しいことにかなり絵になる光景だった。

消されたチャイナと消せないチャイナ

シンガポールの二日目は、まずホテルの周辺から撮影をはじめた。すぐ隣にラッフルズホテルがあり、その先にはイギリス植民地時代の建築が連なっている。それを順次撮影していけば、自動的に昨夜行ったシンガポール川の河口エリアへたどり着き、さらに進めばチャイナタウンがあるはずだ。そうすれば、全部とは言わないまでもほとんど歩いてロケができる。

まずラッフルズホテルの正門側に回り、無理は承知で撮影させて欲しいと交渉した。だがというか、当然というか、肖像画のバッハやベートーベンのような大仰なユニホームを着たドアボーイは、にべなくそれを拒絶した。外観も撮るなと余計な一言も付け足して、しばらく監視するように我々の様子をうかがっていた。

ラッフルズホテルをすぎると、緑の中に昔の公団住宅の給水塔のような背の高いコンクリートの塔がそそり立っていた。何だか意味あり気だったので、まず遠巻きに撮影してからその下まで行ってみた。塔の根元には黒い石の壺が置かれ、そばに説明プレートがある。この塔は、戦時中、日本軍に虐殺された中国人の霊を慰めるために建立されたものらしい。

とりあえず撮るだけ撮って先へ進む。空を突き刺すような尖塔のある純白のセントアンドリュース教会の遠景を撮り、次は最高裁判所だ。いかにもヨーロッパの近代建築といった感じのドームをもつ石造建築で、ドームに葺かれた銅板が緑青を吹き風格を表す。隣接する市役所の建物と一体感のあるデザインで、二つ並んださまはかなりの迫力ではあるのだが、逆に迫力がありすぎてうまく写し撮るアングルを決めるのに苦労した。道を挟んだその前は、だだっ広い芝生のクリケット場、さらに進めば時計台のあるビクトリアメモリアルホール。これらイギリスが残したものは、何とまあ美しく守り継がれ、使い継がれていることか。

テレビ用の映像素材としては、異国情緒たっぷりで、下手に太古の歴史ロマンを求めるよりも受けそうな気がしないでもない。だが、何となく割り切れないものも感じる。日本軍の取った行動は惨《むご》い行為として永遠にこの土地に刻みつけられる一方、このあたりの景色が一体となって、イギリス植民地時代は甘い思い出だったと懐述しているような感じがするのだ。ことシンガポールに対してどうだったかは知らないが、イギリスにしても、中国同胞に対して阿片《アヘン》戦争を仕掛けた国だ。阿片戦争なんて、カード破産者が債権者の腕に麻薬を打ち込み代金をチャラにしろというようなもので、武力行使の残虐さだけでなく経済的なだらしなさまで見え隠れする実に醜悪な行為ではないか。

そんな私憤はともかくも、アジアの歴史文化を追うこの番組ロケにあって、エリアが狭く歴史が浅く、おまけに時間の余裕もないシンガポールでは、使えそうなものは何でも撮るべしとガンガンカメラを回していった。そうしてシンガポール川の河口にたどり着き、やはり絵にならない昼間のマーライオンを一応はおさえ、タクシーを拾った。運転手に「チャイナタウンへ」と言いながら、国全体がチャイナタウンのようなシンガポールでチャイナタウンも変だなと思う。チャイナタウンのどこへ行きたいのか尋ねてくるので、とりあえず「スリ・マリアマン寺院」へ行ってもらう。スリ・マリアマン寺院は、シンガポール最古のヒンズー寺院だ。チャイナタウンでヒンズー寺院というのもおかしな話ではあるのだが。

ラッフルズの植民地政策において、この島に流れ込んでくる人々は、民族ごとに居住地が定められたそうである。その際に、中国人居住地とされたのがこの「チャイナタウン」で、商売の中心地として繁栄したらしい。ただ、チャイナタウンは中国人奴隷売買の舞台ともなったというから、ラッフルズの支配下でも非道なシーンは存在したのだ。なお、スリ・マリアマン寺院を建てたのは、インド人社会のリーダーだった綿商人だそうだが、その人物はラッフルズの信頼もあつく、当時の一等地だったこのチャイナタウンにヒンズー寺院を建てることを許されたと見られる。

とはいえ、チャイナタウンはやはりチャイナタウンで、インドの影はほとんど見えない。「リトルインディア」と呼ばれるインド人街は、我々のホテルから見ればここことは逆方向に位置している。

スリ・マリアマン寺院の門の上部は雛壇のような形をしていて、各壇には、多神教であるヒンズーのさまざまな神やマハラジャ風の人物のカラフルな像が彫り込まれている。門前は白人観光客でいっぱいで、門のすぐ内側に立つあまり宗教者らしくないインド人男性が何やら指図を与えている。どうもその男性は、寺院には靴を脱がなければ入れないことや、カメラやビデオの持ち込みには金を払わないといけないことを繰り返し言い続けるためにそこに立っているようだ。

逆に言えば、金さえ払えば撮影できるというわけで、我々としてはありがたいえばありがたい。だが、寺の中にも監視人がいて、堂内を撮ろうとする人間を監視していた。本来こんな場では、熱心にお参りするインド系シンガポーリアンが撮れれば言うことなしなのだが、ビデオの持ち込み料を払ったところで堂内は撮影禁止のようだし、参拝者よりも白人観光客のほうが圧倒的に多いのだからどうしようもない。

境内には幾つもの堂があるが、その屋根も神様やマハラジャの像のオンパレードだ。ヒンズー寺院といっても、バリのヒンズーの寺院とは似ても似つかないし、ネパールのヒンズー寺院は基本的に中に入れないので比べようがない。私が知っているかぎりでは、ミャンマーの仏教寺院に似ているといえばかなり似ている。ミャンマーの寺院は「パゴダ」という円錐形の仏塔で知られるが、パゴダの周りには幾つもの堂が並んでおり、その壁面には釈迦の弟子たちと見られる人物や、仏教説話に出てくると思われる架空の動物のカラフルな像が彫り込まれていた。


チャイナタウン界隈の商家の玄関脇には赤い小さな祠があり、ミカンやパンなど供物が捧げられている。商売の神を祀るという中国系住民の習慣だ。その次に行ったシアン・ホッケン寺院もそんな商売の神様を祀った道教の寺院だったが、境内に祀られているのは道教の神だけでなく、航海安全の神も祀れば、孔子も祀り、仏教の観音像までもが安置されている。要するに、当時、この島に渡った中国人たちのありとあらゆる願いが込められた寺なのだろう。さして境内は広くなく、さまざまな神が肩を寄せ合っている格好だ。

創建されたのは一九世紀前半で、シンガポールでは最古の中国寺院として国の文化財にも指定されている。とはいえ、せいぜい二世紀弱の歴史しかないわけだが、仮にこの寺院が、五〇〇年後、一〇〇〇年後まで守り継がれたとして、世界遺産のリストに組み入れられるのだろうか。普段はたくさんの観光客や参拝者を集めるそうだが、このときは中年の女性が一人手を合わせているだけで、境内はとても寂しげだったたし、出稼ぎの民衆が造った寺は韓国で訪れた仏国寺や海印寺と比べると見るからに貧相である。だから、たとえ幾星霜を重ねようとも、いかに切実な願いや貴重な歴史が刻まれていようが、「遺跡」「遺産」などと呼ばれそうにはないように思えるのだ。

チャイナタウンの「三大史跡」を撮り終え、町並みのイメージカットの撮影にかかる。二年前、この界隈のどこかに、いかにも古くからありそうなビンテージ級のショップハウスがあったことを記憶していた。錆がついたような赤茶けた瓦屋根、半開きになった二階の鎧戸が落ちそうなばかりに斜めに傾き、そこから直角に突き出た物干し竿によれた洗濯物が吊されていた。そんな、体にガタがきた老人のようなショップハウスが確かにあった。その横に大きな更地ができていたので残っている可能性はきわめて小さいと思われたが、それを探してみたくなった。

八年前、初めてのシンガポールで遊覧ボートに乗ったとき、シンガポール川畔のすすけたチャイナタウンがドンドン取り壊される運命にあることを舟に流れる味気ないテープ放送が伝えており、二年前に再訪したとき、それが本当だったことを自分の目で確認していた。立ち退きや取り壊しにどれだけの年月が必要か分からないが、二年前に残っていたならわずかな望みがあるかもしれないと期待した。

確か、あのビンテージ級のショップハウスは比較的大きな通りに面していた。だから、路地裏を探し回る必要はない。メインの通りを撮影しながらチャイナタウンを歩き回る。だが、私がおおよそのアタリをつけていた場所にそれはなく、窓や樋がパステル調に塗り直され、ピカピカに改装されたショップハウスが並んでいた。それらは観光客向けのしゃれたブティックやレストランであったり、ソニーやキャノンの看板を掲げたハイテクショップに変身していた。まるで「リカちゃんハウス」のようであり、一角全体がテーマパークのようでもあった。それもまた絵になるといえば絵になるのだろうが、奴隷売買がなされたようなドロドロした歴史へのとっかかりにはならない。

チャイナタウンに見切りをつけ、タクシーでインド人街やマレー人街のある方面へ移動する。ちょうど朝からロケして歩いたエリアを逆戻りするような格好で、デパートのそごうやラッフルズホテルを越え、しばらく行くと西友のショッピングセンターがあり、その先の右側が「マレーモスク」、左側が「リトルインディア」となっている。

車窓から「HDBフラット」といわれるシンガポール版公団住宅のビル群が見える。HDBとは「住宅開発庁」の略称で、小さく暗く不衛生な古い家並みを取り壊し、国民に快適な団地生活を提供しようという機関である。

ラッフルズホテル界隈の、かつて日本人が暮らしたあたりは新しい日系のショッピングビルに変わっているが、この国では、国民の過半数を占める中国人が染み込ませた生活の痕跡さえ消えそうな気配だ。冷房の利いたタクシーから外の景色を眺めていると、むせ返るような湿気までがどこかに捨て去られた感がする。真新しい団地の窓から突き出た何本もの洗濯竿がやけに目立つ。この習慣だけは、この先もずっと変わらないのだろうか。

国はいったい誰のものか

マレーモスクは、八年前に来たときとも、二年前に来たときとも、同じ様子でたたずんでいた。そこに、デパートのショッピングバッグやハンドバッグを下げたマレー系市民が礼拝に来る。人の姿は少々ファッショナブルになっているが、このあたりは今もマレー系の街として健在のようだ。マレー系は、女性の服装ですぐ分かる。近くには、マレーシア行きのバスターミナルもある。

それまでもインド人の姿を見かけないわけでなかったが、リトルインディアに行くと格段にその密度が濃くなってきた。何種類ものカレーパウダーが麻袋の封を切ったままで量り売りされ、値段表示はヒンディー語だ。サリーなどの衣類のほかインド人の生活必需品を売る店が軒を並べ、揚げ物やインド流のパンであるロティなど、インディアンフードの屋台もある。シンガポールで大多数の中国系は日本人と見間違えることも多いので、むしろ印象には残らない。シンガポールでは、少数のはずのマレー系やインド系の人々が目立つ。

シンガポールはいったい誰のものなのだろう。シンガポール発展のきっかけは、本章の冒頭でも述べたようにラッフルズの上陸だ。それまでは、数にすればわずかな先住民がいただけだ。そもそもラッフルズがこの島に目を付けたのは、東南アジアの植民地開拓においてオランダに出遅れたイギリスの巻き返しを図るためであり、以後交易の中心地となったことから中国人にマレー人、インド人が住み着いたのだ。今風に言えば、何の使い道もないと思われていた原野に外国企業が工場を建て、そこが一大工業団地に発展し、出稼ぎの従業員もその一帯に住み着いたという感じだろうか。そして、いまや出稼ぎ労働者たちが富と力を蓄えて、いらなくなった外国人経営者は去っていったというわけだ。実際に、現在のシンガポールの国民所得は、かつての支配者イギリスのそれを凌駕しているし、経営者ならぬ政治家の手腕もなかなかのものだ。しかし、ここでは誰もがよそ者なのだ。

第二次世界大戦後、シンガポールはいったんマレーシア連邦の一員としてイギリスから独立し、その後改めてマレーシアから独立して「シンガポール」となった。マレー半島に連なる島であるからマレー人のものとも言えるが、マレー人自体も外来民族で、マレー半島には「オランアスリ」と呼ばれる先住民がいる。いわば、アメリカ人とインディアンのような関係だ。

現在、シンガポールには中国人がいちばん多く、中国系国家とよく言われるが、もちろん元は中国のものでもない。そして、インド人のものでもなく、イギリス人のものでもない。

インドでは「ボンベイ」が「ムンバイ」にと、イギリス植民地になる前の名前に戻そうという動きがあり、つい最近は「カルカッタ」も「コルカタ」と呼ぶようにと地元政府が要望し、国がそれを認

オアンアスリ

マレー人、中国人、インド人、原マレー人からなる多民族国家のマレーシアで、原マレー人のことをオアンアスリと呼ぶ。

マレーシアの人口の約55%を占めるマレー人は、紀元前に中国南部から広く東南アジア一帯に南下してきたといわれる。現在も、マレー半島、インドネシア、フィリピンのほか、北は台湾、東はイースター島、西はマダガスカル、南はニュージーランド、タスマニアまで分布しているが、オランアスリとは、マレー人の南下以前からマレー半島に住んでいた民族の総称である。

マレー人の進出により、オランアスリは排除され、次第に奥地に押しやられたが、現在は、定住化の促進や教育・能力開発、経済活動への支援などの保護政策がとられている。しかしそれは、マレー人社会への同化を促し、独自の伝統文化が失われるのではないかという懸念もある。

めたという。「ミャンマー」の国名にしても、軍事政権が突然「ミャンマー」を名乗りはじめたのではなく、昔からこの国の名前は「ミャンマー」であり、英語での呼称「ビルマ」から本来の「ミャンマー」に戻したという話である。これが仮に日本だとするならば、英語においても「ジャパン」ではなく「ニッポン」と読んでくれと国際社会に要望するようなものだ。だが、イギリスがやって来てから開け始めたシンガポールで、あまたあふれる英語の地名は、元の呼び方に戻そうにも元の呼び方自体が存在しないのではないか。

さて、シンガポールは誰のものか。しいて言えば、わずかにいた「先住民」すなわち、ラッフルズが上陸した際、ここに暮らしていたといわれるマレー系の漁師と中国人の農民の家族たちと、その子孫たちのものなのだ。

シンガポールの三日目は、オーチャードロードに向かった。オーチャードロードは、シンガポール一の目抜き通りで、ショッピングセンターや高級ホテルが軒を連ねている。その中でひときわ目立つ存在は、高島屋、伊勢丹という二つの日系デパートの巨大店舗で、そもそもシンガポールのショッピングビル群は、駐在員や観光客目当てに早くから進出していた日系デパートが手本となって発達したものだという。なお、このオーチャードロードの高島屋は、世界一の大金持ちと言われるブルネイ国王が、海を越えてショッピングを楽しむ場所でもあるそうだ。

この日は、運良く日曜日だった。ラッキープラザというショッピングセンターに行けば、「フィリピン・アマ」の姿が見られるはずだった。シンガポールには大勢のフィリピン女性がメイドとして出稼ぎに来ていて、「フィリピン・アマ」と呼ばれている。その数は五万人とも一〇万人ともいわれ、日曜日になるとこのラッキープラザの前に出てきて、思い思いにささやかなオフを楽しむという。雑誌で「リトル・フィリピン」と題し、その姿が派手に紹介されているのを見たことがある。

ラッキープラザ前には、それらしき娘たちの群れる姿があった。ただ、正直なところ、オーチャードロードはそうでなくてもたいへんな人出で、知識の断片があったからそれがフィリピン・アマだと気づいたにすぎない。しいて彼女らの特徴を挙げると、市民たちはやがて次の場所へと流れていくのに対し、彼女らはひたすらそこに滞留する。それも、腰を据えて眺めているから分かることだ。さまざまな民族が混じっているのが当然のシンガポールで、どれがフィリピン人であるかを見分ける眼力もあいにく持ち合わせてはいなかった。

シンガポールでは女性の社会進出がめざましく、二〇代、三〇代では、男性よりもいいポストに就いていることが多いという。たとえ同じ大卒であっても、男性は一八歳から二年半の兵役がある分、スタートが女性より遅れるからだ。そうした女性たちは家事をしたがらないし、結婚後も仕事を辞めたがらない。そんな事情を背景に、フィリピン・アマが求められるというわけだ。

シンガポールに暮らす日本人はかなりいて、いまや中国系、マレー系、インド系に次ぐ第四の民族とも言われるらしいが、さしずめフィリピン人はそれに次ぐ第五の民族と言えるだろう。日本人もフィリピン人も、そのまま定住してしまえば将来のシンガポールはまた違った国になり、ますますもって誰のものか分からない国になるだろう。

同じ日本人でも、大手企業の駐在員なら数年のローテーションで入れ替わるが、その一方で、生産コストの高い日本ではもうやっていけず、必死の思いで進出した中小企業にはそんな余裕などはなく、ここに根を張るしか生き残る道はない。そんな中小企業のマネージャーに出会ったことがあるが、その男性など、「現地に工場を建てよ」との業務命令でシンガポールに来たときは、大手企業のような銀行の支援はおろか本社の支援すら要請するのが忍びなく、自分の住む部屋さえ自分で探さなければならなかったという。大手企業の現地マネージャーなら、当然、家賃数十万円のコンドミニアムに住んでいるようだが、現在、その男性はシンガポール人専用の公団住宅であるＨＤＢフラットに「又借り」でもぐり込み、自分で運転する中古の小型車を仕事の足にしてセカセカと動き回っている。そして今も、大手の駐在員には会いたくもないし、その家族が行くような場所にも行きたくないと話していた。

私は、床にタバコをポイ捨てしてもかまわない下町の食堂でご馳走してもらいながら、その男性の話を聞いた。

戦前のシンガポールでも、そこに暮らす日本人は二つに分かれていたという。何のあてもなくこの島に飛び込み、独立独歩で暮らしのすべを見いだした「下町族」といわれる人種と、財閥系をはじめとする大手銀行や企業の駐在員として派遣された「山手族」といわれる人種だ。そして、先に進出した下町族が地盤を築いた後でやって来たのが山手族だったという。

シンガポールの日本人社会はいったん戦争でリセットされたが、今、シンガポールに暮らす日本人にも下町族と山手族がいるわけだ。また、もし戦争がなかったら、今よりももっと多くの日本人が住んでいて、場合によっては、国の主要構成民族の一つを日本人が占めるという、日本人という民族にとって史上類のない場所になっていたのかもしれない。

フィリピン・アマの姿としゃれた街のにぎわいを撮り終えると、すぐにホテルにバックした。この日はバリ島への移動日であり、午後二時すぎの飛行機に間に合うべく、そそくさと荷物をまとめ空港に向かった。

バリ島のマクドナルド

シンガポールから二時間半足らずで、バリ島デンパサールの空港に着いた。純粋な飛行時間なら、関西から沖縄へ行くのとほぼ同じという近さだ。

バリには、この五年前の一九九二年にまったくの観光旅行で訪れていて、デンパサールの町なかを、ダイハツ・ミゼットが元気よく走り回っていたのを覚えている。カエルのようなあのオート三輪の荷台にベンチが据えられ、こちらで「ベモ」と呼ばれる簡易バスとして使われていた。まだミゼットが走っていればいいのにと期待したが、我々の車は町に寄らず、空港からクタのホテルに直行した。

バリ島、ジャワ島のロケには、車も日本語ガイドもついている。費用がまだまだ安いというのもあるが、シンガポールと違って交通の不便なバリやジャワでは専用車がなくては自由に動けず、その分日程が延びるから逆に割高になってしまうのだ。

夕方六時すぎにホテルに着き、すぐクタの町に飛び出した。すでにガイドは帰してあるし撮影ではない。Kのズボンのベルトが切れ、新しいベルトを買いたいと言い出したのだ。どこにベルトを売るような店があるのか、私に道案内が期待されたがクタはほとんど知らなかった。

バリという島には旅行者の棲み分けがあるらしく、私が行った一九九二年当時、クタからレギャンにかけての一帯は欧米の長期滞在客が好む地区で、そこに日本のサーファーがにわかに増えはじめたということだった。それもうっとうしく思え、クタには小一時間ほど「見物」に訪れただけだった。

そのとき私が泊まったサヌールという地区は、長年、欧米の金持ちのバカンス客に親しまれてきたリゾートだった。だが、日本からのツアー客が増えはじめ、欧米の金持ちは政府の肝煎りで新たに開発されたヌサドゥア地区に逃げ出したという話だった。

サヌールでは、「バリビーチホテル」に宿泊した。日本の戦争賠償金で建てられたバリで唯一の八階建てのホテルで、これ以降のホテルは椰子の木よりも高くすることを禁止されたという。その後、バリビーチホテルは火災に遭う。偶然そのニュースをテレビで見て、変な再会ではあるが懐かしくも思い、またこれでバリから高層ホテルはなくなるのかとも思ったが、その後「ホテルグランドバリビーチ」に名前を変えて復活している。

ともあれ、クタにしても長期滞在者で賑わってきた町だから、適当に行けばベルトくらいは見つかるだろう。ホテルの前は塀で囲まれた広場になっていてどうも淋しげだったが、ほどなくサンダルだの土産物だのを売る商店があり、椰子の繊維で屋根を葺いたレストランがあった。よく見ると、庇《ひさし》のところに「マクドナルド」の看板が掛かっている。アジア最大のイスラム国家といわれるインドネシアにあって、バリ島はただ一つのヒンズー教の島（約九割がヒンズー教徒）である。そんな島に、ビーフ一〇〇パーセントが売り文句のマクドナルドがよく進出できたものだ。旅行者の需要はあるにしても、誰がビーフのパテを焼くというのだ。空港に迎えに来たガイドが、バリ島はほかの島からの出稼ぎ者が多いと説明していたが、この店の従業員はイスラムの出稼ぎ者ということだろうか。

そんなことよりも、バリにファーストフードのグローバルチェーンができていること自体が驚きだった。全島をくまなくめぐったわけではないので偉そうなことは言えないが、前回来たときはなかったはずだ。ふと振り返れば、遠くに「KFC」と大きく略称を掲げた「ケンタッキーフライドチキン」の店も見え、行く手には「ピザハット」もあった。さらに進むと、日本でも流行していたアウトレットのような店があった。バスが何台も入れそうな大きな駐車場もあり、見るからに観光客目当てという感じだった。安普請の割にしゃれて見える店内には、ビーチサンダルや子ども服が山積みされたワゴンがあり、ポロシャツやジーンズを吊したハンガーがズラリと並ぶ。バリ名産であるはずの「バティック」と呼ばれるろうけつ染めの布製品は、隅っこのほうに申し訳程度に置かれていた。

ポロシャツやジーンズには「ラルフローレン」のロゴがあった。時計コーナーには「セイコー」や「シティズン」に並んで「スゥオッチ」もあった。バリにまで来てラルフローレンやスゥオッチもないものだが、Kの求めていた「紳士用ベルト」もすぐ見つかったのだから文句は言えない。ポロシャツの中には、香港でよく見かける「ボッシーニ」「ジョルダーノ」などのブランドもあった。見栄えがする割に価格が手ごろなこのブランドは、香港資本が深圳《シンセン》など人件費の安い中国沿海部でつくらせているという話である。改革解放経済の余波は、バリにまで押し寄せているのだ。このときは、ちょうど香港が中国に返還される直前でもあった。

帰り道はもう暗かった。人通りが少ないわけではなく、旅行者向けのレストランなどは、煌々としたイルミネーションの代わりにランプの明かりで雰囲気を出している。先ほど通ったマクドナルドの店も薄明かりに包まれ、そんな中に融け込んでいた。KFCやピザハットに比べ、少しは遠慮があるのだろうか。道ばたにはローカルフードの屋台が並び、ラフな格好をした白人が発泡スチロールの容器に「ナシ・ゴレン」と言われる焼きめしを詰めてもらっていた。バリには「ロスメン」と呼ばれる安宿が多いというが、その宿泊者かもしれない。そんな旅行者が行き交う道端をふと見れば、母親と幼児が歩道から突き出た杭に身を寄せるように座り込み、一皿のナシ・ゴレンを分け合っていた。母親の顔も、幼児の顔も闇にまぎれるくらいに黒ずんでいた。

椰子の屋根のレストランで、我々もナシ・ゴレンとミー・ゴレンの夕食を食べた。ミー・ゴレンとは焼きそばのことだ。インドネシア語で「ナシ」は「ご飯」、「ミー」は「麺」、「ゴレン」は「炒め物」という意味で、マレー語でもまったく同じだ。どちらも「クルプッ」というえびせんのようなものが付け合わされビールのあてとしてよく合ったが、クルプッが添えられるところもマレーシアと同じだった。なお、「麺」を「ミー」と言うのは、確か台湾や中国でも同じのはずだ。

ホテルに戻り、一人でバーに行った。朝まで開いているということだが、客はほとんどいなかった。まだ幼さの残るウエイトレスがつかつかとメニューを持ってやって来て、体から自然にわき出るような笑みを投げかける。飲み物の種類は豊富で、カクテルメニューもたくさんある。私は、アイリッシュウイスキーを注文した。一杯の値段は一万二〇〇〇ルピア（約六〇〇円）。空港で荷物を運んでくれたポーターへのチップは、バッグ一個五〇〇ルピアが相場だと言われ、我々はその通り支払ったが、ウイスキー一杯の値段がバッグを二四個運ぶという労働に相当する。こんな客は上客なんだろうか嫌な客なんだろうかと考えながら、結局、私はバッグ七二個分のアイリッシュウイスキーを飲んだ。客がいなくて時間をもて余しているのだろうか、ウエイトレスはたびたび席にやって来て、「こんなに強いお酒を飲んで大丈夫？」と、心配そうに私の顔をのぞき込んだ。

寺院というエクステリア

翌朝は、早起きして散歩に出た。朝夕は、単独行動ができる貴重な時間だった。昨夜、淋しげに見えた広場では、子どもたちがホースで水をまいたり、ホウキでゴミを掃き寄せたりしている。ここは小学校だったのだ。表通りを昨夜と逆方向に行くと、土産物屋や小さなレストランなど、旅行者相手の店はかなりの距離にわたって点在していて、「マルボロ」の看板を掲げた雑貨屋や私設の両替屋もあった。それらはシャッターを閉ざし、まだ旅行者の姿は見あたらない。住人に朝ご飯を売る屋台がポツポツ出ていて、自転車に大きな箱を積んだ男が通りすぎていく。リゾートの町も、朝は生活者の町に戻っていた。

通りの所々に石像が立ち、供物が捧げられている。供物は家々の玄関先にも置かれているが、一定の様式があるようで、バナナか何かの熱帯植物の葉でつくった小さな箱舟に花や米粒が載せられている。家々の供物は地面に直《じか》に置かれているので私はうっかり踏みつけてしまったが、側で見ていた住人はニコッと笑って許してくれた。

五年前もそうだった。絵画が盛んで「バリの芸術村」と呼ばれるウブドゥで、私は道端の供物を踏みつけてしまった。どうしようかとうろたえたが、見ていた人はただニッコリ微笑むだけだった。そのときは昼間で、供物はもう砂埃をかぶり、花もしおれかかっていたから許してくれたのかとも思ったが、そうではなくてバリの人々は寛容なのだろうか。

家と家の隙間から入っていった裏道にも、所々に石像があった。石像には市松模様のマントのようなものが掛けられていて、傘をさした石像もある。傘の形やその立てかけられるさまは、タイの仏教寺院や町角の祠に立てかけられている傘とよく似ている。石像の顔は動物を擬人化したようで、どことなく愛嬌がある。一応「バリ・ヒンズー」というキーワードを頭の隅に置いてはいるが、どうもヒンズー教というより土着宗教のような感じがしてならない。ネパールの街角で見かけるヒンズーの祠は、厳めしくてよそ者を受け付けないような感じがしたが、これらの石像はお地蔵さんの気安さにも似て、来る者拒まずといった面持ちだった。寺のような建物の外には、市松模様の腰巻きを巻いた獅子の像があった。右手に松明《たいまつ》を持っているのだが、表情がユーモラスなので松明がソフトクリームのように見えてならない。

塀で囲まれた民家の角には、羽根をもった神の像が据えられている。きっと、ガルーダに違いない。ガルーダは、ヒンズー教の三大主神の一つであるビシュヌ神の乗り物とされる神鳥で、ガルーダ・インドネシア航空のシンボルマークにも使われているので、これだけは何の像だか理解できた。だが、よく考えてみると、イスラム国家のインドネシアにあって、ローカル宗教であるはずのヒンズーの神鳥をなぜ航空会社のシンボルに使うのだろうか。それとも、ガルーダは宗教を越えた存在なのだろうか。

ホテルに戻ると、ロビーにはすでにガイドのユダゥアさんが待っていた。韓国を案内してもらったCさんは観光公社の人間で、驚くほど正確で深い知識をもっていた。今回の旅を手配した先は、私の後輩が勤める旅行社で、取材だからできるだけ優秀なガイドをつけてくれるよう頼んでいた。だが、現地は現地でガイドのローテーションがあるし、優秀なガイドほど人気が高いので、努力はするが確約はできないとのことだった。昨日は送迎だけであまり話もしていないが、Yさんは見るからに真面目そうな感じがしたので安心した。

「分からないこと、どんどん聞いてください。私、何でもお答えします」

しゃべればしゃべるほど日本語の勉強になるからいいのだと言う。簡単に打ち合わせをし、この日はまず、ホテルの裏のクタのビーチをのぞいてから、ケルタゴサ、ブサキ寺院などの史跡群を訪ねるという段取りとなった。

クタビーチに寄るのは、いずれ予定しているリゾートイメージの撮影のための下見だった。朝の海岸にはまだ遊び客の姿は見えず、地元の人々がパラソルを運んだり、サーフボードを並べたりと、商売の準備をはじめていた。東屋《あずまや》では、男たちが海を斜めに見やりながらタバコを吹かし、客が来るのを待ち構えていた。

早速、一人が我々に気がついてやって来た。大きな水玉模様のシャツを着て、昔の駅弁売りのように首から下げたトレイにスナック菓子を満載している。食事したばかりだからいらないと言って、手持ちのコンパクトカメラを向けると、待ってましたとばかりにポーズを取る。もうその瞬間、中年の女性がどこからかやって来て男の横に立っている。胸を手で抱えるように突き出して、ツーショットの催促だ。チェックのシャツに編み笠、背中にジュースのカゴを担いでいる。ニタッと笑って二人並んだその姿は、まるで夫婦漫才のコメディアンだった。

下見だけなのですぐに切り上げ、ケルタゴサのあるクルンクンの町へ向け、用意された車に乗り込んだ。

「みなさんバリは初めてですか?」

「私は二度目だけど」

「どこに泊まりましたか?」

「サヌールの焼ける前のバリビーチホテル」

「今、サヌールは台湾の人でいっぱいです。みんなグループでやって来ます。韓国の人も多いです。日本人はヌサドゥアに行きます。台湾の人、お金持ちだけど、日本人、もっとお金持ちです。ヨーロッパの人、オーストラリアの人、クタやレギャンが多いです」

バリに旅行者の棲み分けがあるのは相変わらずのようだが、その勢力分布はまるで経済を映す鏡のようだった。その昔、金持ち白人御用達の高級リゾートだったサヌールは、五年前に来たときは日本人のものといわれ、今は台湾からのパッケージツアー客で賑わっている。サヌールを出た日本人は、かつて日本人から逃れるように白人が移っていったヌサドゥアに行く。

クタの通りでは商店風の比較的小さな家が多かったが、町を外れると邸宅のような大きな家が目につきはじめた。門や塀には見事な彫刻があり、神を祀る祠のような建物が幾つも頭をのぞかせている。

「ここは、お金持ちの村なのだろうか」

「そんなに金持ちというわけではありません。バリの家は大家族です。結婚しても親と住みます。だけど台所だけは別々です。家には五つの建物があって、家の敷地の東西南北にそれぞれ一つと北東に一つ建てられています。そして、その北東の建物には祖先をお祀りしています。どの家も門を造り、神様の彫刻を彫りますが、それは道に悪霊がすんでいるからです」

バトゥブランという石工の村や、チュルツという金銀細工の村を通りすぎた。家々に置かれるヒンズー神の像は、主にこのバトゥブランの村で彫られているという。どちらの村にも、先ほど見たよりもさらに立派な家が並んでいた。このような村は、ある程度金持ちであるに違いない。

家々は、寺院と見まがうくらい見事な彫刻で飾られている。実際に、家の庭にも祖先を祀る寺があるという話だが、村には集会所があり、そこにもまた寺がある。村の寺では村人だけの祭りが行われ、これから行くブサキ寺院のような大寺院は島全体の神を祀る。何だか、日本の神社とよく似ている。朝の散歩で見たタイ寺院のような傘が気になっていたが、神棚に傘がさしかけてあるのは、その日に祭りが行われる印だという。村の祭りとは別に、祖先の命日であったり、何か祝い事があったりする日もそれぞれの家では祭りを行い、傘をかかげるのだそうだ。

バリの人々は寺院を造る。村の寺にしてもそれぞれの家の寺にしても、絶対的に豊かでないとあんなに手をかけた彫刻を設けることなどはできないだろう。日本でも、かつては金持ちになるとまず仏壇にお金をかけたというが、家の中に据えられる日本の仏壇はいわばインテリアのようなものでもあった。それならば、バリのお寺は家の外側を飾るエクステリアとでも言うべきだろうか。バリの人々は、このようにして神々に包まれて生きる。日本では、神仏を家の中にすまわせている。

途中で、Ｋが田んぼを撮りたいと言い出した。今回も周到に下調べをしてきたＫは、「バリでは島民の八割以上が農業なんだ。農村風景というのはバリの伝統文化の一つなんだ」と講釈する。

なだらかな傾斜地に緑の絨毯のような田んぼが広がっている。その中でも人影がたくさん見える田んぼを見つけて車を停め、カメラを担いで入っていく。ちょうど稲刈りの終わった田んぼがあり、家族総出で作業をしていた。田の真ん中に子どもの背丈ほどある行灯《あんどん》のような木枠が置かれ、稲穂の束をその木枠に叩きつけている。木枠の中ほどに取り付けられたジョウゴが稲穂から外れた籾を受け、その下に置かれた麻袋にたまっていくという仕掛けだった。

こうして収穫をしている田んぼがあるかと思えば、田植えをしている田んぼがあった。暖かいバリでは、一年中随時作付けができるため、稲刈りと田植えが隣り合わせという不思議な光景が存在するのだ。水を張った田んぼに、腰をかがめた農夫が一本一本手で苗を植えていく作業は、私も子どものころによく見た姿だ。籾外しと同様、田植えもまた効率のよくない手作業だが、絶えず米づくりができるというのはとてつもなく豊かなことに違いない。家々の豪華な寺院も、土地の恵みの賜物かもしれない。

ベトナムのメコンデルタでもそうだった。緑の田んぼが果てしなく広がっていた。ハノイやホーチミンの街中で、物乞いやストリートチルドレンをよく見かけたのとはまったく対照的な風景だった。温暖で土地の肥沃なメコンデルタでは年に三回米づくりができ、長らく戦争の後遺症で苦しんだベトナムも、いまや世界第二位の米の輸出国にのし上がっている。都会の貧しさ、田舎の豊かさ。昨夜、クタの道端でナシ・ゴレンを分け合っていた母子は、どこかの島からの出稼ぎかもしれない。

王立宗教裁判所

クルンクンの町に入り、ロータリーのある交差点で車を降りた。ひなびた町を想像していたが、ロータリーにはまだ新しそうなモニュメントが立ち、その印象も手伝ってか都会的に見えた。我々のめざすケルタゴサは、このロータリーのすぐ横だった。

バリ島の人々は、昔から住んでいた「バリ・アガ」と呼ばれる先住民と、一六、一七世紀ごろにジャワ島から渡ってきた「バリ・マジャパイト」と呼ばれる人々に分けられるそうだが、クルンクンはマジャパイトが築いたゲルゲル王朝の都で、ケルタゴサはその裁判所の跡だという。

ゲルゲル王朝は、当時のバリでもっとも栄えた王朝で、全島に影響力をもったというが、今はこの裁判所跡しか残されていない。それは一九世紀半ばのオランダの侵攻で、王朝ともども町が滅ぼされてしまったからだ。そして、最後に残ったこの裁判所は、追いつめられた王朝軍兵士たちの自決の場になったという。

門を入ると、そこはまるで庭園のようで、大きな四角い堀池がある。端正な石組みがその周囲をめぐり、石組みの上には均等な間隔でヒンズーの神々の石像が配されていた。堀池の中央には、大きな屋根と柱だけの素通しの建物が立っていて、それがケルタゴサの法廷跡だった。堀池の向こう側に回ると、その法廷跡にも上ることができた。そこには、イスとテーブルが並び、その周囲にも均等にヒンズーの神々の石像が配されていた。天井を見ると、一面に地獄絵のようなものが描かれている。こ

ケルタゴサ裁判所跡

れは、嘘をつくと死後三代にわたって呪われるなどヒンズーの教えを図解したもので、当時、裁判にかけられた人々はこの絵の恐ろしさに思わず罪を自白したという。

ふん、ふんとユダゥアさんの説明を聞きながら、罪を犯せばいずれ必ず裁かれるというのはこのような昔の絵解きにはよくある話だと思いつつも、ここは寺ではなく裁判所であることを思い返した。この「法廷」に立たされると、あまたの神像に囲まれることになるわけだが、ここは宗教の場ではなく裁判所である。ということは、ゲルゲル王朝時代の裁判は、きわめて宗教的な雰囲気の中で執り行われたということであり、宗教が法の番人でもあったのだろう。当たり前のことかもしれないが、社会科の時間に門前の小僧のように暗記した「法治国家」という言葉も、それはそれで重要な意味をもつ言葉なのだ。

当時、ここに君臨した王にしても、新羅の王が仏教で国を治めたように、宗教の教えを取り入れながら民衆を統治してきたのだろう。だが、よく考えれば、「政教分離」「信仰の自由」などというのも、長い歴史から見ればほんのつい最近に出てきた概念かもしれない。現在、アジアの国々の多くは信仰の自由をうたうようになってはいるが、それでもなお仏教やイスラム教を国教として重んじる国は少なくない。中東にしても、宗教で国境が引かれている。

ブルネイに行ったとき宗教省という官庁があったが、世界一の金持ち国ということが関係あるのかないのか、この国には犯罪の数は非常に少なく、ほとんどのトラブルは裁判に至る以前に宗教省に持ち込まれて解決されるため、裁判所は開店休業に近い状態であるとのことだった。つまり、宗教は秩序であり、事実上の法律として国の秩序を律しているのだ。

クルンクンからブサキ寺院に向かう。ブサキ寺院はバリ・ヒンズー教の総本山で、標高三一四二メートルというバリ島最高峰のアグン山の中腹にある。ビーチリゾートで有名なバリ島に、三〇〇〇メートルを超える山があるというのは驚きだった。

料金所の手前で車を降り、歩いて寺へと向かう。そこにはバイクタクシーがたむろしていて、門前まで送ってやろうとしきりに声をかけてくる。一見いかがわしそうであるのだが、そこはもう料金を払わないと入れないエリアであるのだから、寺公認の商売なのだろう。聖地であるはずの寺の敷地内でこうしたことが許されるというのは、少々奇異に感じなくもなかった。

まずたどり着いた場所はちょっとした広場で、前方に目をやれば、なだらかな傾斜地に幾つもの塔や建物が雛壇のように並んでいるのが見えた。いちばん手前の石段の上には大きな「割れ門」がそそり立ち、石段を上った参拝者は、その割れ門から寺院内部へと入っていく。

　割れ門とは、あたかも最初は一つであった石塔をスパッと縦に分断し引き離したような形をしている門のことで、技術的にも重量的にも、おそらくそんなことは不可能なはずだから、そう見えるように周到に計算されて造られたのだろう。寺院以外でも、民家やホテル、レストランなど、至る所で割れ門を見かけるが、このブサキ寺院の割れ門が見たかぎりではいちばん立派だった。

　このバリヒンズーの聖地といわれるブサキ寺院のたたずまいは、同じヒンズー寺院でも、シンガポールで見てきたインド寺院ともまったく違うし、私の中ではよく知っている部類に入るネパールのヒンズー寺院とも違っている。しいて言うなら、こんもりとした石を何層にも積み上げた石塔の形に、お椀型の屋根が幾重も重なるカトマンズの王宮専属大寺院の面影と通じるものを感じる。建築の素材も、ネパールは主に煉瓦、バリは石という違いがある。どちらも年月を経てくすんだその質感は似ていると言えなくもないが、ネパールの寺はお参りに使う赤や黄の粉で色付いているのに対し、ここにはそのような形跡は見あたらない。もちろん、割れ門はバリだけのものだ。

　寺を取り巻く雰囲気も違った。カトマンズでネパール・ヒンズーの聖地といえば「パシュパティナート寺院」だが、そのパシュパティナートの門前では、ヒンズー教徒と異教徒を厳然と分け隔てるような視線を感じた。だが、ここブサキ寺院に流れる空気は穏やかで、ついくつろいでしまうようなところがある。それは、民族の発する匂いのようなものによるのだろうか。パシュパティナートの門前には、はっきりと文化の違いを感じさせるインド系のネパール人が多かった。顔に色を塗りたくった「サドゥー」と呼ばれる行者が、自分の写真を撮ろうとする観光客をめざとく見つけ、モデル代をせ

ブサキ寺院の割れ門

びりにやって来る。一方、バリの人々は比較的日本人とよく似た雰囲気があり、得体の知れない行者もいない。

ブサキ寺院では、ここを撮ってはいけないといったしばりも緩やかだった。境内でも神聖な祈りの場所は異教徒の立ち入りが禁止されているが、山に向かって上へ上へと寺地が広がるこの寺院では、それも脇の参道からのぞくことができ、ひれ伏した人々の肩がマスゲームのように並ぶ様子は、写真で見て知っているイスラム教徒の集団礼拝のようにも見えた。

同じヒンズー教の寺とはいえ、国が変わるとこうも違うものなのか。シンガポールのインド寺院ではミャンマーの仏教寺院を思わせる雰囲気があったが、このブサキ寺院では祈りの姿にイスラムを感じた。もちろん、これは宗教に無知な私個人の主観ではあるが。

ふと、頭をよぎったのは夕べ見たマクドナルドのことで、寺の中で不謹慎とは知りつつも、バリ・ヒンズーの人は牛肉を食べるのかとユダゥアさんに尋ねてみた。その答えは、「今のバリのヒンズー教徒は、僧侶以外は牛肉も食べる」とのことだった。なお、ブサキ寺院の起こりについても尋ねてみたが、当初は、太古からのバリの神々を祀る寺として、バリにヒンズー教が渡ってくるよりも早くに建てられたという。そして、そのバリ古来の信仰と渡来したヒンズー教とが融合し、バリ・ヒンズーが生まれたのだそうだ。

バリ舞踊とヨーロッパ

この後、キンタマーニ高原からティルタ・エンプルを回った。一面に緑が広がりバトゥール湖を見下ろすキンタマーニは、どちらかというと風景を楽しむ場所ではあるが、高台に三脚を据えて望遠レンズで狙うと、湖畔に点在するバリの先住民バリ・アガの村が撮影できた。ティルタ・エンプルは聖なる泉の寺といわれ、境内の池の底から湧き出す水は、その昔は魔王退治に効力を発揮し、以後万病に効くと崇められてきたという。そして、夜はケチャックダンスの撮影だった。ガムラン音楽や、それに合わせて演じられる多種多様な民族舞踊もまたバリの名物だ。バリに関しては、歴史や文化を伝える素材には事欠かなかった。

全島で二万軒以上の寺があり、毎日どこかで祭りが催されるというバリでは、ちょっと車を走らせれば簡単に祭りに出会い、そこで生の民族舞踊を見ることができる。だが、ケチャックダンスのような有名な舞踊に関しては、ホテルや町の会場で毎日、観光客向けに演じられているため、そんなことさえ必要なかった。前にパック旅行で訪れたときも、「ケチャックダンスとロブスターディナー」というオプションがあり、四〇〇〇円も払えば食事付きで鑑賞できることになっていた。しかも実際には、ホテルのオープンレストランで催されるため、宿泊客ならただで見られた。

我々は、旅行社が手配してくれた町の会場でケチャックダンスを撮影をした。観光用の施設とはいえ、ステージにあたる場所には苔むした立派な割れ門があり、寺院か何か古くからの建物を流用したものように思えた。市松模様の腰巻きを巻いた上半身裸の男たちが、「ケチャ、ケチャ」と絶え間なく囃す中、頭にかぶりものをし、派手な化粧を施した主役たちが割れ門の向こうから登場する。悪い王様に妃を略奪された王子が、それを奪い返すという明快なストーリーだった。

バリを賛美する言葉として、「これだけ観光化されているのに伝統が維持されている」というフレーズをよく聞くが、「バリの舞踊は、欧米人が自分たちの観賞用に、欧米のドラマ様式にのっとってつくり替えたものをバリの人々に演じさせて今日に至っている」という話も聞いたことがある。つくり替えたといっても、どの程度つくり替えたのだろうか。衣装を変えたのか、音楽や踊り手の仕草や身のこなしも、オリジナルが歪められているのだろうか。

このとき私の目の前で演じられていたケチャックダンスで、炎に照らされた踊り手たちが腰をくねらすさまなどは、いかにも「バリの伝統そのもの」というふうに思われた。だが、欧米人が改変した舞踊の代表的なものがこのケチャックダンスであるという。二〇世紀の初めにオランダ人が、古くから伝わる悪疫退散のための集団催眠の儀式と、インドの叙事詩ラーマーヤナ物語のストーリーをつなぎ合わせたものらしい。素人目には「伝統的」と感じられるものも実はそうではないとするならば、「観光化されているのに伝統が維持されている」という賛辞に簡単にうなずいてはいけないということになる。

植民地支配を受けるということは、よそ者の手によって国の主権や経済を牛耳られるというだけでなく、民衆が守り育てた文化もつくり替えられるということだ。第二次世界大戦後、インドネシアは独立を取り戻す。だが、本来のバリ舞踊の意味とはかけ離れた「観光収入を得る」という目的のもと

ラーマーヤナ物語

紀元前数世紀から紀元後２世紀にかけてまとめられた古代インドの叙事詩。インドや東南アジアで広く親しまれており、内容は以下の通り。

「コーサラ国の王子ラーマーは、王位継承が決まるが、自分の息子を王にしようとする第２王妃のたくらみで、妻シータとともに追放され、その上、魔王ラーバナによって、シータまでも奪い去られる。やがてラーマーは、猿軍団の将ハヌマンを味方につけ、ラーバナを倒してシータを救出するが、その貞操を疑って苦悩する。シータはこれを悲しみ、火に身を投じるが、神はシータの身の潔白を証明するために、彼女をさらに美しい姿で甦らせる。ラーマーはシータを連れて母国に帰還し、晴れて王位に就く」

アンコールワットやプランバナン寺院の壁面には、この物語を刻んだレリーフも見られる。ヒンズー教では、ラーマーはビシュヌ神の化身とされている。

に、相変わらずこの歪められた伝統文化は連夜披露されているのだ。

たとえば、私の育った大阪南部の町は「だんじり祭」で有名だが、それが観光客に見せるために毎日催されていたなら、それはどういうことなのだろう。外国人の手によって一部変更させられたなら、それはどういうことなのだろう。つい最近のことだが、テレビドラマ収録のため、長いだんじり祭の歴史上初めて、本来の祭り以外の日にだんじりが曳かれたことが地元の大きな話題となった。

次の日も、一人で朝の散歩に出た。ホテル前の小学校では、ホウキを持った子どもたちが親に送られやって来る。昨日の朝はまだ知らなかったが、今、学校は夏休み期間中だという。てっきりバリの小学校では、掃除は始業前にするものかと思ったが、バリの子どもたちは休みの日に朝早くからホウキまで持参で学校の掃除に来るということになる。意識して昨日と違う道を歩いてみたが、観光客向けの店や安宿がまだひっそりしている一方、家々の玄関先には供物が置かれ、短くなった線香が細い煙をたなびかせている。「観光化されているのに伝統が維持されている」という言葉は、一概に肯定できないが否定もできない。

この日はまず、バリ島唯一の石窟寺院という「ゴア・ガジャ」をめざすが、途中で渋滞に巻き込まれてしまった。夏休み中は、ジャワ島から小学生がバスで遠足に来るので、しばしばこんなことも起こるのだそうだ。

「ゴア・ガジャ」とは「象の洞穴」という意味だそうだが、洞穴の外側に彫られているのは獅子のような表情をもつ魔女の顔だった。その口の部分が洞穴への入り口で、中に入ると象の姿をしたヒンズーの神ガネーシャの像が祀られていた。T字形になった洞穴のその逆側には、三体のリンガが安置されている。リンガとは男根の象徴で、ヒンズーの寺ではよく見られるものだが、ここの三体のリンガはヒンズーの三大神「シバ」「ビシュヌ」「ブラフマ」を表しているという。洞穴が彫られたのは一一世紀ごろとかで、現在はどう見てもヒンズー寺院だが、当時は仏教徒とヒンズー教徒がともにここで修行をしていたという。

バリ島にも仏教徒がいて、しかもヒンズー教徒と共存していた時代があるというわけだ。洞穴の手

ゴア・ガジャ洞穴内の3体のリンガ

ガネーシャ

象の頭を持つ知恵と学問の神。シバ神の妃パールバティーが、入浴中に自分の垢と香油を混ぜて人形をつくり、それに生命を吹き込んで生み出したのがこのガネーシャであるという。

そして、パールバティーは、生まれたばかりのガネーシャに「息子よ」と呼びかけ、早速、入浴中の門番をするよう言いつけたところ、ガネーシャは、ちょうどそこに帰ってきたシバ神の行く手を遮ろうとした。事情を知らないシバ神は激怒し、その首を切り落としてしまった。「息子」を失い嘆き悲しむパールバティーを哀れに思ったシバ神は、最初に通りかかった者の首を付けて生き返らせることを約束したが、偶然やって来たのが象だった。それが、ガネーシャが象の頭をもつ理由であるとのことである。

前には沐浴池があるが、ネパールの王宮に見られる水場によく似た感じがする一方、スリランカの仏教遺跡で見た沐浴池ともよく似ている。ヒンズー教と仏教は、いったいどういう関係にあったのだろうか。

被写体の力というか、その日もロケは順調だった。先にも紹介した「バリの芸術村」と呼ばれるウブドゥの近くでは、ライステラスが撮影できた。ライステラスとは、日本にもある棚田のようなもので、せいぜい三、四列程度しか稲を植えられないような狭い田んぼが、斜面を刻むようにつくられている。勤勉じゃないとこんなことはできない。バリは、稲作文化の島なのだ。クタに戻り、ビーチのサーファーたちでも撮影すれば、映像としては「歴史・文化」と「リゾート」という対比が出せることになる。

バリ人気質の来し方行く末

昼下がりのクタ・ビーチは、思ったよりもガランとしていた。リゾート慣れした人々は、いちばん陽射しのきついこの時間帯にガツガツ出てこず、ホテルでゴロンとしているのかもしれない。

客が少ないせいなのか、ノコノコやって来た我々は早速ビーチの物売りたちの標的となった。三脚を据えて大きなビデオカメラを動かしているのだから、遊びでなく仕事だということくらい分かりそうなものなのに、背中にオイルを塗らないかと寄ってくる。いらないと断っても、我々の横に根を生やし「オイル、オイル」と繰り返す。

おばさんたちもやって来て、男ばかりの我々に「ミチュアミ、ミチュアミ」と連呼する。「ミチュアミ」とは髪の三つ編みのことで、これを商売にする娘やおばさんたちは、客の髪の毛を編んで細かい三つ編みを何本もつくり、一本いくらで金を取る。この「ミチュアミ」はもうすっかりクタ・ビーチの名物になり、多くのガイドブックにも載っているくらいだ。

本気でセールスしているのか、暇つぶしにからかっているだけなのか。嫌がったふりをしようが、本当に嫌がろうがまるで動じない。人が何かをしているとき、その邪魔をすれば嫌がられるというのは我々の常識だが、彼らのその様子は、自分は絶対に嫌われるはずはないと確信しているようにさえ見える。楽天性と言えばいいのか、遠慮がないというか、人なつっこすぎるというか、いったい何と表現すればいいのだろうか。

前回バリに来たとき、ホテルのアーケードでウインドーショッピングをしていたら、外からバティックのシャツを抱えたおばさんがやって来て、こっちのほうが安いから買えと言ってきた。ホテル内で平気で店を広げるというのもすごいし、またそれを許すホテルも鷹揚ではあるのだが、かくしてそのおばさんとの値段交渉がはじまった。こちらとしては、すでに近くの露店で安いバティックをしこたま買い込んでいたので、よほど安くなければ買わないという姿勢だった。一方、そのおばさんは売りたい一心であったのか、ついに言い値の一〇分の一近くまで下がって折り合いがついた、向こうも売れて一安心という感じであったが、金を受け取る段になってしょげ返っている。こんなはずじゃなかったのに、と泣きべそをかいているような様子だった。

向こうのほうが一枚上手なはずだから値切れるだけ値切っても構わないものと思ったのだが、意外に素朴なのかもしれない。いや、素朴かどうかという生やさしいものではなく、多かれ少なかれ生活がかかっているのは間違いない。確かに、最初の言い値は高かった。だが、旅行者が吐き捨てるよう言う「ボル」という一言も、その当人にしてみれば、「これで少しでも子どもにいいものが食わせてやれる」という切実な心情に置き換わるのかもしれない。

こちらも後味は悪かった。「値切るプロセスも旅の楽しさの一つ」と、サラリと言える「旅慣れた人間」にはならないほうがいいのだろう。話はそれたが、後で泣きべそをかくくらいに値切りに応じてしまうのは、本質的な警戒心が欠けているのかもしれない。本物のヤリ手なら、きちっと相手のフトコロを見極め、最低ラインを設定し、冷静に引き際を判断するのではないか。最初から買わないと分かっている人間は、相手にしないのではなかろうか。

ビーチは閑散としていたが、海には豪快に波と戯れるサーファーがいて、望遠レンズを使うことで、その姿をうまく追うことができた。これでバリのリゾートイメージの撮影も完了し、その後、タナ・ロット寺院を撮ればその日の予定は終了だった。タナ・ロット寺院は、インド洋の波打ち際に立つ寺院で、夕陽に浮かぶそのシルエットはバリでも有数の絶景となっている。じっくりとその瞬間を狙おうということで、早めに現地へ着き、寺には入らずにいいロケ位置をキープした。機材を据えた場所からは、海に向かって平らな岩盤が広がっているのが見下ろせた。よく「千畳敷」などと呼ばれる景勝地があるが、ちょうどそんな感じである。千畳敷の波打ち際に木の茂った大きな岩の塊があり、その上にタナ・ロット寺院が建っている。こんもりとお椀型の屋根を重ねた姿はヒンズー教の寺院らしく思えたが、木の茂った岩に波が打ち寄せるさまは日本三景の松島のような雰囲気もあり、延々と続く浜の向こうに小さくお堂がたたずむ光景は高知の桂浜の景色とも似たように思え、日本的な風景といってもおかしくないような感じがした。

タナ・ロット寺院は、一六世紀にジャワからやって来た高僧が、ここぞ神が降り立つ場所にふさわしいと言って建立したという。我々がバリで最初に訪れたケルタゴサも、ほぼ同時期にジャワから渡ったマジャパイトが築いたものだった。

たいてい時間に余裕がなく、日没と競争のような毎日だから、のんびり日暮れを待つというのは辛気くさいものだった。こちらが暇そうにしているから、物売りたちも寄ってくる。普段はこんな物売りたちも、なるべく目を合わさず来たら追い払うものと決め込んでいるが、喉が乾けばその場ですぐ飲み物が手に入るし、暇つぶしにスナック菓子をつまんでみたりと、意外に便利なものだった。よく考えれば、そもそも彼らの商売はその便利さが売り物なのだ。「これ、本物の白檀ね」といって差し出す扇子は日本円にして五〇円くらいだが、なかなかに精緻な透かし彫りが入っている。白檀というのは偽りにしても、これほど手の込んだものなら手間賃だけでも驚くほど安い。彼らに何か木彫りでもつくらせて日本に送れば、いい商売になるのかもしれない。

いかに辛気くさかろうが時間というものは経つもので、あたりは闇に包まれていく。てっきり寺院の方向に陽は沈むものと思っていたのだが、太陽は逆側の大海原に暮れていく。だがそれは、日ごろ目にすることはない雄大な日没だった。物売りたちも、黙って夕陽を見つめている。よく考えれば、この夕陽は本来彼らのものであり、我々はお相伴に預かるよそ者なのだ。

この日の夜、ホテルで資料をひもといてみた。いつもは持参するものの宿に置きっぱなしで余計な荷物で終わってしまうことが大半だが、ヒンズー教についてちょっと知りたくなったからだ。

アジアの原稿を書く場合でも、私は何も考えず「ヒンズー教」という語を使っていた。ヒンズー教はインド人の宗教だというくらいの知識は、きっと小学生のときに得ていたと思う。ネパールやバリにもヒンズー教徒がたくさんいることを知るのはかなり後になってからだが、知っていることは知っていた。だが、インドに近いネパールはともかく、ポツンと離れたバリ島にヒンズー教が分布しているというのはどういうわけか。また、ヒンズー教とはいったいどんな宗教で、仏教とどんな関係にあるものなのか。そんな基礎的な疑問が、バリ島をめぐる中で遅まきながら芽生えてきたのだ。

資料といっても、ガイドブックやそれに毛の生えた程度のものだが、ヒンズーとは本来「インドの」という形容詞で、「ヒンズー教」とは「インド教」というアバウトな意味であるということ、そして元々はヨーロッパ人が使いはじめた言葉であり、インドにはこれにあたる言葉はないということが分かった。ヒンズー教自体がつかみどころのないもので、特定の教祖もいないし、体系化された教義もない。シバにブラフマー、ビシュヌのほかにも実にさまざまな神様がいるが、信じる神は人それぞれとのこと。そのさまざまな神を信じる人の集合体がヒンズー教徒で、仏教徒すらその一派のように扱われるという。

「インドネシア」とは、「インド」＋「ネシア」である。手持ちの辞書には「ネシア」とは島の意味をもつギリシア語「ネソス」に由来するとあるから、さしずめインドネシアとは、「インドの島」ということになる。インドの宗教という名のヒンズー教が、インドネシアの一島であるバリにあってもおかしくないのかもしれないが、「インドネシア」という国名も考えてみれば不思議な名前だ。この国は、決してインドのすぐそばというわけではない。無数の島々からなる国土は、マレー半島の西に浮かぶスマトラ島にはじまり、東はフィリピンよりも東のニューギニア島の半分にまで及ぶ。

マレーシアやフィリピン、パプアニューギニアとの国境線もまた不思議な感じで、とりわけマレーシアとはボルネオ島を南北に分ける関係にあるが、このボルネオ島にしても海に浮かぶほかの島々にしても、ここからはインドネシア、ここからはマレーシアという具合に両国を分ける境目は何だったのだろう。先にも書いたように、インドネシア語で「焼き飯」は「ナシ・ゴレン」、「焼きそば」は「ミー・ゴレン」だが、マレー語でもそれは同じ。また、「ありがとう」はともに「テリマカシ」である。両国の言葉は非常に似通っているから、民族的にもそんなに違いはないのではないだろうか。

たとえば、三国時代の朝鮮半島のように、よく似た民族同士が別の勢力集団に分かれ、互いにここまでは自分の国だというふうに国境を引いたと考えるなら話は分かりやすいのかもしれない。だが、それぞれの島に昔から暮らす人々がいたとして、あとから誕生した国家という概念の下に、さて自分はどこの国民だと問われたとするならその帰属意識はどこからやって来ることになるのだろうか。しかし、それも結局はどちらの国家権力に屈するかという話であったり、自分たちの属する国が知らないところで決められているという話なのだろうか。

バリの最終日は、デンパサール市内の撮影だった。バリ博物館からジャガトナタ寺院へ、そしてププタン広場に向かう。ププタン広場は、一九〇六年、オランダ軍が攻めてきた際に近代兵器の前に降伏することを潔しとしなかった王の軍隊が短剣を持って立ち向かい、市民もそれに続いたという歴史的な場所だ。ププタンとは、その軽い響きとは裏腹に「死の行進」という意味であり、広場に立つ剣をかざした兵士のモニュメントが、壮絶な歴史とバリ人の勇気や精神性を伝えている。

その後、パサール・バドゥンという市場へ行く。バリの市場といっても、ここはそっけないコンクリートのビルで南国情緒とは一切無縁だ。魚や肉類、野菜、香辛料など、市民の胃袋を満たす品物が売買される場所だから、情緒を求めるのには無理がある。ただ、私もそうだが、むしろこういう場所に好んで行きたがるのが最近の旅行者の傾向のようで、白人の姿も見えるし、旅行者をめざとく見つけて土産物を売りつけようとするやからもいる。

ほどなく私のところにもやって来て、「バリ・コピーを買え」と言う。バリ・コピーとはバリ産のコーヒーのことで、細かく挽いた粉状のものをカップに入れて湯を注ぎ、粉が沈殿してから飲む。普通のコーヒーとは別種のようで、こくや香りはいま一つだが、インスタントコーヒーよりは美味しいし、物珍しさも手伝って、前に来たときもたくさん買って帰っている。今回も是非買いたかったから値段を聞くと、二五〇グラム入りが四パックで八万ルピア（約四〇〇〇円）だと言う。ちょうどここに来る車中でユダゥアさんに聞いた電話の基本料金が月二万ルピアだったし、ポーターのチップに換算すると荷物一六〇個分ということになり何が何でも高すぎる。

こちらも「私はバリは初めてじゃない。前はもっと安かった」と応戦するが、一向に値を下げないし、おまけに「店は三階だから、お前一人で三階まで行って買ってこい」と厚かましい。自分は下にいて、客の呼び込みをしないといけないのだそうだ。

市場の入り口では神様へのお供え物を売っていた。クタのホテル周辺で見かけたものとよく似たやつだ。田舎では手づくりだが、町では買う人も多く、値段は小さなもので一〇〇ルピア程度だそうだ。市場前の駐車場には、バイクや自転車がギッシリと並び、商品を運ぶ荷車やトラックがひっきりなしに行き来している。買物客を乗せたベモも次から次にやって来る。乗客を吐き出したかと思う間もなく、買物を終えた人々を吸い込んで忙しそうに去っていく。そのベモの車両はすっかり新しくなっていて、もうダイハツ・ミゼットは見当たらなかった。

市場の後、「ドッケル」と呼ばれる馬車の撮影をした。小さな馬が牽く遊園地の乗り物のような馬車で、ほとんど観光用として生き残っているが、今も若干は地元の人の足として使われているという。初乗りが地元の人が一〇〇ルピア、観光客は五〇〇〇ルピアという堂々たる二重価格には恐れ入ったが、これだけはっきりしていると意外に腹は立たないものだ。不快であり、不気味に思うのは、相場を知らないと思ってふっかけられたときなのだ。

ともあれ、これでバリのロケは終了した。この島で得たすべてのカットを編集して三〇分番組に落とし込んだらどんなふうになるのだろうか。「観光地化されながら伝統が維持されている」ということの島の一つの形容詞を率直に肯定することはできないが、否定することもできない。だが、この島が急速に変わろうとしていることも誰の目にも否定できないに違いない。

大きな島と小さな島

デンパサール空港からジョグジャカルタへは思っていたよりもかなり近く、一時間ほどで着いてしまった。つい国際線と錯覚しそうになったが、国内線なので空港での所要時間もさほどではなかった。空港から市内へ入ったのは、陽が暮れはじめるころだった。ホテルにチェックインしたのはちょうど午後六時で、荷物を置いて町に出ると、先ほどまで黄土色だった町が赤茶色に染まっていた。ホテルのすぐ前には簾《のれん》のようなスクリーンを下ろした屋台があり、犬肉を食わせる店だという。アジアで犬肉というとさほど特殊ではないようだが、暮れ色に染まるスクリーンの向こうで誰かが犬肉を食べていると思うと、ちょっと気味が悪かった。

踏み切りを越えて、マリオボロ通りという大通りに入る。ジャワ島には鉄道が走っているのだ。マリオボロ通りには大きなレストランやデパートもあり、なかなかの都会だ。ジョグジャカルタは王宮もある歴史都市で、ボロブドゥール遺跡やプランバナン遺跡、一八世紀以降にマタラム王朝の都となったソロ市などをめぐる拠点でもあり観光客も多い。「ベチャ」と呼ばれる自転車タクシーや馬車タクシーのドライバー、それに土産物屋の客引きがしきりに声をかけてきて、その意味ではバリとあまり変わらない。

だが、バリではそういう人々の視線をねちっこくも感じ、温かくも感じたが、ここでの視線はよそ者を突き放すように冷たく、愛想笑いにもうっすらと警戒心が混じっているように思われた。単なる

ベチャ

気のせいかもしれないが、無関心を装いながらも相手をじっくり観察し、値踏みでもするような雰囲気があった。同じインドネシアでありながら、つい数時間前まで滞在していたバリ島とは、その空気にまったく異質のものが感じられた。

人口が多いということもあるのだろうが、バリのデンパサールやクタに比べて、町も大造りだ。思い返せば、空港から町に向かう途中で見た椰子の木さえも、バリのものより大きく見えた。車やベチャ、大勢の市民が行き交う通りに面した商店の前で縁台に寝かしつけられている幼児がいたが、こうした喧噪を子守歌に育つ子どもは、明らかに都会の子になるのだろう。

そんなことを頭に描いて歩いていると、また「こんにちは」と声をかけられた。振り向けばベチャのドライバーがいて、その振り向きざまに間髪を入れず「日本人ですか?」と突っ込んでくる。考えてみれば、年季の入ったやり方だ。こうすれば、「海外では上客」と言われる日本人は必ず振り向くし、日本人以外は振り返らずに去っていくので無駄もない。これに比べれば、どこの観光地にでもいるような「ジャパニーズ?」などと声をかけ無視されるやからは、まだまだ素人なのだろう。

ボロブドゥールのイスラム娘

明けて翌日、ジャワ島のロケはボロブドゥールからはじまった。ボロブドゥールは、ジョグジャカルタの西約三〇キロにある。途中、右も左もだだっ広い農地ばかりでほかに何もないような場所で車は一時停止をした。そして、車を降りたガイドが遠くの丘に点在する邸宅のような建物を指さし、あれは中国人の墓だと説明した。その言い方がどこかせせら笑うようでもあり、「墓なんかに、あんなに贅を尽くしやがって」というようなニュアンスが感じられなくもなかった。ジャワ島に入り、ガイドは別のガイドにチェンジされていた。バリ島をガイドしてくれたユダゥアさんが実直で真面目そうだったのに対し、こちらのガイドのジャジャーさんは愛想はいいもののどことなくこすっからい感じがした。

その後も、ひたすら農地が続いた。所々にある村は、マレーシアの村に似ていた。バリの農家の屋根はこんもりとお椀型をしているのに対し、こちらの農家の屋根は「ハ」の字を二つ重ねたようで、外に向かって反っている。床も高床式が多くて、それがマレーシアの農家とそっくりだった。

ボロブドゥール寺院遺跡

　やがて車は駐車場に入り、エンジンを切る。いよいよボロブドゥールとの対面である。ボロブドゥールは初めてだが、ジャングルをバックに釣り鐘型の石塔が並ぶ姿は、本や旅行パンフレットで何度か見ていた。前回バリに行ったとき、オプショナルツアーで「ボロブドゥール遺跡めぐり」が用意されていたが、有名な釣り鐘型の石塔がそこにあることを確認し、シャッターを押して帰ってくるだけならもったいないと思って行かなかった。恥ずかしながら、そのときの私は、ボロブドゥールはバリ島にあるものだと思っていた。また、バリ島がジャワ島とこんなに接近しているとは思っていなかったし、「楽園」と呼ばれるくらいだからきっと遠く離れた島だろうと思い込んでいた。要するに、地図を全然見ていなかったのだ。

　駐車場から歩いていくと、やがて果てしなく続く寸胴で巨大な岩の塊が現れた。それがボロブドゥールだった。頭の中ではてっきり、すぐにポンとあの釣り鐘型の石塔が姿を現すものと思っていたので、その姿やあまりの大きさに面食らった。

寸胴の岩の塊のように見えたボロブドゥールは、正確には夥しい数の岩石の集合体であり、精巧に組まれたその岩石は何層もの壇をなしていた。壇は上に行くほど小さくなるため、いわばピラミッドを押し潰したような形に見えた。そして、それらの壇の上には何体もの仏像が並んでいた。

ボロブドゥールは世界最大の仏教寺院だが、この仏像群を実際に目にする寸前までボロブドゥールは「遺跡」であり、あの釣り鐘型の石塔群が面白いので有名になっているとばかり思っていたので、「寺院」であるなどと考えたこともなかった。私という人間は、古墳もピラミッドも王宮も寺院も、またその寺院が仏教寺院であれヒンズー寺院であれイスラムのモスクであれ、古いものはすべて「遺跡」という一言で一括し、それ以上に思いの至らない人間だとつくづく思った。

「ボロブドゥールの『ボロ』は僧院を表し、『ブドゥール』は丘の上という意味で、それ全体が一つのストゥーパ（仏塔）です。火山灰の中に埋もれていたのを、一八一四年にラッフルズが発見しました。シンガポールで有名なあのラッフルズですね。周囲が四六〇メートルの正方形で、今は高さ三一・五メートルですが、最初は四二メートルありました。エジプトのピラミッドのような形で、下から上まで九つの壇を積み重ねた構造になっています。壇にはぐるっと彫刻が刻まれていて、それをずっとたどっていけば、欲に包まれた人間が悟りを開くまでのプロセスを見ることができます。このボロブドゥールは、上から見ると曼陀羅の形をしています」

説明を聞きながら近づいていく。ジャジャーさんは要領だけの人間かと思ったが、説明はかなりきっちりしていた。

「東側が寺院の正面で、薬師如来を祀っています。西側には阿弥陀如来、南側には普賢菩薩、北側には文殊菩薩が、そして、いちばんてっぺんには大日如来が置かれています。寺院を造るのに八世紀後半から約一五〇年かかったといわれ、ここに使われている石は全部で五万五〇〇〇立方メートルもあります。これらの石は、すべて象が運びました」

これもなかなか見事な説明だった。それにしても、こんな南の島に来て、「薬師」だとか「阿弥陀」だとかいう言葉を聞くとは思ってもみなかった。仏教というのはグローバルな宗教なのだ。そしてジャジャーさんは、まず寺院のいちばん下にある基壇の隅っこで立ち止まった。その基壇の側面にはたくさんの人間が座り込んでいる図柄のレリーフが刻まれていた。

「これは放蕩息子の宴会です。この息子は女の人を呼んでいやらしいことばかりをしていてバチが当たるのです。ただ、この絵がいやらしすぎるということで、昔はずっと土の中に隠されていました。そうそうKさん。今度ジャワに来るときは、日本の週刊誌をいっぱい持ってきてくださいよ。必ずですよ」

ここに来る車の中でも、ジャジャーさんは日本の週刊誌が欲しいとしきりに言っていた。日本の週刊誌はヘアヌードの掲載競争をしていたが、その話はジャワ島にも届いていたのだ。きっと、現物をどこかの観光客が持ち込んだのだろう。インドネシアはイスラム政府のおかげで、その手の出版物は非常に規制が厳しいということだった。

寺院上部へ通じる立派な石段を上り、まず第一壇目を見物する。単純に考えて、壇をピラミッドのように積み上げると、上下の壇の大きさの差から各壇には通路ができ、通路の片側が壁面となるが、ボロブドゥールではもう片側にも壁が造られ、通路は閉ざされた回廊のようになっていた。そして、両側の壁面に刻まれたレリーフは、歩いても歩いても途切れることなく、仏教の教え以外には目のやり場のない空間が延々と続く。ここに身を置き、真面目に眺めさせられれば、洗脳されるか逃げ出したくなるかのどちらかだったに違いない。

世界的な文化財ではあるのだが自由に歩き回れるし、レリーフに触ろうと思えば触ることもできる。もたれて休憩することも可能といえば可能だった。最初はじっくり眺めていたが、意味が読み解けるわけでもなく、そのうちに邪魔くさくなり迷路遊びをするような気分で上をめざした。これは私だけでなく、現代のボロブドゥール巡礼者はみんな似たようなものだった。何しろ、レリーフの総数は一四六〇面、総延長が五キロにもなるというからじっくり眺めていれば陽が暮れてしまう。

それにしても、これだけのものをどのようにして造ったのだろう。八世紀後半といえば、日本ではちょうど平安京が造営されたころである。これほども巨大であれば、構想だけの行き当たりばったりでは当然不可能だろう。絶対に設計図のようなものがあったはずだが、その設計図をつくるというのもまたたいへんな作業だったように思う。しかも、一〇〇〇年以上の間、よく崩れなかったものだ。両側をレリーフで囲まれた回廊は、いわば長大な溝である。雨季には雨も多いだろうから、排水についてもきちんと計算されていなければなるまい。長年火山灰に埋もれていたということが、逆に崩壊を防いだのだろうか。いや、そんなこと以前に、よほどきちんとした建築をしなければ完成されるまでにすでに倒壊していたはずだ。そして、レリーフや仏像にしても、彫られてからここに運ばれたのか、あるいは石材を運んでここで彫ったのだろうか。いずれにせよ、作業の段取りを組むだけでも緻密な計画が必要だっただろう。

頂上近くまで上っていくと、例の釣り鐘型の石塔群が並んでいた。それらは予想していたよりもはるかに大きく、格子状に透かし彫りされたその中には仏像が安置されていた。これは、仏像のおわすところだったのだ。よく考えれば、意味もなくこんなものを何基も設けるわけがない。釣り鐘型の石塔は全部で七二あり、その中の仏像と回廊に据えられた仏像と合わせると、その総数は五〇〇体を超えるという。確かに、ボロブドゥールはピラミッド状といえばそうなのだが、この手の込んだ造りを考えると、本家のピラミッドなんて単純な石の積み木ではないか。

それはさておき、ここが仏教寺院であることをはっきりと認識していくにつれ、さっきから見ている光景が気になって仕方がなかった。それはイスラムの娘だった。さっきから、服装で一見してイスラムと分かるベールを被った娘たちが列をつくって上っていくのを目にしていたが、彼女たちが例の釣り鐘型を囲んで嬉々として記念写真を撮っている。「釣り鐘型の石塔群が面白いので有名になっている」という私の愚かな認識もあながち間違いではなかったのだろうが、戒律が厳しいはずのイスラム教徒が仏教遺跡でこんなことをしていいのだろうか。あるいは、イスラムの格好をした娘がこんなに自由に振

ボロブドゥール見物のイスラム娘たち

る舞って、こちらの仏教徒を怒らせるようなことはないのだろうか。さらに驚いたことに、彼女らは透かし彫りの穴から手を突っ込み仏像に触ろうとしているのだ。ジャジャーさんはそれを指さして、「中の仏像の手に触れれば幸せになれるという言い伝えがある」と説明するが、異教徒にもそれは許され、その恵みはまた異教徒にももたらされるのだろうか。

そういう姿を目にすると、嬉しくなるのも事実だった。クリスチャンでもないのにクリスマスを祝い、平気で教会で結婚式を挙げる日本人は外国人に呆れられるということだが、ほかにも同類は存在するのだ。そういった意味でも、ボロブドゥールは信仰のための「寺院」というより物見遊山のための「遺跡」という感じがピッタリくるが、もう一つ寺院という呼び名にしっくりこないのは、ボロブドゥールが一切の内部構造をもたないことだった。

外側の造りだけでも十分すぎるほどの宗教的価値があるのは分かるが、寺院と名のつくからには内部にも部屋があり、せめて秘仏の一体でもうやうやしく安置されていてもよさそうなものだ。仏像やレリーフは、外気にさらしておくのがもったいないほど精巧なものだ。だったらなぜ、屋根を付けて内側にしまうことを考えなかったのだろう。いや、それは「木の文化」である日本人の発想で、風雨にさらされても大丈夫なように初めから石で造ってあるのか。

それに、僧侶の居場所はどこだったのだろう。修行の場も必要だろうし、寝泊まりしたり、寺院を管理するための部屋もどこかに必要なはずだが、少なくともそれらは一切この「ボロブドゥール寺院」の本体には存在しない。ジャジャーさんが説明したように、これ自体が曼陀羅で、仏教の世界を形にするためのみ造られたのか。しかし、だからそこ純然たる象徴物として、これだけのものが必要だったとも考えられる。

ボロブドゥールの撮影の後、周辺の小さな遺跡を二つ訪ねた。一つはボロブドゥールから約一キロの「チャンディ・パウオン」である。「チャンディ」は「寺」、「パウオン」とは「台所」の意味だそうだが、何のために建てられたものか子細は不明だという。巨大なボロブドゥール寺院は、当時、仏教を信奉しこの地を支配したシャイレンドラ王朝が築いたものだということだが、チャンディ・パウオンは、そのシャイレンドラ王朝の王墓という説もあるらしい。

もう一つは、チャンディ・パウオンからさらに一キロの所にある「チャンディ・ムンドゥト」だった。この寺はボロブドゥールの一部として、ボロブドゥールよりも先に建てられたという。また、ボロブドゥールとチャンディ・パウオン、チャンディ・ムンドゥトは直線で結ばれており、それをそのままインド方面に延長すると仏教の聖地バラナシに突き当たるという。

チャンディ・ムンドゥトの前には、ボロブドゥールの日本語の解説書だと称する本を売る男がいて、「一つ二五〇〇円ね。値切って下さい、値切って下さい」と連呼していた。人を馬鹿にしたような呼びかけにムッとして、無視するように堂内に入ると三体の仏像が安置されていた。それらは世界でもっとも美しい仏像と言われているそうだが、私にはその値打ちや美しさが分からなかった。ただ、巨大なボロブドゥールを純然たる仏教世界の模型とするなら、この内部構造をもつ小さな別院が、実はボロブドゥールの本堂であったということもあり得はしまいか。しかも、内部に安置される仏像が世界でもっとも美しいと言われるのなら、きっとかなりの手をかけて彫られたのであろう。

チャンディ・ムンドゥト

仏像を見終わってお堂を出ると、さっきの男が待ち構えていた。一冊二五〇〇円だった解説書は「一つ一〇〇〇円」に下がっており、それでもなお「値切って下さい」と連呼していた。

鋭角的な寺院群

「釣り鐘型の石塔を見て、シャッターを押して帰ってくるだけ」という私の先入観はボロブドゥールを馬鹿にしたものというべきで、その壮大さは予想をはるかに超えていた。しかし私には、その規模よりも、精緻で膨大な彫刻群よりも、イスラム娘たちのことが頭に焼き付いて離れなかった。ジャジャーさんもイスラム教徒であるならば、その仏教遺跡に詣でる心境が少しは分かるかもしれないと思って聞いてみた。

「私はもともとイスラムでしたが、一五年前にキリスト教に改宗しました。宗教は服のようなものですから、自分に合う宗教を身に着ければいいと思うのです」

アジア最大のイスラム国家といわれるインドネシアだからきっとジャジャーさんもイスラム教徒だろうと踏んだのだが、期待は裏切られた。仏教寺院詣でをするクリスチャンなら、京都の寺でよく見かける白人もきっとほとんどがそうだろう。

ボロブドゥールの次の行き先はプランバナンで、インドネシアが誇る二大遺跡のロケを一気に片づけてしまおうという段取りとなっていた。ジョグジャカルタから見ると、プランバナンはボロブドゥールとは逆方向にはなるが、両者は六〇キロほどしか離れておらず、さほど無理な行程ではない。

「インドネシアが誇る二大遺跡」などと分かったようなことを書いているが、この時点で私には、プランバナンに関する知識はほとんどなかった。今回のロケでは旅の手配を私がしたので、かろうじて名前だけは知っているという程度だった。車中で聞いた説明によると、プランバナンはたくさんの寺院からなるヒンズー遺跡で、塔型の寺院が立ち並ぶその姿には、美しい姫君の伝説が秘められているという。

その昔、この地の王家にロロジョグランという名の美しい姫がいた。あるとき、王家は戦いに敗れ、勝った国の王はロロジョグランを妃にしようとした。どうしてもそれが気に入らなかったロロジョグランは、一晩のうちに私のために一〇〇〇の寺院を建ててくれたなら妃になってもいいと答えた。まさかできるわけはないと思っていたが、夜明け前に九九九までができている。そこでロロジョグランは知恵を振り絞り、一番鶏の鳴き真似をする。だが、それを見破った王は怒り狂い、魔法をかけロロジョグラン自身を一〇〇〇番目の寺院にしてしまったという。


やがて車が到着したのは、広々とした公園のような場所だった。新しそうなトイレや休憩所などがあり、今まさに整備が完了したという感じがした。土地はどこまでも平坦で、その日の空は抜けるように青く、植え込みの緑が鮮やかだった。しばらく歩くと川があり、その三〇〇メートル、いや五〇〇メートルほど向こう側に三基の塔堂が仲良く並び、さらにその横にも小さな塔堂が幾つか見えた。水かさの低い川原では、アヒルがヨチヨチ歩いている。それまで、写真ですら見たことがなかったプ

プランバナン寺院遺跡

ランバナン寺院群のある風景は、のどかで、明るく、美しい。しかしそれは、まるで巨大な映画のセットのようで、人の匂いが感じられず、ちょっと恐い感じもした。

近寄りがたく、取り付く島のない寺院。そんなことを考えると、遠くに見えたその道が余計に長く感じられた。だが、近づくにつれてだんだん見えてくる塔堂群の一つ一つは、どこかで見覚えのある形であり、急に歩く意欲がわいてきた。それは、アンコールワットの祠堂やアンコールトム・バイヨン寺院の観音仏とほぼそっくりの輪郭をもち、しかも、つい先ほど訪れたボロブドゥールの別院を縦に引き伸ばしたような形でもあった。

整備された道を進むと、最初に着くのが寺院群の中心となるシバ堂だった。背が高く鋭角的なその堂は、まさに青空を突き刺すように立っていて、高さは約五〇メートルあるという。高さ何メートルといってもピンとこないが、確か小学校低学年のとき運動会で走った距離が五〇メートルだった。そして、その両側に高さ約二五メートルのブラフマー堂とビシュヌ堂を従える。シバ、ブラフマー、ビシュヌとは、先にも述べたようにヒンズー教の三大主神で、それぞれ宇宙の破壊、創造、維持を司るという。ボロブドゥールと違ってそれらは内部構造をもち、そこには神々の像が安置されていた。そのうちの一つ、シバ神の妻であり、またロロジョグラン姫の化身ともいわれるドゥルガ像は豊満な胸をもち、触れる人も多いのだろうか、その胸のあたりが手垢で黒光りしていた。

プランバナンにはシバ堂を中心にたくさんの寺院が並んでいて、一つ一つの大きさは違えど形はほぼ同じで、どれも角張った基壇と堂をもち、その上に堂の背丈よりも背の高い屋根を積み上げた格好になっていた。近づいて見ると、それらの堂は非常に鋭角的だった。基壇と堂には一切の曲線が見あたらず、角の部分もアールを描くのではなく直角に切れ込みが入っている。一方、アンコールワットもゴツゴツした感じではあるが、これに比べればどことなく丸みを帯びている。間近に眺めると、アンコール遺跡との違いが浮かび上がってくるのとは反対に、ボロブドゥールとの類似点がより鮮明になってきた。

各寺院の屋根は単純な三角形ではなく、カボチャの上にとんがり帽を載せたような小さな石塔を無数に積み上げ、その集積が屋根の形をつくっているが、思い返せばボロブドゥールの別院もまったくよく似た造形で、しいて違いを挙げれば堂よりも屋根の比率が小さいこと、そしてその造形が簡素であるということくらいだった。また、その屋根が小さくて簡素なのは、元からそうだったのではなく、上部が欠けてしまったからのようにも感じられた。しかも、プランバナン各寺院の基壇の石の組み方

シバ堂

やその石組みの中へレリーフが組み込まれるさまは、別院だけでなくボロブドゥール本体とも酷似していた。

カボチャの上にとんがり帽を載せたような小さな石塔は、屋根だけでなく基壇の周囲にも配置されているが、その正体はリンガだという。リンガはヒンズー教の象徴ともいうべき造形物で、その形は男根を意味し、生命の根源を表している。だがなぜ、仏教寺院であるはずのボロブドゥール別院の屋根にもリンガがあるのか。資料によれば、多神教であるヒンズー教の立場では、仏教もその一派のように扱われるということだったが、ヒンズー教のシンボルのようなリンガさえも仏教寺院が共有するということはあり得るのだろうか。日本の仏教寺院でリンガを見かけた記憶はない。

そして、ここにもイスラムの娘たちがいた。基壇の周囲にグルリと並ぶリンガをバックに、嬉しそうに記念写真を撮っている。仏教遺跡と同様、ヒンズー教の遺跡にも分け隔てなくイスラム娘は観光に来るのだ。

このプランバナン寺院群は九世紀の半ば、サンジャヤ朝の王により築かれたという。サンジャヤ朝とは、南インドからジャワに渡ったシバ信仰の人々が建てた王朝で、八世紀前半ごろより中央ジャワの南部を支配したという。

寺院群を撮影した後、いわば史跡公園となった園内を回った。園内にはトロッコバスのような乗り物も運行されていて、最初、人の匂いが感じられないと思ったのは敷地が広大だからで、結構観光地化されているようだ。

園内の各所には瓦礫の山が見られた。かすかに基壇の形跡をとどめる背の低い石組みがたくさんあって、その周囲には、複雑な形に切り出された岩が無造作に積み重なっていた。プランバナンには当初二五六の寺院があったが、そのほとんどが一六世紀半ばの地震で倒壊したのだそうだ。今撮影して回った寺院群も、このような瓦礫の山から復元されたものだという。しかも、その作業が開始されたのは一九三七年のことという。いわば何百年も放置された、巨大にして膨大な立体ジグソーパズルである。想像するだけも気が遠くなるというのは、まさにこのことを言うのだろう。また、「二五六」という寺院の数も興味深い。二五六とはデジタル時代にも盛んに登場する数字であり、一六の二乗、二の八乗に相当する。きっと何らかの意味を語っているに違いない。

仏教とヒンズー教の相克

一日でジャワの二大遺跡をめぐった。それしか見るものがなかったといえばそれまでだが、私にしては結構真面目に見てしまったために少々頭が混乱した。ただただ説明を聞いているだけでは消化不良を起こすようで、ホテルに帰ってから頭をもう一度整理し直す必要があった。

仏教寺院であるボロブドゥールが建てられたのが八世紀後半から九世紀にかけてで、ヒンズー寺院であるプランバナンが建てられたのは九世紀半ば。ボロブドゥールを建てたのはシャイレンドラ王朝で、プランバナンを建てたのはサンジャヤ王朝。位置的に両者は非常に接近しているということを考えれば、わずかの間にこの地で権力の交代が行われ、宗教も仏教からヒンズー教に移っているということだろう。

両王朝が並立したとも考えられなくはないが、バリで読みかけた資料を再びひもといてみれば、ここにもロロジョグランの伝説について書かれてあり、この伝説はまさにわずかの間に政権交代が行われたことを暗示しているとのことだった。いずれにしても、この土地はこれだけの寺院をたて続けに建立している。それほどの富と技術を蓄えていたということだ。

また、宗教ということで言えば、今でこそバリはヒンズーの飛び地のような感があるが、その昔はジャワにもヒンズー教が流布していた。それはバリのタナロット寺院が、ジャワからやって来たマジャパイトが建てたヒンズー寺院であることからも理解できるが、それは一六、一七世紀のことである。するど、シャイレンドラ王朝が滅びて以降、七〇〇年、八〇〇年もの間、ずっとヒンズーがジャワの主流だったということだろうか。

資料によると、インドネシアという国名が使われるのは近代以降とかなり時代は下るが、この今でいうインドネシアにあたる地域は、古来インドの影響が非常に色濃かったという。

インドは一世紀ごろよりローマ帝国や中国を相手とする東西貿易に乗り出すが、それとともに多くのインド商人がジャワにも乗り込んで交易を担うほか、サンスクリット語の文字を伝え、ヒンズー教や仏教を伝えたという。なお、最初にインドネシアに伝わったのはヒンズー教で、仏教が伝わるのは六世紀末から七世紀にかけてと時代は下るが、ジャワ島中部においても当初、ヒンズー教を信奉したサンジャ朝が栄えていたところに「新興宗教」であった仏教を掲げたシャイレンドラ王朝が乗り込みボロブドゥールを造営する。だが、シャイレンドラ王朝はそう長くは続かず、再び勢力を盛り返したサンジャヤ王朝の前に屈してしまう。そして、サンジャヤ王朝はプランバナンを造営した。その後、イスラム教が広まるまでは、ジャワをはじめインドネシアでは再びヒンズー教が主流となり、独自の民族文化を育んでいくとのことだった。

また、当時インドネシアに伝わった仏教は大乗仏教だったという。東南アジアだから、てっきりタイやミャンマーのような南方上座部仏教（小乗仏教）とばかりに思っていたが、それは私の勝手な思い込みで、ボロブドゥールも大乗仏教の寺院だったのだ。

しかし、それにしても、ヒンズー教と仏教にはどれほどの違いがあったのだろうか。素人目に見たかぎりでは、ボロブドゥールとプランバナンには数々の類似点が見いだされた。

再び資料によれば、九つの壇からなるボロブドゥールは、それ全体で仏教の宇宙観を立体化しており、いちばん下の基壇はさまざまな欲望渦巻く「欲界」、その上にある五つの壇は欲望から離れつつもまだ悟り切れていない「色界」、さらにその上の三つの壇は完全に欲から逃れた「無色界」を表している。回廊に刻まれたレリーフはその三界を絵説きしたもので、上へ上へと登るにつれ、俗世界から悟りの境地へ到達する仕組みになっているという。

一方、大空を突き刺すように林立するプランバナンの寺院群にしても、いちばん下の基壇は人間界、その上の堂は人間と神がかかわる世界、そしてリンガを積み上げた屋根は神が住む天上界を表しているという。頂上に立つのが神か仏かの違いはあるが、造形の基本でいえば、両者はさほどかけ離れていない。また、このストーリーは、前回の韓国のロケ旅行で見た仏国寺とも似ているといえば似ているのではないか。

今回の旅では、最初に立ち寄ったシンガポールでインド人が建てたヒンズー寺院を訪れているが、そのイメージはミャンマーの仏教寺院によく似ていた。それと同様に、ヒンズー寺院であるプランバナン寺院と仏教寺院であるボロブドゥールに共通のイメージが感じ取れた。だが、シンガポールのヒンズー寺院とプランバナン寺院は似ても似つかないものである。そしてその両者とも、バリで見たヒンズー寺院とイメージを異にする。逆に言えば、これら寺院の形だけを見て、ヒンズーだ、イスラムだ、仏教だ、と言い当てることができるのだろうか。そんな疑問を感じつつ、ふと頭に浮かんだのは、「民族の色や形は宗教とは別のところに存在し、それは宗教にまで影響を与えるのではないか」という素人なりの推論だった。

確かにヒンズー教のリンガのように、一目見て分かる宗教特有の形というものは存在する。しかし、一方で、宗教の威力をもってしても染め変えることの不可能な「民族の形」があるのではないか。仏教寺院のボロブドゥールとヒンズー寺院のプランバナンが似ているのもそのためではないだろうか。

もう一つ、宗教と民族についていえば、儒教と仏教の関係ではないが、異なる宗教同士といえども、それを信じる民族の心が真っ向から対立するものとは思えない。これは以前、スリランカに行ったとき、ドライバーがヒンズー教徒であるタミル人、日本語ガイドが仏教徒であるシンハラ人という組み合わせだったことがあった。それを聞いて戸惑ったのは我々旅行者のほうで、当の本人同士は結構仲良くやっていた。

その意味で、ボロブドゥール、プランバナンの両遺跡で見たイスラムの娘たちも気になる存在だった。資料を読む中で、「スハルト大統領がボロブドゥールを国民的宗教財産であると発言したところ、

スハルト大統領

インドネシア共和国の第2代大統領。1921年6月8日、ジョクジャカルタ生まれ。1940年、オランダ領東インド植民地陸軍に入隊以来、軍人の道を歩み、1965年、共産党によるクーデター未遂事件（9.30事件）を収拾して陸相兼陸軍最高司令官に就任。1967年3月、全権を剥奪された初代スカルノ大統領の代行となり、1968年3月、大統領に就任。以来、30年以上にわたり政権を担う。アジア通貨危機後の経済混乱もまだ収まらない1998年3月、無投票で7選するが、内外から強まる退陣要求に抗しきれず、1998年5月、側近のハビビ副大統領に後任を譲り退陣した。反共親米・経済重視の政策をとり、積極的に外資を導入、経済発展や教育の普及に貢献したが、その反面、貧富の差が拡大するほか、事実上の独裁政治で親族や側近に富と権力が集中するなど弊害も多かった。

イスラム教過激派がこの遺跡の一部を破壊するという事件が起きた」との記述に出合った。イスラムの人々は常にボロブドゥールに笑みを投げかけているわけではなく、こうして破壊しようとした人々もいるわけだ。だがその背後には、遺跡修復のためにイスラムの農民が耕地を収容されるという切実な実生活にかかわる問題もあったというし、手を下したのが過激派であるなら、政治的な意味合いが強かったかもしれない。ボロブドゥール自体が憎いのではなく、ボロブドゥールにかかわる政治家が憎かったのではなかろうか。

二〇〇一年三月には、中央アジアでは最大規模の仏教遺跡といわれるアフガニスタンのバーミヤン遺跡で、二体の大石仏がイスラム原理主義勢力であるタリバン政権の手によって破壊された。

大石仏はいずれも五世紀前後の作といわれ、すでに八世紀にイスラム教徒によって、顔が削り取られるなどの被害を受けていたが、今回の破壊行為によって、ほとんど跡形もないほど崩れ去り、頭上にあったとされる壁画も失われてしまった。

タリバン政権側は、「破壊はまったくの国内問題で、偶像崇拝を禁ずるというイスラムの宗教上の理由である」とコメントしているそうだが、タリバン政権を国際社会が正式に承認していないことや、「国際テロの黒幕であるサウジアラビア出身の富豪ウサマ・ビン・ラディン氏を保護している」という理由でアメリカが制裁を強化していることへの反発が、タリバン政権をこの破壊行為に向かわせたと見られている。

そもそも、宗教と宗教が対立するのは権力がからんだときではないか。政治家や権力者が、自らを優位に導くために宗教を利用する。そしてその実、当の政治家や権力者は宗教に対しては醒めている。日本でも、ときに政治家の靖国参拝の是非が大いに物議をかもすことがあるが、「あれだけ反対運動が盛り上がっても靖国参拝を続けるのは、そのほうが票になるという計算があるからだ。声が大きいだけで、実際に反対しているのはごく一部の人々だから」という話を聞いて、わけもなく納得したことがあった。

ボロブドゥール寺院とプランバナン寺院が似ているというのは、私の個人的な感想にすぎない。先に述べた「宗教を超えた民族の色や形があるのではないか」というのも、素人の勝手な思いつきだ。だが、私の空想はさらに広がり、一つのストーリーが頭に浮かんだ。サンジャヤ朝の王は、仏教寺院のボロブドゥールとはまったく異なるものとして、ヒンズー寺院であるプランバナンの建設をめざしたのではないか。しかし、民族の血や風土というものがそれを許さず、結局はよく似たものとなってしまった。だが国王の立場として、どうしても以前の仏教王国との差別化を図りたかった。だから、ヒンズー王国たることを誇示せんがため、屋根や基壇にリンガを山盛りにしたのではないか……。真相を突き詰めたいというような大それた考えはなかったが、そうやって自分なりに過去の歴史に思いを巡らせてみることに、わずかながら興奮を覚えた。

奪われた歴史ドラマの主役の座

次の日は、日中を丸々ソロ市の王宮めぐりで費やした。ソロはジョグジャカルタから五〇キロほど東の町で、マンクヌガラン王宮とカスナナン王宮という一八世紀に建てられた二つの王宮が存在する。いずれもイスラム王侯の王宮であるはずなのだが、漆喰で塗り固め、瀟洒な装飾が施された白亜の建物は何となくヨーロッパ建築のような雰囲気があり、ボロブドゥールやプランバナンとはまるでかけ離れたものだった。建築年代にしても何世紀もの隔たりがあるし、ボロブドゥールやプランバナンが築かれた時代のヒンズー教と仏教の関係についての謎解き遊びにはまりかけていた私にとって、正直なところあまり興味のわくものではなかった。

ただ、ちょうど王宮で催されていた「ワヤン」という影絵芝居は、もとはヒンズー文化の影響で誕生したものであるとかで、それがイスラム王朝の王宮で演じられているというのが「民族は宗教を超える」という私の素人仮説を裏付けてくれるようで、一人悦に入っていた。

今一度インドネシアの歴史を振り返ると、八、九世紀のヒンズー教と仏教の時代にボロブドゥールやプランバナンが誕生し、一五、一六世紀にイスラム教が盛んになり、ヒンズー教を捨てきれない王朝がバリに逃げ込む。また、その後の歴史であるが、ほどなく一七世紀初頭にはオランダが乗り込み、以後イギリスも交えたヨーロッパ勢による植民地経営が開始される。ソロの王宮がヨーロッパ風であるのは、多かれ少なかれ実際にヨーロッパの影響を受けたからだろう。ヨーロッパ勢による植民地化は、インドネシアにとって忘れることのできない歴史ではあるだろうが、私の興味はむしろそれ以前のヒンズー教と仏教の関係、そしてイスラム教の伝来による宗教地図の変容のほうに傾いていた。

夕方、早めにジョグジャカルタに戻り、賑わう町の撮影に入った。夕方から夜にかけてのマリオボロ通りはたいへんな人出だった。やたら若者の姿が目に付いたが、ジョグジャカルタには大学も多いとのことだった。初日に見たのと同様、客待ちのベチャや馬車タクシーが路上にあふれ、そこかしこに店を張る屋台の中には、テントを設け、何台ものテーブルを並べるかなり大きな店もあった。改めてここが都会であることを確認するが、初日と同様、町の視線が気になった。

むせ返るような熱気があり、ベチャの運転手や路上を流すタバコ売りは我々にも陽気に声をかけてくるが、どことなく距離を置いた感じがするのだ。それに比べると、バリの人々は無邪気というか無防備というか、よそ者にも身内意識をむき出しにしたような感じで迫ってきた。旅行者や山歩きのハイカーが見ず知らずの相手に声をかけ合うのは、決してフレンドリーだからではなく、挨拶をして、相手の声を聞くことでその相手が危険人物かどうかをチェックしているのだという話を聞いたことがあるが、この町の人々の陽気さもそれに通じるものがあるのだろうか。

数日前、バリからジャワに来て感じた違和感。それは、日本から韓国に着いたときに感じた違和感に似てなくもなかった。バリもジャワも同じ島国であるはずだが、バリから見るとはるかに大きなジャワ島は大陸なのだ。陸か島かは比較の問題で、オーストラリアも大陸ではあるが、逆に島国といえば島国ではないか。島といっても大きなジャワは、さまざまな人間や文化を島内にかかえ、それが互いに行き来している。陸伝いによそ者がやって来る土地と、海に守られた土地との違いが、大陸か島かの分かれ目になる。

ジャワ島では、ヒンズー教から仏教へ、そして再びヒンズー教が盛り返し、その後イスラム教が取って代わる。そんな歴史を重ね合わせると、バリと比べてやはりこの島はさまざまなものが行き交う大陸であり、よそ者との向き合い方を自然に身に着けてきたのではないか。

ガイドブックによると、一六世紀以降にインドネシアに進駐したオランダ軍兵士も、バリに来るとその楽園的雰囲気に酔いしれ、支配するという任務を忘れるほどだったという。それは旅行者向けに、リゾートムードを盛り上げるために書かれた一節だろうが、インドネシアの島々をイスラム教が席巻する中で、バリだけがヒンズーの島として生きながらえることができたのは、やはりそういう何かがあったのではなかろうか。

そして、「神々の島」というキャッチフレーズにヒントが隠されているのではないか。イスラム勢力を跳ね退けるような神々の力。それは、本当に神の力であったかどうかは知らない。だが、神国日本で、神風が元寇を跳ね退け、第二次世界大戦中は神国であることが欧米列強を敵に回す精神的支柱になったように、バリもまた神に守られた島国だった。そしてそれが、相手が辟易するほど追いかけ回し、そしていくら嫌な顔をされても、誰も心からは怒らないという強い確信があるかのようなバリの物売りたちの気質を育んでいるのではないか。水と安全はタダだと思っていると揶揄される、神国であり島国である日本の国民性とも似通っている。

しばしこんな空想に浸ってみたが、地図でその位置を見るかぎり、バリは特別の楽園という感じはしない。ジャワ島とはかぎりなく接近しており、スマトラ島からジャワ島、バリ島、そしてさらに東へと連なる島々は、かつては陸続きであったであろうと簡単に予想がつくほどだ。また、バリで我々が実際に訪れたケルタゴサやププタン広場には、壮絶な流血の歴史が秘められている。だが、それにしても、どうしてイスラム教の勢力拡大を免れ、オランダの支配の中でもキリスト教に改宗させられることもなくヒンズー教を守り継ぐことができたのだろうか。

次の日がジャワの最終日で、その日も王宮の撮影だった。ジョグジャカルタ市内にも、マリオボロ通りのすぐ先に「クラトン」と呼ばれる王宮がある。これも造られたのは一八世紀ということで、ソロの王宮と同様、まるでヨーロッパ建築を思わせる造りだった。

ジョグジャカルタとソロというあまり離れていない場所に、我々が訪れただけでも三つの王宮が存在する。しかも、いずれも同時代に築かれたものだ。それらの王宮の主たちが覇権を争ったかというとそうではなく、すでにこの時代のこの地では、オランダが支配の頂点に立っていた。そのオランダが地の権力者である王侯たちに各地方を掌握させつつ、その王侯たちを事実上の配下に置くことで効率よく植民地経営を進めようとしていたのだ。つまり、植民地支配を受けるということは、歴史の主導権をよそ者に握られるということなのだ。そんな時代の王宮を幾つ訪ねても、ボロブドゥールからプランバナンへ、シャイレンドラ朝からサンジャヤ朝へといった歴史ドラマは期待できないのかもしれない。

午後、遅めの飛行機でジョグジャカルタを発った。ジョグジャカルタの空港は国際空港ではなく、いったんジャカルタを経由してシンガポールに出る。私以外の二人はそのまま夜行便で帰国し、私はシンガポールで一泊した後、カンボジアへ向かう。

私が、元来、歴史や文化遺産の好きな人間なら、カンボジアでは「アンコール遺跡」を訪れるのが当然の流れだったろう。このときはまったく意識していなかったが、ボロブドゥールとプランバナンは世界遺産になっているし、アンコール遺跡もまた世界遺産になっているから、史跡めぐりとしては超豪華版の旅となる。だが予定では、プノンペン入りしてすぐシアヌークビルという海辺の町に行き、その後プノンペンに戻ってそのままシンガポール経由で帰国することになっていた。カンボジア行きの予定を立てた時点では、アンコール遺跡なんて一度見ているからいいだろうと、そんな程度にしか考えていなかった。こんな私でも、実際にボロブドゥールやプランバナンをこの目で見て、アンコール遺跡を訪ねたくなったのも事実だったが、この場に及んで予定を変更することなどは不可能だった。

第3章

文明の系譜は今どこへ
――カンボジア――

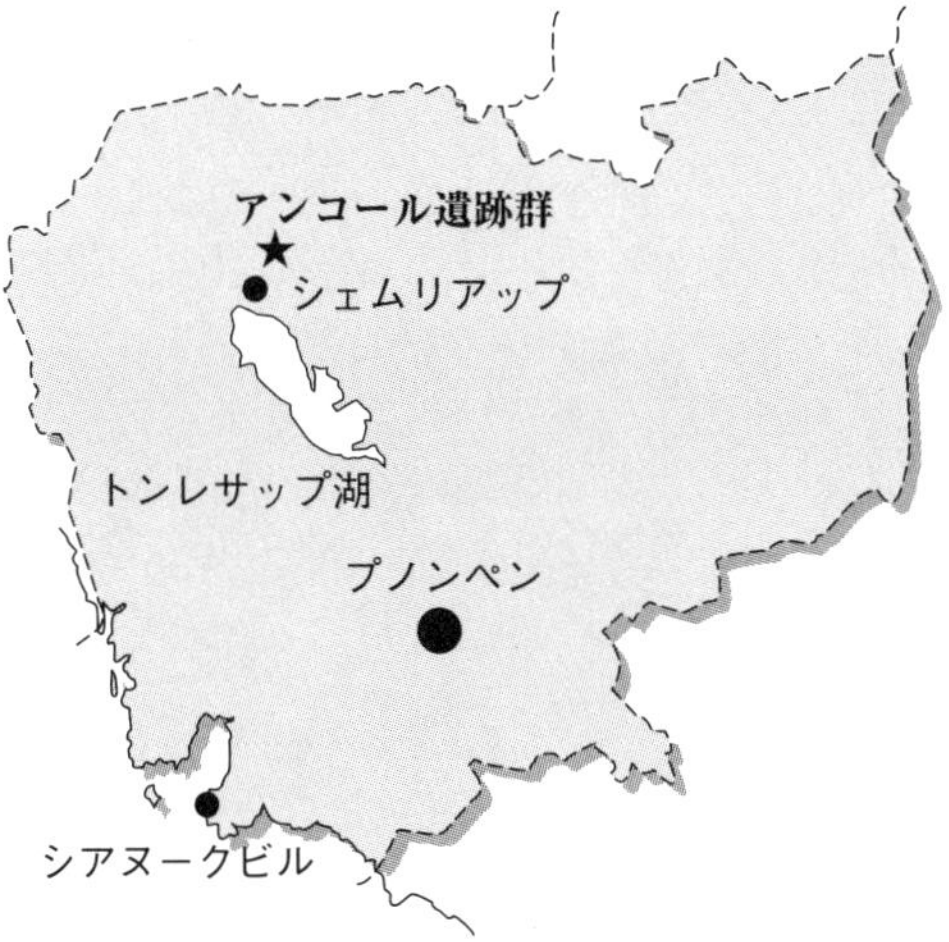

プノンペンの記憶

シンガポールからインドネシアへの取材旅行の手配は私がした。オーダーメイドの旅の場合、出発の一ヵ月前にはスケジュールを決定しておかねばならず、韓国ロケをはさんだ慌ただしい中での手配となったが、いちばん便利のいいシンガポール航空を使っても、帰国する際、いったんシンガポールに戻らねばならなかった。邪魔くさいといえば邪魔くさいのだが、旅程を練っている最中に、「シンガポールで一人抜け、そこを基点にどこかに飛べば……」という身勝手な思いが頭をもたげた。シンガポールはアジアの十字路と呼ばれるくらいで、どこへ行くにも非常に便利だ。日本に帰って出直すより、費用も時間も節約できる。どうせなら行ったことのない国がいいかと思ったが、一度訪れたことのあるカンボジアとミャンマーにも是非とも再訪したくなった。カンボジアかミャンマーか、それとも未知の第三国か。どれも捨てがたいものがあったが、元カンボジア難民で今は日本の旅行会社の社員として働いているOさんから偶然電話をもらったことで、カンボジア行きに傾いた。

Oさんには、前回、カンボジアに行ったときに世話をしてもらった。どうしたことか半年ぶりに電話をくれて、「またカンボジアに来て下さいよ。今、シアヌークビルというビーチリゾートが面白くなっていますよ」と、私に伝えてきたのだった。

私が、前にカンボジアを訪れたのは一九九六年一一月のことだった。その時点で、アジア情報誌の仕事をはじめてほぼ二年が経過しており、ベトナム、ミャンマー、スリランカなど、そのころとしては少々珍しかった国も取材旅行の対象とするようになった。

アジア情報誌以外に、商業印刷物のコピーを書いて生計を立てていたが、そちらの得意先には取材に出るたびに迷惑をかけていたし、「よく行くねえ、怖くないの」などと冷やかされもしたが、「地雷のない所ならどこへでも行きますから」などと受け流していた。本当に地雷の恐怖と背中合わせで暮らしている人々を思うとそんなことを言うべきではないのだろうが、そういう私に、とうとうカンボジア行きの話がやって来たのだった。

当時のカンボジアは、ポル・ポトが投降する前であったし、選挙ボランティアの中田厚仁氏の死も記憶に新しく、かなりきな臭いイメージがあった。テレビニュースに出てくるカンボジアは、ことごとく「悲惨な内戦の後遺症に苦しむ国」だったし、私も私で、カンボジアという国はどこで地雷を踏んでもおかしくない国だと思い込んでいた。何せ、自衛隊ですら行くのを嫌がった国なのだ。現実にバンコクでカンボジア行きの飛行機に乗り込んでからも、「もし、何かあって家族に迷惑をかけたらどうしよう。危ない所へホイホイ出かけていく私は、きっと大馬鹿者なのだろう」と、旅に出たことを真剣に後悔しはじめていた。

バンコクからプノンペンまではわずか一時間ほどだった。飛行機が高度を下げるに従って、私の胸は高鳴りはじめ、「プノンペン上空は軍事上の理由により、写真撮影は一切禁じられています」という機内アナウンスが流れると、さらに緊張の度合いが増してきた。普通なら狭いシートから解放され未知の世界へ足を踏み入れるこの瞬間は、それなりの緊張はあるものの、期待と不安の入り交じった独特の旅気分を味わう瞬間でもある。こんなにビクビクするのは、ミャンマー入国以来のことだった。

ミャンマーには一九九五年の一一月に訪れているが、新聞、テレビでミャンマーといえば、厳しい軍事政権や、その下でひどい弾圧を受けるアウンサンスーチー女史ら民主化勢力の話など、訪れる者にしてみればつい身構えてしまうようなニュースばかりが流れていた。だが、実際に旅をしてみると、人々は穏やかで治安はよく、おまけに国全体がたいへん親日的だった。

機窓から眺めるカンボジアはあたり一面緑の大地で、プノンペン上空に入るとレンガ色の民家の屋根が整然と並び、大きな屋根の寺院も見えた。そんな景色を見るにつけ、カンボジアもミャンマーのようであってほしいと期待もしたが、いわば内政問題である軍事政権の恐怖と、旅行者にも無差別に襲いかかってくるはずの地雷や無頼のポルポト派の恐怖とではまったく質が違うものでもあった。

タラップを降りて空港の建物へと歩いていった。そこには大勢の軍服姿の男たちが見え、緊張は一向に収まらなかった。入国手続きを終えて無事車に乗り込んだものの、ホテルまでの車の中で、私はずっと息を止めていたのではないかと思うほど身構えて外の景色を凝視していた。

カンボジアへ来た目的は、アンコールワットのお膝下、シェムリアップの町にできた日本語学校の取材だった。ある旅行会社の会長が私財を投入して設立したもので、我々の情報誌の編集長とその旅行会社の社長とが知り合いだったことから降ってわいた話だった。自社の会長の善意を何らかの印刷物に残したいと考えた社長が、うちの編集長に話を持ちかけたのだった。

取材の内容は、自身が建てた日本語学校のケアに訪れる会長に同行し、現地の様子や会長が生徒たちと触れ合う場面をレポートするというものだった。まず、プノンペンで一泊し、早朝の飛行機でシ

アウンサンスーチー（1945-　）

ビルマ独立運動の指導者アウンサン将軍の娘。学生時代は英国に留学し、以後、国連本部に勤務するほか、1985年から1年間、京都大学東南アジア研究所の客員研究員として日本に滞在するなど海外生活が長かったが、1988年3月に母の看病のため帰国。民主化勢力の要請を受けて、同年9月にNLD（国民民主連盟）を結成し、そのリーダーとなる。国家破壊分子排除法違反の罪で、1989年から1995年まで自宅軟禁されるが、この間の1991年、ミャンマーの民主化に貢献したとしてノーベル平和賞を受賞した。

一般に、彼女に対して軍事政権が不当な弾圧を加えているように解釈されているようだが、必ずしもそうではないらしい。「彼女らNLD側は、無届けでデモを行えば違法であることを知りながら、あえて無届けでデモを行い、それを政府が取り締まると西側のマスコミが派手に騒ぎ立てる」と、在ミャンマー日本大使館関係者は語っていた。

ポル・ポト派（クメール・ルージュ）

シアヌーク王政時代の1967年ごろ、毛沢東思想を信奉するポル・ポトらが組織した反政府武装組織。1970年のロンノル将軍によるクーデターで追放されたシアヌークとともに反政府闘争を展開し、1975年にロンノル政権を打倒。ほどなくシアヌーク派を排除して、1976年にポル・ポトを首相とする民主カンプチア政府を樹立した。以後、過激な共産化政策を実施。都市住民を農村で強制労働に就かせるほか、知識階級や従わない市民を片っ端から虐殺し、約170万人もの命を奪ったといわれている。

ベトナムの支援を受けた「救国民族統一戦線」が、1979年に全土を掌握すると、プノンペンを追われ、ポル・ポトにも死刑の判決が下される。だが、ポル・ポトは落ち延び、ポル・ポト派も国内各地に潜伏してゲリラ活動を継続した。1998年4月にはポル・ポトが死去し、1999年3月には元幹部のタモックが逮捕され、ポル・ポト派は事実上崩壊した。

ェムリアップへ。その日と翌日に日本語学校の取材をし、夕方の飛行機でプノンペンへ戻る。そして翌日、会長と別れて帰国の途に就く。

プノンペンに時間をとっているのは、今回の会長の旅が仕事も兼ねた旅行だったからだ。私の旅行費用はすべて先方もちで、プノンペンの事務所で会長が仕事をしている間やシェムリアップ滞在中も、日本語学校にいる時間以外は自由に動き回ってもよいという好条件だった。ちなみに、このとき会長に同行していたのがOさんで、あるときは会長の秘書のように動き回り、あるときは突然一人で姿を消したりと、どうも不思議な存在だった。

プノンペンの宿は「ソフィテル・カンボジアナ」で、クメール風の外観をもつカンボジアではトップクラスのホテルである。ゲートを入ると大きな噴水があり、その両側に広がる庭園は見るからに手入れが行き届いていた。ロビーで会長の会社の駐在員Iさんの出迎えを受け、部屋に荷物を置いた後、ホテル内の豪華な中華レストランで少し遅めの昼食をとった。マナーのいいボーイにふんだんなメニュー、窓から見える川岸にはカジノ船が浮かんでいた。

たいへんな国にやって来たという私の思いとは、まったく対極にあるような風景だった。少なくとも、このホテル内にいるかぎり豊かさしか見えてこない。多かれ少なかれ高級ホテルというものは、民衆の暮らしから遮断された世界であることは分かっているが、こうして座っているかぎり車のクラクションさえも伝わってこない。中華レストランの円卓を囲みながらIさんに地雷の話を投げかけてみると、「市内だとか、アンコール遺跡だとか、人の行く所はまず大丈夫ですよ」と苦笑いされた。

もともと、カンボジアの国民性というのはたいへん穏やかで、なぜ国民同士が殺し合うような惨い内戦が起こったのか、いまだに信じられないと言われているらしい。

昼食を終えると会長は、すぐ業務の打ち合わせに入るという。どうやら急な案件も出てきたようで、Iさんは申し訳なさそうに私に言った。

「本当は私がご案内してもよかったのですが、ちょっと会長と打ち合わせで。悪いですが、ご自分で回って下さい。とにかく、もうプノンペンは安全ですから。だけど、変な誘いにだけは乗らないで下さいね」

まさか実際に現地入りした人間に対し、嘘偽りや気休めを言うわけはないし、ミャンマーと同様、カンボジアに対して抱いていた私の恐れは大いなる杞憂に終わったということだろう。しかし、気になるのは「変な誘い」の一言だった。カンボジアといわずどこといわず、勝手の知らない海外に来て、「変な誘い」と「変でない誘い」をどう区別すればいいのだろうか。

カメラを持ってホテルを出ると、早速シクロの運転手が声をかけてきた。シクロとはベトナムでよく見かける三輪自転車の輪タクのことだが、プノンペンにもそれがあり、ベトナムと同様「シクロ」と呼ばれているようだった。これも「変な誘い」かどうかを見きわめるべき一つの場ではあるのだろうが、どう見ても悪い人間には見えなかった。「市内を一回りして写真を撮りたい」と言って料金を聞くと、「いくらでもいい」と言う。これも怪しげな言葉ではあるが、申し訳なさそうに照れ笑いするその顔を見ると、気が弱くて自分で金額が切り出せないようにも思われた。

結局、私は乗ることにした。緩やかに弧を描く幅広い道路をゆっくり進む。道の脇には、ザボンのような果物をピラミッドのようにきっちりと積み上げた露店が等間隔で並んでいた。ほどなく、右手

シアヌーク国王（ノロドム・シアヌーク、1922-　）

1941年に18歳でカンボジア国王の王位を祖父から継承、フランスから独立して2年後の1955年に父スラマリト殿下に譲位し、首相として王政社会主義と中立主義による政治をめざす。

1970年の親米派のロンノル将軍のクーデターで政権を奪われ、1975年にポル・ポト派と共闘してロンノル政権を打倒するが、すぐにポル・ポト派から排除される。1979年にベトナムの支援で成立したヘンサムリン政権にも対抗し、北京と平壌に滞在しながら、1982年に民主カンボジア連合政府を打ち立てる。以後、カンボジアでは二重政権状態が続くが、1991年に「パリ和平協定」が締結され、それを受けて1993年に国連暫定統治機構の監視下で総選挙が行われた結果、カンボジア王国が成立して、シアヌークは国王の座に返り咲いた。

にトンレサップ川が開けてきた。川べりにはヤシの木がこれもまた等間隔に立っていて、その下にはそれぞれベンチが据えられている。陽射しはギラギラしていたが、太陽の角度によってはベンチのある所は木陰になるのだろう。豊かな水量と広い川幅のトンレサップ川は、飛び込みや素潜りを楽しむ少年たちでいっぱいだった。その表情はキラキラと輝き、陰りなんかはまったく見られない。川辺にはスルメ売りの屋台が出ていた。何と、カンボジアの人もスルメを食べるのだ。

水辺には細長いボートが横付けされ、揃いの白のポロシャツを着た男たちがたくさん乗り込んでいく。おそらく三、四〇人はいるだろう。これは、雨季明けの祭りの際にメインイベントとして行われるボートレースの練習だという。川の左手は芝生のある大きな広場で、その向こうには王宮があった。タイのバンコク王宮に似た建物で、壁に大きくシアヌーク国王の肖像画が掲げてあった。

トンレサップ川に沿ってさらに進むと、丘の上に大きな仏塔が建っていた。スリランカやミャンマーの寺院で見られるのとほぼよく似た形をしている。それは、プノンペンという地名の発祥の地といわれているワット・プノンだった。プノンペンの「プノン」は「丘」、直訳すれば「ペンの丘」という意味だそうだが、一四世紀にペンという豪族夫人がトンレサップ川を漂流していた仏像を見つけ、この丘に堂を建立して祀ったという。

丘の麓の木陰では、人々が座って談笑している。昼間というのにこうしてのんびり過ごす人々を、川沿いのベンチや王宮前の芝生でもたくさん見かけた。働かなくてもいいのだろうか。いや、働こうにも仕事がないのか。だが、働かなくて食べていけるのだろうか。

ワット・プノンの周りをグルッと回ると鉄道の駅があった。ただ、肝心の列車は今もずっと運休中だという。その前のロータリーにある典雅《てんが》なモニュメントのようなものを撮影して、来た道と平行に走る大きな通りを折り返した。それにしても、プノンペンの道はどれも広くて整然としている。所々にヨーロッパ風の風格ある建物が見え、広いグリーンベルトのある通りも幾つか横切った。もっとも、戦争のせいか建物の壁ははげ落ち、グリーンベルトにも緑は少なくて雑草が伸び放題ではあるが、かつては美しい街だったに違いない。その緑のないグリーンベルトには手動のメリーゴーランドが置かれていたり、水だけは満々とたたえる噴水では、真っ裸の子どもたちがキャアキャアとはしゃいで泳いでいた。

道路は車の数こそ少ないが、さながらバイクの洪水だった。三人乗り四人乗りも珍しくなく、それにシクロも混じっていた。「ドイモイ」という経済開放政策で活気のみなぎるベトナムのホーチミン

噴水をプール代わりにはしゃぐ子ども

市で、街にあふれるバイクやシクロを見ているが、まるでそれとよく似た光景だった。やがて、大きなドームのような建物が見えた。それは「セントラルマーケット」と呼ばれる巨大な市場だった。建物をグルリと囲む柵の外周には、屋台や客待ちのシクロが隙間もないくらいビッシリと居並び、柵と建物の間のさほど広くないスペースには、建物を取り巻くように幾重もの露店の輪ができていた。露店では生肉から菓子に至るまでのさまざまな食品や衣類、日用品など種々雑多な品物が売られており、露店と露店の間の狭い通路を黒山の人がうごめいていた。その異常とも思えるほどの人出は、ホーチミン市をしのいでいるのではないかとさえ思われた。大量虐殺のあった街、一時期はゴーストタウンと化した街、目の前の風景からそんなことはまったく想像もつかないくらいだ。

陽が沈むころ、独立記念塔から東へ進んでトンレサップ川畔へ出た。塔から川への通りにも、幅広の

セントラルマーケット

グリーンベルトが続いていた。あちらこちらに夕涼みを楽しむ家族連れがいて、食べ物屋の屋台も見える。屋台の夕食は決して豪華とは言えないまでも、こんな時間に一家団欒の時間がもてるというのは幸せなことに違いない。

たいへん傲慢で失礼きわまりない考えかもしれないが、内戦であれほど痛めつけられたカンボジアには、働く子どもや物乞いが多いだろうと思っていた。だが、ほとんどそんな姿にめぐり会うことはなかった。セントラルマーケットの一角では、額の肉が膨れ上がった子どもの手を引く父親や両足を失った老人が小銭の入った空き缶を指さしてカンパを要求してきたが、そんな場面に出くわしたのは後にも先にもこのときだけだった。

もうどっぷり陽は暮れていたが、無事、ホテルの前にシクロは着いた。料金を聞くが、もじもじして言おうとしない。ようやく出てきた金額は一二ドルだったが、まるで私が怒り出さないかと脅えるかのように私の顔色をうかがっていた。一〇ドル札と五ドル札を渡すと、困ったようにポケットを探り、申し訳なさそうに五ドル札を返そうとする。もしかすると釣りがないのだろうかと思い、もういいからと手を振ると目をしばたたかせて合掌した。

一仕事終えた会長とIさんに連れられて食事に行く。ホテルを出た車は瞬く間に王宮前を通りすぎ、ワットプノンも通りすぎ、トンレサップ川の橋を越えた。アーチ型の立派な橋で、日本政府の援助で造られたことから「日本橋」と呼ばれているそうだ。しばらく行った道沿いにはレストランが立ち並び、ネオンサインの大洪水だった。

その中でも、とくに立派な一軒に入った。入り口を入るとすぐ中庭があり、デパートの屋上にあるようなコイン式の遊具が並んでいた。食事室にはチーク材を使ったテーブルが並び、バドワイザーやハイネケンのキャンペーンガールが競うようにビールを注ぎ回っていた。

初めて目にするプノンペン。ソフィテル・カンボジアナにチェックインして以来、つい半日前までは思ってもみなかった光景の連続だった。Iさんに、「このあたりのレストランは外国人の客が多いのでしょうね」と聞いてみた。

「それが、地元市民も結構いるんですよ。援助景気とでも言うんでしょうか、まだこちらにはこれといった産業もないですが、先進国の援助によってかなりの金が落ちているんですね。私も、最初はびっくりしましたが」

旅行にはイメージのギャップが付き物だと思うが、新聞、テレビで知るカンボジアとはあまりにギャップが大きすぎた。危ないニュースばかりを流しっぱなしにはせず、平和が戻ったこともきちんと伝えるべきではないか。いや、それはニュースバリューというやつで、インパクトのないネタは流さないのか。あるいは、きちんと報道されていても、私の視野が狭いからそれに気づかないだけなのだろうか。

シェムリアップの村人

カンボジアに抱いた恐れ。それは、身の危険に遭遇したくないというのも大きかったが、不具や貧困といった悲惨な現実を直視したくないという思いもあった。だが、プノンペンの街で見た一家団欒の屋台の夕食や、水辺で遊ぶ子どもたちの笑顔は、私の思い込みを見事に覆すものだった。この国も、新しい世代がスクスクと育っているのだ。しかし考えてみれば、私などそんな偉そうなことを言える立場ではないし、現実を見ずにカンボジアが悲惨な国だと決めつけていたこと自体、大いに恥ずべきことだろう。とはいっても、人々の明るい笑顔を見て嬉しくなったというのが偽らざる心境だった。

観光バスほどの小さなキャビンのプロペラ機でプノンペンを発つと、わずか半時間ほどでシェムリアップ上空にさしかかった。眼下には断続的に水辺が広がり、朝の陽差しに輝いていた。このあたりはアジアでも有数の水郷地帯だそうで、地図を見ると大きくトンレサップ湖が横たわっているが、この時期は雨季から乾季に変わって一ヵ月くらいしかたたず、まだまだ大量の水を蓄えた湖面は地図で見る以上に広がっているという。

プノンペンで見たトンレサップ川はこのトンレサップ湖より流れ出たもので、プノンペンのすぐ先で大河メコンに注いでいる。流域はあくまでも平坦で、雨季の盛りにはメコンの水が逆流して村や道まで浸すというが、そのおかげで土地は肥え、川では魚やエビが豊富だという。

プノンペンからシェムリアップまではトンレサップ川を船でさかのぼるという方法もあるが、まだ観光客にはすすめられないそうだ。沿岸は、どこにポルポトの残兵が潜んでいるか分からず、下手をすれば命にかかわるとのことだった。やはり、まだ危険な国ではあるようだが、今は逆にその危険さが信じられないくらいになった。

シェムリアップ空港の周辺はだだっ広い大地で、農道のような道をひたすら進んだ。そこかしこに生い茂る草木の濃い緑がその平らな土地の視界を遮り、サトウヤシの木が高く顔をのぞかせている。路肩を牛がのんびり歩き、プノンペンに輪をかけたような平和な光景が続いていた。

ホテルにチェックインして、すぐ日本語学校に向かった。早朝にプノンペンを出たおかげで、日本語学校に着いたのはまだ朝の八時半だった。すでに生徒はみんな登校していて、部屋の飾り付けを行っている。さすが日本語学校だけあって少々の日本語は大丈夫のようで、何のための飾り付けなのかと聞けば、この日は先生の誕生日で、会長の歓迎会を兼ねたパーティを催すらしい。その先生は、日本から派遣された独身の女性だった。

ほどなく準備が完了し、会長のスピーチでパーティがはじまった。先生にプレゼントが渡され、女子生徒が大きなケーキを二つとジュースのボトルを運んできた。ケーキにしてもジュースにしてもかなりの贅沢品だと思う。私の子どものころにしても、ケーキなんて年に一、二度しか食べられなかったし、ジュースといえばビン入りのものではなく粉末のジュースの素だった。生徒が一言ずつ会長と先生に贈る言葉を述べた後、ラジカセの音楽に合わせて踊りがはじまり、民族衣装に着替えた先生が生徒たちから手ほどきを受ける。

パーティの後、校内を案内されて写真を撮る。その間にも、会長は設備や備品が行き届いているかチェックしたり、先生に一人ひとりの生徒の様子を聞いたりと、なかなか多忙なようだった。取材の合間に学校の周りを歩いてみるが、ほとんど車の通らない道路をヨチヨチとアヒルの群れが横断したり、木陰に牛が座り込んでいたりで、何とのどかな光景だろうか。

学校のすぐ隣の空き地には、小さなよろず屋があった。一坪ほどの藁葺き小屋だが、ジュースにタバコ、調味料に日用雑貨、ちょっとしたオモチャなど、それなりに品揃えはされている。そこに、自転車に乗った父子が買物に来た。父親は腰に一枚の布を巻いただけという軽装で、なかなか精悍な顔つきをしている。子どもも半ズボンをはいているが、同じく上半身は裸で、目がクリッとして端正な顔だちだった。カメラを向けると、子どもは父親の陰に隠れようとする。照れたそういう仕草から、父親が好きで好きでたまらないという感じが伝わってきた。

午後三時に取材が終わる。生徒たちも家に帰るが、バイク通学もたくさんいる。バイクといわず自転車だって途上国では贅沢品だというが、いったいどのような層の子どもがこの学校に来ているのだろう。この学校は、学費も給食も一切無料で、すべて会長の負担だというが、たとえタダでも子どもも貴重な働き手であるような家の子は通うことはできないはずだ。

会長と先生、それにOさんも加わって、夕食まで学校の運営に関する打ち合わせだそうで、「それまで車は使わないから、どこか回ってきなさいよ」と会長が声をかけてくれた。車といっても運転手付きで、私がハンドルを握る必要はない。ただ、運転手は日本語も英語も分からないらしい。運転手に身振りで写真を撮りたいと伝えると、ニッコリうなずき車を発進させる。車のほどんどない道を快調に飛ばすと、やがて沿道が賑やかになってきた。このあたりがシェムリアップの中心地だろうか。交差点で、運転手が右側を指さして「アンコール」と叫ぶ。なるほど、この道を行けば「アンコール遺跡」があるのだろうと思う間もなく、車はその逆の左に折れた。道はだんだん細くなり、デコボコになる。両側に生える草木も濃くなってきた。そうした向こうに水辺が見え、高床式の家が点在している。さらに行けば広場があって、運転手はそこで車を停めた。

広場には屋台が並び、バス代わりか、荷台に人を満載したトラクターが停車していた。屋台には麺類から焼き鳥、寒天のようなデザートまでいろいろなものがあった。広場の横には傾斜のきつい小山があって、頂上まで一直線に階段が続いていた。その中ほどに門があり、門の上には私も写真で知っているアンコールワットのミニチュアのような小塔が三つ並んでいた。その小塔の形は、プノンペンで見た独立記念塔ともよく似ていた。

この上に何があるのか分からないが、いずれにせよ、最高の展望台になるはずだ。勇んでその小山に上ってみると、頂上にあるのは古い寺院のような建物で、細々ながら修復作業が進められていた。プノンペンのワットプノンではないが、山の上にあるところを見ると何か由緒のある寺院なのかもしれない。そこからの眺めは予想以上に素晴らしく、見渡すかぎりトンレサップの水郷地帯が続いてい

雨季の終了後まだ水の引かないシェムリアップの村

た。三〇〇ミリのレンズを望遠鏡代わりに水辺を見ると、何やら物資を運ぶ小舟が列をなし、水の上に浮かぶように立つ家並みと家並みの合間には、喫茶店か食堂のような客席を設けた屋形舟が停泊していた。これまでもアジアの水上村を見たことがあるが、これほど手に取るように俯瞰できたのは初めてだった。

ひとしきり写真を撮り、広場に下りた。そして、運転手に手振り身振りで、走ってきた道沿いにあった高床式の家があるあたりに戻って欲しいと頼んでみた。あまり通じていない様子だったが、運転手の素ぶりを見れば、停まりたい所が来たら肩を叩けと言っているようだった。

車は道を逆戻りする。言われた通り肩を叩いて車を降りた。うっそうと草木の茂る水際には小橋があって、高床式の家屋はずっとその先まで続いていた。家々の前では、大人たちが集まって立ち話をしている。水辺では裸の少年が釣り糸を垂れ、幼い子どもをあやしている少女がいた。オンボロのリヤカーで乗り物ごっこをしていたり、囃子言葉を唱えながら駆け回っている子どもたちもいる。そして、その子どもたちをお年寄りがつかず離れず見守っている。遠慮がちに写真を撮った。だが、みんな嫌がる様子はなく、ニコニコ笑っているだけだった。そんなやわらかな雰囲気の中で、いつしか私は身を乗り出してシャッターを押していた。

夜は、ホテルのレストランで食事をした。ホテルのオーナーが会長の歓迎ディナーを申し出て、私も相伴にあずかったのだ。オーナーは地元ではかなりの実業家で、このホテルにも日本円にして三億の金をつぎ込んでいるという。私の予想もしなかった人間像が、また一つここにも存在した。よく考えれば、カンボジアに実業家がいても何の不思議はない。だけど、日本にいるときはそんなことすら考えられなかった。ディナーが終わって、オーナーは会長の手を両手でしっかりと握って熱っぽく話す。

「学校のお手伝いは何でもやります。だけど、お客をよろしくね」

それればかりなんだから、と会長は私を向いて苦笑した。

アンコールという被写体

もう日本語学校の取材は十分だろうということで、次の日は夕方プノンペンに戻るまでの間、ずっとアンコール遺跡の取材をしていいことになった。運転手付きの車に加え、英語ガイドまでも付けてもらった。すべては、会長の計らいだった。

厚意を受けながら申し訳ないが、本当は、アンコール遺跡よりも前日に行った水辺の村にもう一度行ってみたかった。あの素朴な人々や水上家屋の暮らしをもっと見たいのと同時に、もう一つ現実的な理由もあった。その村の撮影には買ったばかりのカメラを使っていたのだが、そのカメラはフィルムが最後の一コマになると警告音が鳴るようになっていた。つい子どもたちを撮るのに夢中になってしまい、鳴ったその音がフィルムを使い切った合図だと勘違いしてパカッと裏蓋を開けてしまったのだ。条件反射的に蓋を閉じたものの、手遅れなことは分かっている。せっかく撮った子どもたちや、それを取り巻くお年寄りのいい表情がパーになり、悔しくて悔しくて仕方がなかった。そのフィルムのうち何コマかだけでも光を被っていなければいいのにと、それればかり考えていた。

今回の取材で編集部が期待するものは、日本語学校であり、アンコール遺跡である。しかし、私はすっかりカンボジアの人々に魅せられていた。カンボジアの魅力は、元気で明るく、そして素朴な人々なのだと、もう信じて疑わなかった。そして、その姿を絶対に誌面で紹介したいと思った。アンコール遺跡についての本や雑誌はそれこそ山と出版されているし、素人の私が書く記事よりそっちを見たほうがいいに決まっている。それに引き換え、今を生きているカンボジアの普通の人々に関する情報はごくかぎられたものしかないのではないか。

アンコール遺跡といえば、スリランカの遺跡取材で一緒になった大手新聞社の文化面担当記者が、「アンコールワットに行ったことがありますか。あれはすごいですよ。私はフィルム一〇〇本以上使ってしまいました」と話していた。だが、私にはどうもピンとこなかった。「すごいですよ」と言われても、どうすごいのか見当もつかない。文化面の記者ともなればきっと遺跡も好きなのだろうと思っただけだった。

アンコール遺跡とは、九世紀初めから六〇〇年以上もの間、トンレサップ湖の周辺に栄えたアンコール王朝時代の遺跡の総称だ。小さなものも含めるとその数は六〇〇にも及ぶという。場所も非常に広範囲にわたっており、とても一日では見て回れない。中でも世界的にメジャーなのがアンコールワットとアンコールトムで、私もまずはアンコールワットへ向かうことになった。

どれだけ有名であろうと値打ちがあろうと、それまでほとんど関心がなかった私には、アンコールワットがどんな姿をしているかさえまったく想像ができなかったが、その意味で「いったいそれはどんなものだろう」とにわかに興味がわいてきたのも事実だった。車の中でガイドから「今見えてきたのがアンコールワットです」という説明を受けて私が目にしたのは、恐ろしく長大な城壁とそれを取り囲む環濠《かんごう》だった。環濠の幅だけでも二〇〇メートルあり、四角形にめぐらされた城壁は、一辺の長さが一キロ以上あるという。車は、その脇をしばらく走った後にようやくアンコールワットの正面に着いた。車を降りてまず橋を渡り環濠を越えると、ワット内を目隠しするように城壁が立ちはだかり、正面に設けられた「象の門」と呼ばれる門だけがポッカリと開いて、のぞき窓のようになっていた。それはまるで縦長の長方形をしたスクリーンのようで、はるか遠くにたたずむ祠堂を映し出していた。門を越えると、祠堂に向かって広々とした石畳の参道が一直線に伸びている。両側は背の低い草が生

広大なアンコールワット。はるか遠くに祠堂が見える

い茂るだだっ広い空間で、所々に牛が草をはむ姿が見えた。

世界的な遺跡であり、「人類が誇る至宝」とさえいわれるアンコールワット。その内部に足を踏み入れた第一印象はというと、何ともいいようがなかったというのが正直なところだった。あまりに広大すぎて、それがそこにあるのは、海が海であり、山が山であるくらいに当たり前のことに思えたのだ。つまりそれは、いわゆる壮大さへの賛辞ではなく、それが人間の造形物であることにピンとこなかったのだ。人間が造ったものと思ったら、「誰がどのようにして建設したのだろう」という疑問ぐらいはもつのだろうが、そういう疑問すらわかなくて、写真を撮るにも、どこから手をつけてどこをどう切り取ればいいのか考えつかなかった。

テクテクと参道を歩き、祠堂の前にたどり着いた。三重の回廊に囲まれそそり立つ祠堂。ここまで来ても、まだどう写真を撮っていいのか見当がつかない。

それはこの被写体が大きすぎるからだけでなく、端正すぎるのも一因だった。延々と等間隔に並ぶ柱が回廊の屋根を支え、回廊の四隅には砲弾型の石塔がしつらえられている。三つの回廊とも造形の基本は共通のようで、見事に様式化されている。壁面に刻まれる女性のレリーフは、どれも個性的でありながらシンプルで、一切の無駄な彫りが排除されたような完璧さだった。かと思えば、たぶん説話を刻んだと思われる複雑にして手の込んだ彫刻が何枚もの岩にまたがって刻まれていて、寸分の隙もない画面構成がなされている。

しかし、いずれ記事にするのだから写真を撮らなくてはならない。「きっと、こんなカットがあればいいだろう」ということだけを予測してフレーミングを試みるが、ファインダーを通して見つめるとすべてが値打ちのあるものに見え、取捨選択ができなくなった。説話の彫刻にしても、どこがそのハイライトであるのか見当がつかない。もう、とにかく行き当たりばったりにシャッターを切った。

色彩的には石の色一色で変化に欠ける。だが、回廊内部の片隅に仏像が据えられ、その仏像だけはオレンジ色の布を羽織って、それがまた非常に鮮やかだった。そこには生花が捧げられ、線香の煙がたなびいている。それは、今も観光ではなく参拝に来る人がいるということを物語っている。それまで何も考えなかったが、この巨大なアンコールワットとは何のために建てられたものか。仏像があるのだから仏教寺院かもしれないが、それならもっと大々的に仏像が祀られていてもおかしくない。英語ガイドにそれを聞くのには私の英語力は乏しかった。

三つの回廊は内側になるに従って背が高くなっている。急な階段を上ってその中心にあるいちばん高い祠堂の上に立つと、そこは三六〇度のパノラマだった。さっき歩いてきた参道に、豆粒のような

アンコールトム南大門前

オレンジ色の僧衣姿が見えた。やはり、ここは仏教寺院なのだろうか。ワットの敷地内も一面の緑に覆われているが、ワットの周囲も見渡すかぎり濃い緑が続いている。ここは、かぎりなく生命力のある土地なのだろう。そして、きっとこの沃土《よくど》はトンレサップの豊かな水の賜物なのだ。

意味も分からないまま汗まみれになってアンコールワットの撮影を終え、アンコールトムへ向かった。アンコールワット方面からアンコールトムへ行くと、南大門がその入り口になる。

車が南大門に近づき、車窓からその姿形が見えはじめる。南大門は石でできた大きな門で、道に接した鉛筆型の切れ込みが人の通る「門」となっていて、その上にバランスを欠くくらいの大きな顔が彫られていた。門よりも顔のほうが大きいのだ。門の手前は橋のようで、道の両側に石の欄干が見えた。

車はさらに近づいて橋を越えようとするが、その瞬間、私は咄嗟にカメラを握った。欄干とばかりに思っていたのは仏像だった。人間の背丈を超える仏像が、両側にズラリと一直線に並んでいる。慌てて車から降ろしてもらった。私が勝手に仏像と思っただけで仏像ではないのかもしれないが、地面に立ってそれらを見ると、幾つもの巨大な顔が自分の目よりも高い位置から大迫力で迫ってくる。これを見て驚かない者はいないのではないか。右を向いても左を向いても、顔、顔、顔。おまけに南大門をよく見れば、正面だけでなく横にも裏にも顔が彫られていた。

この欄干の「仏像」は、全部で五四あるのだという。興奮気味の私に、「驚かないでね。次はバイヨン寺院だから」とガイドは言った。

車で行くとバイヨン寺院まではすぐだった。同じ石造建築といえ、アンコールワットが白っぽいグレーでドライな感じがするのに対しバイヨン寺院は黒っぽいグレーで、所々苔がむし、かなりウエットな感じがした。寺院全体の印象

バイヨン寺院

は、アンコールワットの祠堂部分だけを切り取ったような感じで、こんもりとした山脈のような姿をしていた。てっぺんまでの高さは四五メートルだそうで、かなり見上げなくてはいけないが、よく見ると、ガイドの言った意味が分かった。

石の山脈のようなバイヨン寺院。その峰々にあたる部分はすべてがすべて顔だった。石を幾つも組み合わせてできた巨大な立方体の前後左右の四面に仏像のような顔が彫られていて、それがピラミッドのように並んでいるのだ。その数も五四だという。

南大門を目にして以来、俄然「写欲」がわいていた。意味も値打ちも分からないのはアンコールワットと同じなのだが、自由闊達な造形に写真を撮るのが楽しくなる。その意味で、やはりアンコールワットが端正すぎるのだろうか。アンコールワットにも朽ちた部分が少なくなかったが、このバイヨン寺院のほうが荒廃が激しいように思われた。だが、柱や壁がはずれたり崩れたりしているところに、建築途中の建物を見ているような面白さも感じた。これは、確かに人間が設けたものだという実感がするのだ。

バイヨン寺院では、ほとんど意味も考えず写真を撮りまくっていた。そのせいで時間がなくなり、「象のテラス」「癩王のテラス」といったアンコールトム内の見所も、車の中から駆け足で眺めるだけとなってしまった。いったんホテルに戻って遅い昼食をとった。昼食後、夕方に乗る飛行機の時間まで再度アンコール遺跡に行くが、結局、タプロム寺院しか見られなかった。

タプロム寺院も、アンコール遺跡では見どころの一つだ。巨大なガジュマルの木が石造の寺院に覆い被さり、押し潰さんばかりに生えているので有名になっている。カジュマルとは、亜熱帯から熱帯にかけて生える常緑樹で、日本では種子島より南でしか見られないという。遺跡の保存ということではゆゆしき問題かもしれないが、これはいかにこの土地が肥沃で生命力を秘めているかというあかしともとれる。逆に言うと、これほどの土地だからこそアンコールの巨大な建築物を築く富が生まれたのではないだろうか。アンコール遺跡そのものが、この肥沃さの賜物なのだ。

なお、手持ちの雑誌に「一九九六年六月時点での情報である」という断り書きが添えられた記事があって、そこには「タプロムは密林に囲まれているため、観光客には銃を持った護衛が付く」となっていた。要するに、この世界的に有名なアンコールワットの周囲にさえ、ポル・ポト派の残兵が潜んでいる危険が大いにあるということだ。だが、その五ヵ月後のこのとき、銃を持った護衛などは存在しなかった。

タプロム寺院に覆い被さるガジュマルの木

カンボジア唯一のビーチリゾート

以上が、私のアンコールワット初体験記である。このとき私は、正直言って何も分からないままアンコール遺跡を見物した。だが、その巨大さと文明のすごさに触れただけで個人的には十分だった。悲惨な内戦に長らく苦しみ、国が疲弊したはずのカンボジア。その首都プノンペンで出会った人々の穏やかな表情、子どもたちのとびきりの笑顔。その後にシェムリアップに行くと、プノンペンに輪をかけた平和な村のたたずまいがあった。そして、アンコール遺跡で見た壮大な王朝の遺構、それはただならぬ富と文明の痕跡だった。

意外性の連続のような旅に、カンボジアという国に対する先入観は見事に覆されてしまった。だが、もともとこの国は、このアンコールの建造物を築いたほどの国だったのだ。そこに平和が戻り、豊かさや穏やかさも戻ってきた。意外さの連続を逆回しすれば、カンボジアの本来の姿が浮かんできたような気がした。

旅ではずっとOさんが一緒だった。だが、Oさんはいつも会長の用事で忙しく動いていて、私とはほとんどかかわりがなかった。プノンペンに戻ったカンボジアでの最終日、ようやくOさんと接点があった。昼すぎの飛行機の出発時間まで、Oさんが私のお供をしてくれたのだ。

いちばん最初にOさんに名刺をもらったとき、名前が漢字と英語とクメール文字の三通りで書かれていたから、きっとOさんはカンボジア人であり、日本の旅行会社で働いているため三つの言語で表記しているのだろうと思っていた。だが、何かの拍子にチラッと見えたOさんのパスポートには菊の紋章が入っていた。私と同じ、日本政府発行のパスポートだった。日本に戻る飛行機に乗る直前、空港のレストランで昼食をともにしたときに思い切って尋ねてみると、難民としてカンボジアから日本に渡り、日本国籍を取得したとのことだった。

さて、シンガポール、インドネシアの番組取材後の私の一人旅に話を戻すと、出発より一ヵ月前のまだスケジュールを立てている段階で、シンガポールからどこに行こうかと迷っていたとき、偶然Oさんが電話をかけてきてくれた。そして、私はカンボジア行きに傾いた。それはOさんの声を聞き、カンボジアの豊かさや人々の笑顔にもう一度触れてみたいという気持ちが思い出したようにわき上がったのと、これを機会に、Oさんにも「元難民」としての半生について話を聞いてみたくなったからだ。

私は、Oさんが「面白くなっている」というカンボジアのビーチリゾートに行くことを約束し、Oさん個人にも話が聞きたいと頼んでみた。私の日程を告げると、ちょうどそのころなら自分が案内できるし、その間にいろいろ話をしましょうということになった。

シンガポールの空港でKやカメラマンと別れ、その夜はまたラッフルズホテル横の安ホテルで一泊し、早朝の飛行機でプノンペンへ向かった。カンボジアのビザは、到着後、空港のイミグレーションでも取得できる。プノンペンへは、バンコクからも、クアラルンプールからも、香港からも直行便がある。行く気さえあれば、カンボジアは入国しやすい国の一つになっていると言ってよかった。

七ヵ月ぶりに訪れる穏やかな笑顔の国カンボジア。前回とは打って変わって、早く入国したい一心だった。急ぎ足でビザ発行の列に並ぶと、ほどなく私の番が来た。

「お前はどこから来た?」

係官の態度が何となく横柄だった。パスポートを見れば明白なのだが、聞かれた以上は答えるしかない。

「日本語で『サンキュー』は何と言う」

再び変な質問だった。

「ありがとう」

そう答えた後、なぜこんな質問をされないといけないのだろうと考えてみた。もしかして、「感謝の言葉も知らないのか」という回りくどい嫌がらせなのか。周りの白人たちは、みんなスムーズに手続きを済ませており、一人取り残された私は心細くなった。係官は私の期待を裏切るかのような態度だったが、まあ、どこの国でも入国審査官は決して愛想がよくないものだ。とりあえずイミグレーションゲートを通過して、晴れてカンボジアに入国できた。

「遅いので心配しました」

Oさんが、晴れやかな顔で出迎えてくれた。

「プノンペンには寄らず、直接シアヌークビルに向かいますよ」

このシアヌークビルが、Oさんの言うカンボジアのビーチリゾートのことである。空港前を走る国道4号線を東に行けばプノンペン市街、西に行けば約二四〇キロ先でタイランド湾と出会い、その湾岸の町がシアヌークビルだ。

空港を出たのがちょうど午前一〇時で、国道4号線を西へ西へとひたすら走った。どこまでも平坦なカンボジアの大地に真っすぐ伸びる気持ちのいい道だった。至る所サトウヤシの木が茂り、たわわに実をつけたその頭を青空にピョンと突き出している。のんびり歩く牛の群れ、農民たちの働く速度もゆっくりで、以前にシェムリアップの村で見たのと同様の実にのどかな風景だった。

「向こうには、一時ごろに着きたいと思ってるんです」

さっきから車はビュンビュン飛ばしていたが、単純に計算しても時速八〇キロということになる。そんなに急がなくてもいいのにと思う。

「昼間はいいんですが、日が暮れるとこの道も危ないんですよ。所々、山の近くを走りますが、そういう所は昼間でもちょっと恐いですね。ポル・ポト派のゲリラがどこに潜んでいるか分かりませんから」

この国道4号線はカンボジアでいちばん整備された道路で、もともとアメリカの援助で造られたという。なぜアメリカがと思ったが、ベトナム戦争の軍用道路として使うためだったという。のどかな風景からは信じられない危険が潜んでいるということではあるが、この道路自体が戦争で生まれた仇花だった。

シアヌークビルには、予定通り午後一時に到着した。ここはカンボジアにあって唯一のビーチと外洋港をもつ町で、シアヌーク国王がお気に入りであることから「シアヌークビレッジ」、略して「シアヌークビル」の名がついたという。

とりあえず昼食をということで、浜辺のレストランに入った。隣のテーブルには、身なりのいい若者たちが食事していた。それを見て、Oさんが耳元でささやいた。

「あれは、ラナリット第一首相の息子さんたちのグループです。本当に上品な方たちでしょう。昨日が息子さんの誕生日でしたから、きっとそのお祝いにこちらに来たのでしょう」

ラナリット氏はシアヌーク国王の息子であるから、その息子というと孫にあたる。身なりがいいとはいえ、タイから来た金持ちのボンボンくらいに思っていたが、かなり高貴な若者たちだったのだ。

シアヌークビルには漁港もあり、シーフードが安くて美味しいことはカンボジア国内でも有名だそうだ。食後、Oさんが是非私に見せたかったというビーチをめぐる。タイランド湾に面して、第一ビーチから第四ビーチまで四つのビーチが延々と続き、白砂の浜に人の姿がまばらに見える。ちょうど、昔のプーケットがこんな感じだったという。

「どうです。すごいビーチでしょう」

Oさんは私にそう言いながら、一人で納得している感じでもあった。シアヌークビルの海はどこまでも遠浅で、リゾートビーチとして申し分ないのだそうだ。ただし、ホテルや施設が整わないことには、まだまだツアー客は呼べないとのこと。今はもっぱら、NGOでカンボジアに来た若者たちがホリデーを楽しみにやって来るという。

「どんどんホテルもできてきています。今に、ここはすごいことになりますよ」

Oさんが予約してくれたホテルはできたばかりの新しいホテルで、外観は簡素ながらロビーにはクメール風の凝った装飾が施され、こちらではいちばん高級なホテルだという。ラナリット第一首相の息子たちも、前夜までここに泊まっていたらしい。

Oさんの顔のおかげで、夕食をオーナーにご馳走になった。オーナーはかつて手広く貿易の仕事をしていたということだが、内戦で廃業を余儀なくされた。そして、ようやく平和が戻ったのを機にホテル経営を思い立つ。大した見通しはなかったが、プノンペンでいろいろなホテルを見て、何となくやっていけそうな予感がしたのだそうだ。

「カンボジア人は、みんな今を生きることで精いっぱいで、目先のことしか考えられません。私はたまたま土地があり、それでホテルをと思っただけです。我々カンボジア人は、悪い思い出ばかりの社会主義を乗り越え、資本主義で頑張っていこうという意気込みだけで突っ走っているのです」

オーナーは苦労して五〇万USドルの資金を調達して内外装に注ぎ込んだほか、二基の発電装置の購入にあてたという。カンボジアでは電力事情もままならないが、それだけに、きれいで快適なホテルなら繁盛するだろう考えたのだそうだ。また、日本人を有力なターゲットと考えており、NHKの衛星放送が受信できる設備も導入している。観光で泊まった日本人は私が初めてだそうだが、建設関係のビジネスマンがかなり利用するようになったという。

ポル・ポト時代の生き証言

夕食後、引き続きロビーでOさんの話を聞いた。Oさんについては、元難民で、今はジャパニーズパスポーターであること以外ほとんど何も知らなかったが、Oさんの半生はおよそ次の通りだった。

一九五七年、プノンペンで生まれたOさんは、ロンノル政権時代に少年時代を過ごす。旧宗主国であるフランス式の教育制度の下で六年間の初等教育を受け、「リセ」と呼ばれる七年制の中・高等教育機関に進学。リセの六年生のときに、恐怖のポル・ポト政権が誕生する。

原始共産制を理想とするポル・ポト派は、インテリを憎み、文明を憎んだ。Oさんもプノンペンを追い出され、一年間タケウ州の農村で強制労働に従事する。一日の食事はお粥二杯、過労と栄養失調で心までおかしくなったという。言うことをきかない仲間たちは、銃を持った若い兵士に次から次へと殺されていった。

ポル・ポト時代が終わるや否やプノンペンに引き揚げ、学校に通う。すでに英語が達者だったOさんにはモスクワ行きのチャンスがあったが、それは留学ではなく戦闘機に乗ることだった。それを拒否してタイ国境の難民キャンプへ行って四ヵ月を過ごすが、国連が第三国への出国希望者を募っているのを知り、ヨーロッパなどいろいろな選択肢がある中で同じアジアの日本に渡る決心をした。

日本に来たときの印象は、顔が似ているのに何もかもがまったく違うということだった。たいへん

ロンノル政権

1970年にカンボジアで誕生した親米派の軍事政権。

「王政社会主義」を標榜したシアヌークによる計画経済が1960年代後半より行き詰まりを見せるとともに、ベトナムや中国からの内政干渉に強く反発するナショナリズムが台頭していた。そうした社会情勢を背景に、ロンノル将軍がシアヌークの外遊中にクーデターを起こして、クメール共和国の樹立を宣言した。

だが、政権が変わろうと経済や社会に対する不安は解消されず、逆により深刻化していった。議会からの批判も強まっていたが、ロンノルはそれを封じこめるため、軍事独裁を確立し、出版、集会、通信などの自由も制限した。そのため民衆の心は、ポル・ポトらの共産主義勢力に傾いていくが、やがて政権を奪ったポル・ポト派は、全土を恐怖政治で震え上がらせる。

な先進国だしよく働く。戦争を知らないためか心やさしく、しかし、そのやさしさは何かがあるとすぐに揺らぐということを知ったという。

「それでも日本に来て、二度と祖国には帰らないと思いました。自分の国がすっかり嫌いになったのです。アイデンティティを捨てるということは、どういうことだか分かりますか。とても簡単にできるものじゃありません。日本人にはきっと理解できないでしょう。だけど、あまりに傷が深かったのです。人の前で平気で人が人を殺す。それも同じ国民同士です。その動物のような振る舞いの場面が、カンボジアという国家の中にこびりついてしまったのです。だから私は、まったく違った環境の中で一からやり直す、それが最良の方法だと思ったのです」

来日したときは、まったく日本語が分からなかった。まず、難民定住促進センターに入り、四ヵ月間日本語を勉強した後、ホテルに就職が決まった。まだ日本語は不十分だったが、ホテルには英語が生かせる仕事があった。

三年間勤務した後、一年間ホテル専門学校に通学する。専門の技能がないと立場が一向によくならない。そう思っての学校通いだった。だが、その後ホテルには戻らず、輸入家具のリースを行う仕事に就く。ここでも英語が生かせたからだ。

一九九二年一二月、英字新聞の求人欄で通訳募集の広告を見た。大手マスコミの主催でカンボジアの文明に関する博覧会が予定され、現地との事前交渉のためにカンボジア語と日本語の両方ができる人材を求めていた。即座に応募を決意し、採用もすんなりと決まった。企画スタッフに同行し、二度と帰らないと誓った祖国に再び足を踏み入れた。アンコール遺跡を訪れたとき、カンボジアの文化の偉大さに改めて気がついたという。

結局、博覧会は開催には至らなかったが、心は大きく変化した。すでに帰化申請を行っていたが、日本国籍が取得できたら日本とカンボジアの文化交流に役立ちたいという思いを強くした。

カンボジアの悪魔社会は終わりを告げたが、わだかまりが消え去ったわけではない。内戦の被害は全土に及び、三〇〇万人もの人が処刑によって命を落とした。その歴史は消しようがないが、今改めて思うのは「国」と「故郷」は違うということだった。国は捨てても、故郷を捨てることはできない。

晴れて日本国籍を取得した後、再び英字新聞の求人欄が目に留まる。カンボジアに強い大手旅行会社がスタッフを募集していた。それが今いる会社である。入社後、初仕事となったのがカンボジア総選挙取材のテレビクルーのコーディネートの仕事だった。以後もマスコミ関連の仕事が多く、自分自身も「元カンボジア難民」としてさまざまなメディアから取材を受けるという。

カンボジアの現代史について、私は不勉強もいいところだったが、Oさんの話で、この国がただならぬいばらの道を歩んできたということがひしひしと伝わってきた。めったに聞けないポル・ポト時代のプライベートにも及んだ話に感謝せねばならないのだが、話の中に、若干素直に感謝できない内容が交じっていた。

語りの途中、Oさんはときおりこんな言葉を口にした。

「今、ガイドとしての私のギャラは一日五、六万円なんですね。でも、あなただから安くできます」

「取材を受けると普通はお礼を五万円くらいいただくんですね。でも、あなただからいいです」

特別な好意の表現とも取れるが、受け取り方によっては気が滅入る言葉でもあった。このときの私のカンボジア旅行は、普通の客としてOさんの会社に申し込んだもので、Oさんの会社の規定による「現地日本語ガイド料一日一万五〇〇〇円」の二日分は、ホテル代や車代とともにすでに日本で振り込んでいた。

リゾートの廃虚

早起きしてホテル前のビーチに出てみると、父親に連れられた小学生くらいの男の子が、浜に据え付けられたテーブルを掃除していた。テーブル横には、折りたたまれたパラソルがある。テーブルの支柱にこのパラソルを差しかけると、一席いくらの商売になるのだろう。これまでアジアを訪ねた中で、子どもが親の手伝いをしている姿を見かけると微笑ましくもあり、また頼もしいようにも思えたものだが、広い浜辺に父子がポツンと二人だけで黙々と商売の準備をしているその姿は、どうしようもなく淋しげに見えた。

ホテルは朝食込みのブッキングなのに、Oさんは街で麺を食べるという。少々胃が重たかった私はパンとコーヒーで十分だったが、このホテルは朝食がないとOさんは言う。どうも変なので出掛けにカフェをのぞくと、きっちりコンチネンタルの朝食があった。「あるじゃないですか」とOさんに言うと、おいしくないから街へ行くという返事だった。昨夜の言葉に引き続き、少々割り切れない気持ちが残った。

Oさんは乗り気ではなかったが、私の強い希望で市場を歩いた。ドリアンが売られていて、大きなもの一個が二ドルという。Oさんもドリアンは大好物のようで、買うことにした。日本なら一万円はするので格安だが、地元の買い物客は、割って房をほぐしたバラ売りを買っている。細い路地の両側にテントを張り出したような感じの市場を、私は奥へ奥へと歩いていった。ドリアン売りはドリアンが丸ごと売れたためかご機嫌の様子だったが、それ以外の物売りたちはカメラをぶら下げた私を迷惑そうに下から見上げる。わずかに若い女性が照れ笑いをくれる程度で、どことなく殺伐とした雰囲気があった。

その後、海沿いの道を行くと、人だかりのする一角があった。それは、付近の島への渡し船の桟橋で、その向こう側には、幅三メートルもないような細長い盛り土が防波堤のように海に向かって伸びていた。その細長い盛り土はれっきとした生活の道であり、店や住居が並んでいる。それらはすべて掘っ立て小屋のような簡素な造りで、道に接した間口と海に突き立てた杭の上に板を渡しただけの床があり、壁や屋根も粗末な板切れでできていた。両側が海という立地で、嵐が来れば一発で吹き飛ばされるに違いない。そんな小屋と小屋の間では、ドラム缶に溜めた雨水で小さな女の子と男の子が髪を洗っていた。私の勝手な推測だが、仕事が忙しい親たちにかまってもらえないように思え、そのかがめた背中が淋しげだった。

その後、もう一度ビーチを訪ねることにした。前日、ビーチにせり出した高台に奇妙な建物が目に留まり、それが気になっていたからだ。大きなコンクリートのビルで、どう見てもホテルのようだが営業している様子はなかった。ホテルの建設ラッシュというシアヌークビルだが、かなり煤けた感じのそのビルは建設中のものではないようだった。

小径を上って近づいていくと、壁に「インディペンデンスホテル」とあった。ホテルに違いはないが、ガラスは割れ、水道管が壊れているのか、溜まった雨が漏れているのか、一階のテラスに水が叩きつけられていた。ダイニングのようなホールでは、野良犬が二匹ウロウロしていた。

玄関前では一人の中年男性と、幾人かの女性が缶入りのビールやジュースを売っていた。Oさんの通訳で話を聞くと、女性たちはホテルの元従業員、男性は観光省よりここを管理するために派遣された役人で、元は外交官として外地を飛び回っていたという。しかし、今はこの男性ですら月に二〇USドルの給料しかもらえず、せめてもの足しにとこうしてささやかな店をやっているらしい。

「やはり、これがあのインディペンデンスホテルでしたか」と、Oさんは言う。

インディペンデンスホテルは、カンボジア現代史において、もっとも国に力と金があった一九六〇年代に建設された。七階建てのメイン施設には、客室がわずか四四室。館内は非常にゆったりとしており、下の浜一帯にプライベートビーチを擁していた。「インディペンデンス」というその名前に、独立を成し遂げた喜びと自負が込められている。よき時代を懐かしむというには、あまりにもの悲しいリゾートの廃虚。だが、戦乱にかき回されたこの国にも、国営リゾートが営まれた時期が確かにあったのだ。

隣のビーチにも、もう一つの国営リゾートの残骸があった。同じくプライベートビーチをもつ高級ホテルで、こちらは一部屋一部屋が独立したコテージタイプだったという。ビーチサイドのレストランだけが今も民間の手で営業されており、私たちはそこでランチを食べることにした。ウエイトレスの一人がずっとテーブルに付いていて、不自然なくらい身をすり寄せてビールを注ぐ。口元が汚れるとすぐにティッシュで拭おうとする。嫌な気分ではなかったが、馴れ馴れしいのが気にかかった。「あの女性、夜は酒場で働いているそうです。きっと、売春婦だと思います」と、Oさんはささやく。だが、従業員の中で彼女だけ浮いた感じがするわけでもなかった。本当に彼女が売春婦だとして、周りの人々もそのあるがままを受け入れているのか。だとするならば、やはりカンボジアという国はそれほどまでに疲れ切っているのかもしれない。

昼食を終えると間もなく、プノンペンへ向けての出発だった。シアヌークビルの町を出て国道4号線に入ると、車はぐんぐんスピードを上げた。帰りもまた、日が暮れるまでに着かねばならないという〇さんやドライバーの意志は確固たるものがあった。だが、かなりプノンペンに近づいたと思われるころ、一度だけ頼んで車を停めてもらった。シェムリアップでもよく見かけ、この沿道でもひっきりなしに目に飛びこんでくるサトウヤシの木が私には豊かなカンボジアの象徴のように思え、サトウヤシがある風景をどうしてもフィルムに収めたかったからだ。

車を停めた先には農家があり、庭に入っていくと子どもたちが出てきた。その子どもたちの写真を撮っていると父親も出てきた。その左目は、どうやら義眼のようだった。〇さんの通訳で話を聞くと、一家には六人の子どもがいるが、〇・五ヘクタールの田んぼがあるので食べていくのには十分だそうだ。ただ、以前は村人が共有していた山を村長が勝手に売ってしまい、暮らしに余裕がなくなったという。そして、〇さんは通訳を続ける。

「彼にとって、あなたは初めて見る外国人だそうです。せっかく初めて外国人にあったのだから、是非お願いしたいことがある。井戸を掘るための資金をカンパしてほしいと言っています」

初めての外国人だからカンパをしろとは、いたいどういう理屈なのか。それはともかくとして、いったいいくらかかるのだろう。適切な答えが見つからず、「JICAに友人がいるから伝えておきます」と返答した。あとで〇さんに聞いたところ、以前アンコール遺跡のテレビ取材に同行したとき、ロケ隊が地元シェムリアップ州の住民から同じように井戸がほしいと懇願され、即座に応じたところ一五〇USドルで掘れたという。ここの場合はプノンペンに近いから少々高いだろうが、三〇〇USドルもみておけば大丈夫そうだ。もちろん、私にとってはハイハイと右から左に出せる金額ではないが、JICAをもち出すまでの話ではなく、少々バツの悪い思いをした。

七ヵ月ぶりのプノンペン

しばらく行くと、大きな看板があった。すぐ先がもうプノンペンの空港だという。看板は外国人向けに建設が進むコンドミニアムの広告で、付近ではゴルフ場開発も進んでいるそうだ。国道4号線沿いの土地はケタが二つ違うくらいに値上がりして、プノンペン市内にOさんが買った三〇〇万円の土地も、いまや評価額が五〇〇〇万円を超えるという。カンボジアにも、バブルがはじまっているらしかった。

ポル・ポト派の時代、プノンペン市民はことごとく田舎に追放されたが、その後、プノンペンが解放されるや否や、地方から押し寄せた人々が空き家となった家々に勝手に住み着いてしまったという。今は元の家主がそれを買い戻すことができるようになったらしいが、「私たちが管理してやったのだ」という大義名分により、買い戻し価格の決定権は住み着いた側が握っていて、言い値通り払えないと自分の家にも戻れないそうだ。Oさん一家も昔はプノンペンに七軒の家をもっていたが、家族や親戚の金を寄せ集めても一軒しか買い戻しができず、一族がそれを改装して住んでいるという。

要するに、Oさんはかなり裕福な家の出身なのだ。そして、個人的にも、いまや五〇〇〇万円の土地をもつ資産家だ。難民として日本に逃れ、現在、大手旅行会社でバリバリ働くOさんは、現在のカンボジアにあっては立志伝中の人物と呼んでもおかしくないような存在なのかもしれない。それに引き換え私は、金持ち日本の住人ではあるが、Oさんに比べると、お金も、力も、知名度も、そして人様に語れるような半生もない。なのに私は、Oさんのことを、どちらかというと「可哀想な人」と考えていた。Oさんの言動に少々気が滅入ったのは、そういう私の思い違いのせいかもしれない。Oさんは、まぎれもなくカンボジアではエリートにあたる人間なのだ。

そう考えると、Oさんと一緒にいることに気が重くなった。夕食をお付き合いしてもいいですよ、との申し出も丁重に断って部屋に入った。ホテルは前と同じソフィテル・カンボジアナだった。中のレストランで一人夕食を済ませ、部屋に戻ってテレビを見た。香港返還の夜だった。香港からのアジア・ビジネス・ニュースが延々とその特集番組を流していた。

翌朝、午前八時半にホテルを出て王宮に向かった。ちょっと前まで王宮見学は不可能だったが、今は隣にあるシルバーパゴダとの共通チケットが売られているらしい。前に来たときは正面に国王の肖像が掲げられていたが、どうしたことか外されていた。

見学者の入り口はシルバーパゴダの側にあり、まずそちらを見学してから王宮へ向かうと、銃を持った係官に呼び止められた。わけが分からず立ち止まっていると、一人の白人が事情を次のように説明してくれた。

「王宮は、ガイドを付けないと見学できない。ガイドの費用は入場料とは別だ。要するに、外国人は金を払わねばならないシステムなのだ」

王宮の次は博物館に向かう。博物館前の広場では、少年がサッカーをしていた。この日の天気は快晴で、私がホテルを出たときから太陽がギラギラと照りつけて暑くて暑くてたまらなかったが、そんな中でよくサッカーなんかができるものだ。おまけに、全員裸足だった。

博物館には、アンコール遺跡の遺物が埃まみれで置かれていた。ショーケースも防護柵もなく、裸同然の展示だった。博物館を出て少し歩くと、クメール調の典雅な建物が立っていて、プレートを見ると日本大使館となっていた。その前から独立記念塔への一本道を進むと、交差点ごとに剥き身の銃を持った兵士がいた。前に来たときは、確か街に兵士の姿はなかったように思う。歩道の上や公園には各所に座り込む家族風の集団がいて、その脇に張られたテントの下には、鍋や釜が置かれている。家のない人々とみて間違いないが、これも以前に来たときには意識しなかった風景だった。

独立記念塔を北にそれてシアヌーク通りへ行こうと思った。ガイドブックには、外国人ツーリストの街としてにわかに賑わいはじめたとある。カフェでもあればそろそろ休憩がしたかった。炎天下を歩き回り体力が消耗していたし、喉が乾いて仕方なかった。信号のない十字路を、バイクをかきわけて急ぎ足で横断した。その直後、足の感覚が麻痺してしまった。ちょうど靴に収まる部分から感覚が失せ、正座でしびれたときのように指で叩いても感触がない。スネの部分にも力が入らず、太陽が照りつける路上でうずくまってしまった。早く日陰に移動しないと熱射病になりそうだったが、なかなか足がいうことを利かない。ホテルに帰るにも、プノンペンにはまだ普通のタクシーは流しておらず、路上で拾える乗り物といえばバイクタクシーかシクロだった。この足でバイクタクシーには乗れそうもないが、こんなときにかぎって空《から》のシクロも見当たらなかった。

しばらく座り込んで呼吸を整えていると、ようやくシクロが通りすぎ、私は声を振り絞ってシクロを停めた。一ドルでホテルまで行くとのこと。シクロには日除けがついていて、これも大助かりだった。シクロの上から見える景色にカメラを向けたが、シャッターを押すだけの気力がわかなかった。ホテルに着くと二ドル払った。チップを要求されたわけではないが、無事ホテルに戻れたことが嬉しかった。

ホテルの部屋でしばらく休み、Oさんの事務所をのぞいてみた。運よくOさんが出てきて立ち話していると、一人の男性が挨拶をして通りすぎた。男性は、外務省アジア部勤務の役人だという。月給は二〇USドル。それではとてもやっていけないので、日本の商社の現地職員として働いている。商社の月給は二〇〇USドルで、Oさんと面識があるのは、その関係でよくファクスを借りに来るからだという。

カンボジアの役人はみんな副業を二つや三つもっていて、朝役所に出るだけ出て、すぐに携帯電話を片手に街へ飛び出す。目付役であるはずの上司も、やってることは同じだという。街でも携帯電話をよく見かけたが、それにはこんな理由があったのだった。カンボジアの役人は、ほかの国以上にやるべきことは多いはずではないのだろうか。だが、生きていくためには、本業そっちのけでアルバイトに精を出さねばならないのだ。

トンレサップの暮れ色

体調も不安だし、午後は部屋でのんびりしようと思ったが、午後三時になり「一時間だけだ」と自分で時間を仕切ってホテルを出た。

広場ではサッカー少年が相変わらず元気で、裸足でボールを蹴っていた。公園の東屋《あずまや》には、汚れた身なりの家族がいた。おばあさんと母親と子どもで、子ども以外に男はいない。すり切れたバッグに物がいっぱい詰まっている。彼らも家のない人々だろう。ベンチでは、青年が肩を落として座り込んでいる。川辺のグリーンベルトには、夕方からの露店商売の準備をする女性がいて、その横を幼児が所在なくウロウロしている。上は泥だらけのTシャツ一枚、下半身は裸だった。車椅子を押した少年が、とりつかれたように焼けた道路を裸足で駆けていた。車椅子に乗っているのは父親だろうか……。

予定通り散歩は一時間で切り上げ、午後四時にはホテルに戻った。もう外出はしないとシャワーを浴びるが、午後五時になって再び一時間の予定で外に出た。

小さな子どもが水たまりで水遊びをしていた。都会の路上の水たまりは、カンボジアでも汚いことに変わりはなかった。トラックやバイクがたらした油がにじんでいそうな黒い水だ。ほんの少し足を延ばせばトンレサップの水辺があるが、幼子が遊ぶにはこの川は大きすぎるし、路上で夕飯の支度をする親のそばを離れるわけにもいかないのだろう。

私は素早くコンパクトカメラを向け、カシャカシャと二度シャッターを切った。母親は私を見逃さなかった。ナイフのような鋭い目で睨み、罵声を浴びせた。悪意はなかった。子どもの遊ぶ風景を切り取っておきたかった。この時点のカンボジアで、こんな子どもがいたということを、機会があればいつか誰かに伝えたかっただけだ。すっと顔をそむけ、足早にその場を立ち去った。謝る勇気がなかったし、謝るにも言葉が通じないと思った。それに、もしなじられてもしているうちに弥次馬に取り囲まれたら厄介だ。瞬間的にそんな打算が働いたが、幸いほどなく罵声は途絶えた。

トンレサップの川原に行くと路上で夕飯を取る人々がいたが、前に見たプノンペンの夕暮れと少々様子が異なっていた。腕を失った人、足を失った人、そんな人々がぎこちなく歩き回りながら、食べるものを分けてもらっている。

ふと見やった芝生の上で、肌色の小さな何かがクネッ、クネッと動いた気がした。見たことのない奇妙な動きで、何か目の錯覚かと思った。凝視すると、そこに両手のない幼子がいた。白いボウルに入った夕飯を口だけで食べようとして、そんな動きになっている。手があったはずの肩の付け根には義理ほどの細い棒が差し込まれ、ゆらゆらと揺れていた。きっと二歳か三歳くらいだ。この先、気が遠くなるほど人生は長い。

この日、午前中まるまるかけてパゴダと王宮、博物館を見学した。途中で体調が変になったが、体さえ大丈夫ならもっといろいろ見て回りたいという気持ちがあった。それに比べれば、夕方のほんの短時間の街歩きで見たものは物見遊山気分を消し去り、もうこれ以上何も見たくないという気持ちになった。

きっかり一時間でホテルに戻った。ホテル前ではシクロやバイクタクシーがたむろし、相変わらず

ラナリット第1首相とフンセン第2首相の政争

1993年の総選挙の結果、シアヌーク国王の息子であるラナリット第1首相が率いるフンシンペック党と、フンセン第2首相が率いる人民党による連立政権が発足した。

だが、人民党は親ベトナムのヘンサムリン政権の母体だった政党であり、反ベトナムだったラナリット派とは激しく対立する関係にあった。また、第1首相のラナリットより、ヘンサムリン政権時代からの軍や警察を掌握するフンセン第2首相のほうが、事実上は支配力を握っていた。

そこでラナリット派は、かつて反ベトナムの立場で共闘したポル・ポト派の一派を取り込もうとする。それに対してフンセン派は、激しく非難を浴びせ、1997年7月には武力攻勢に及ぶ。ほどなくフンセン派は首都プノンペンやその周辺を制圧するが、このとき一般市民も巻き添えになりたくさんの死傷者が出た。

客引きに精を出している。彼らは、ホテルの敷地内には入れない。ホテル前庭には美しい植え込みと贅沢な噴水、外人客を迎える各国の旗がたなびいている。ステップを上がると冷房の利いたロビーがあり、ラウンジバーもあれば、高級フランス料理に中華もある。ホテルのゲートは、まるで「天国」と「地獄」を分ける結界だった。

翌七月二日、シンガポール経由で日本へ帰る。空港に着くとポーターたちが群がってきた。空港が大きく手続きがややこしい所では彼らもそれなりに役に立つが、プノンペンの空港ではまったく不要の存在だ。車は空港ビルの入口に横付けでき、そこからせいぜい五メートルほどのビルの中には搭乗者以外は入れないのだ。それでもポーターが待ち構えているというのは、それほどまでに仕事がないということなのだろうか。

私が帰国してすぐ、フンセン第二首相がクーデターを起こし、フランスに逃亡中のラナリット第一首相をそのまま国外追放処分にしてしまった。シアヌークビルで見かけたあの息子たちはどうしたのだろうか。タイランド湾伝いにタイに逃げたのだろうか。メディアでも、息子たちの消息までは報じられない。空港も一時閉鎖となった。もし、ほんの数日遅かったら私も足止めになっていたはずだ。

写真の中のアンコールへの旅

前回訪れたカンボジアは、町はまだまだ荒れたままだったが、この国も確実に平和を取り戻しているのだと感じさせられる場面に何度も出くわしたし、やはりここはあのアンコールワットやアンコールトムを造った国だと思わせるような何かがあった。そして、本来、カンボジアの人々はアジアでも有数の穏やかな人々であるという話も聞いた。

だが、その七ヵ月後に訪れてみると、ゴロッと雰囲気が違って見えた。なくなりつつあるかに思われたポル・ポト派の潜伏ゲリラの恐怖もまだまだ根深いようであったし、短い滞在で動いた範囲もごくかぎられていたが、かつての文明大国の面影を感じさせられる機会もなかった。とはいえ、何百年も守り継がれてきた何かが、一年もしないうちになくなってしまうはずはないだろう。初回は、悲惨な国であろうという先入観が強すぎたためにその対極の部分ばかりが目に入ったのだろうし、二度目は逆に「平和を取り戻しているのだ」という印象が強すぎて、それが期待はずれに終わってしまったに違いない。だが、極端な言い方をすれば、売り食いでしのいできた没落貴族が、最後の宝の壺を手放してしまったような感じがしないでもなかった。

これらはすべて単なる私個人の思い込みの世界であるが、平和を取り戻したはずのカンボジアが必ずしもいい方向に行っているとは言えないようだった。国家権力が正常に機能しないため、プノンペンは麻薬とピストルの無法地帯になっているという話も聞く。ただ、その主役は敬虔な仏教徒であるカンボジア国民ではなく無政府状態に目をつけた不良外国人だというが、食うに困った国民もそれに巻き込まれているという。また、危ないのはポル・ポト派の残兵だけでなく、政府軍の兵士も十分給料が払われていないために銃を盾に蛮行に及んでいるという話も聞いた。

治安や人心の問題とは関係なく、カンボジアはより以上の外国人を集めるようになったことに間違いはなく、アンコールワットのお膝下であるシェムリアップにしても、空港に国際線が復活してダイレクトに観光客が入ってくるようになった。私が訪ねたときは、国際線のジェット機が入ってくるとそのバイブレーションがアンコール遺跡に影響を与えるので、国内線のプロペラ機しか離発着を認めないというのが政府の見解だったそうだが、その見解はいったいどうなってしまったのだろう。

それはさておき、インドネシアのプランバナン寺院にアンコールワットの面影を見つけて以来、遅まきながらアンコール遺跡のことが気になりはじめた。ときおり、意味も分からず撮りまくった自分の写真を見返したり、本を読んだり、インターネットでアンコール遺跡に関する資料や旅行記をあたったりするようになった。

肉眼で見て似ていると感じたプランバナンの塔堂群の一つ一つと、アンコールワットの中心部にそそり立つ砲弾型の祠堂を、自分が撮ってきた写真で見比べると、両者は似ていると言えば似ているし、似ていないと言えば似ていない。肉眼で見た記憶より、フィルムに焼き付けられた記録のほうが正確なことは否定しようがないが、写真の場合、切り取り方によってはまったく現物とイメージが変わって見えることもある。また、何をもって似ているとするかとなると、素人の判断では実に心許ないものでもあった。ただ、次第に分かってきたのは、ジャワ島とアンコール王朝はかなり関係が深いということだった。

カンボジアという国は、かつて東南アジアではビルマと並ぶ大国だった。すでに一世紀末ごろには扶南王朝が誕生し、カンボジア南部やベトナム南部のメコンデルタを中心に繁栄を誇ったという。七世紀半ばにはその扶南を滅ぼし、アンコール王朝の前身であるカンブジャ王国（真臘）が出現する。そしていよいよ八〇二年にはアンコール王朝が成立。以後、六〇〇年余りにわたって存続し、最盛期にはインドシナ半島のほぼ全域にまで領土を広げたという。

一方、当時の東南アジアでも、海洋部にあって勢力を誇っていたのがジャワだった。カンボジアの土地に七世紀半ばに台頭したカンブジャ王国は八世紀初頭より分裂を繰り返すが、そこへジャワが乗り込み、カンボジアを支配するようになった。そのカンボジアに乗り込んだジャワ勢力とは、ボロブドゥールを築いたシャイレンドラ朝だった。その後、ジャヤバルマン二世（?〜八五〇）がカンボジアにアンコール王朝を打ち立てる。ジャヤバルマン二世は、囚われの身としてジャワにいたが、カン

シャイレンドラ王朝

8世紀の半ば中央ジャワに出現し、9世紀の半ばに突然消滅した謎の王朝。「シャイレンドラ」という語は、サンスクリット語で「山の王」を意味することから、1世紀末ごろカンボジアに出現し、7世紀半ばにカンブジャ王国（真臘）に滅ぼされた扶南王朝（扶南とはクメール語で「山」を意味する「プノン」の漢訳とも考えられる）と、何らかの関係があるのではないかと見られており、扶南の王家がジャワに逃れて再建した国家がこのシャイレンドラ王朝ではないかとの説もある。

カンブジャ王国（真臘）

アンコール王朝の前身とされるクメール人国家。中国の史書には「真臘」という名前で登場する。先にカンボジアに興った扶南王朝の時代にはその属国であったが、6世紀の半ばに独立、7世紀に入ると扶南を倒して併合した。第3代国王ジャヤバルマン1世の時代にもっとも繁栄し、カンボジアとラオス南部を領土としたが、その死後、「水真臘」と「陸真臘」に分裂。それに乗じたシャイレンドラ王朝の侵攻を受ける。9世紀の初めにジャヤバルマン2世が真臘を再統一し、アンコール王朝へと発展した。

スーリヤバルマン2世（?-1152ごろ）

1113年に即位し、アンコール王朝の最盛期を築く。約40年間の治世の間に、チャンパ（ベトナム）やタイなど周辺諸国との戦いに明け暮れるとともに、30年以上の歳月をかけてアンコールワットを造営した。

ヒンズー教の三大主神の一つであるビシュヌ（世界を維持し人々を救済する神）を自らの守護神としており、アンコールワットの中央祠堂もビシュヌ神を祀ったものとされている。アンコールワットは、自分の墓とすることを予定したものでもあり、王は死後、ここでビシュヌ神と合体して神になることを望んだという。

ボジアをシャイレンドラ朝の支配から解くため帰国したと伝えられている。

だが、この関係を知ったところで、プランバナンとアンコールワットの関係性を解くまでには遠く至らない。私がその正体も分からないままに写真を撮ったアンコールワットは、アンコール朝の国王スーリヤバルマン二世がヒンズー寺院として造営したものだった。その意味でプランバナンもアンコールワットも、仏教王国シャイレンドラ朝に対抗してのし上がったヒンズー王朝の王が建てたヒンズー寺院であることは一致する。だが、プランバナンが築かれたのは九世紀の半ばであるのに対し、アンコールワットは一二世紀前半の造営であり、二〇〇年以上の隔たりがある。

その溝を埋めるには、プランバナンを築いたとされるサンジャヤ朝とアンコール朝の関係を知らねばならないし、九世紀半ばから一二世紀前半にかけてアンコール朝が建てた寺院の形をたどっていく必要もあるだろう。ただ、あいにくアンコールワット以外に私が見たのはアンコールトムのバイヨン寺院とタプロムだけで、いずれも一二世紀末ごろに築かれたものだ。

九世紀半ばから一二世紀前半にかけてのアンコール朝の寺院に関しては本や雑誌に掲載された写真を見るしかすべはないが、ことごとくアンコール朝の寺院は、プランバナン寺院の塔堂に丸みをもたせたような砲弾型の塔を擁し、一〇世紀初頭の造営といわれるプノンバケンなど丘の上に砲弾型の塔が林立するさまは、まさにプランバナン寺院群を彷彿させるものがあった。

驚いたことに、古くからカンボジアに栄えた扶南王朝はシャイレンドラ王朝と大いに関係があり、場合によってはシャイレンドラ王朝とは、カンブジャ王国に滅ぼされた扶南の王家がジャワに逃れて建設した王朝ではないかという説もあるのだそうだ。そうなると、シャイレンドラ王朝がカンブジャ王国に攻め込んだことにも大いに納得がいく。そしてシャイレンドラ勢によってジャワに連れ去られたカンブジャ王国の王子ジャヤバルマン二世は、そのまた仕返しのために祖国に帰り、シャイレンドラ勢を追放してアンコール王朝を打ち立てたというわけだ。シャイレンドラ王朝がボロブドゥールの建設に着手したのが八世紀後半で、ジャヤバルマン二世がアンコール王朝を樹立するのは九世紀初頭であることを考えると、ジャヤバルマン二世はボロブドゥールの建設という一大事業でシャイレンドラ王朝の勢力が手薄になっている隙を見計らって祖国奪回に乗り出したとも推察される。また、サンジャヤ王朝がシャイレンドラ王朝を倒しプランバナンを建設するのが九世紀半ばで、同時期に建てられたアンコール王朝の寺院群にプランバナンと同様のイメージが認められるということは、サンジャヤ王朝とアンコール王朝はかなり近い関係にあったのではないだろうか。敵を同じくする者同士、軍事協力はもちろんのこと文化面での交流も行われていたのかもしれない。

再びヒンズー教と仏教の関係について

そもそも「アンコールワット」の語を直訳すれば、「寺院のある王都」の意味だそうだ。何せあれだけのものだから、寺院であるのみならず政治的機能も有していたのだろう。ヒンズー寺院としてアンコールワットを造営したスーリヤバルマン二世は、死後、それを自分の墓にしようと考えたという。それは、国王は神格化され、王が没するとその本尊を納めた寺院は墓となり、後継者たちの信仰の場になるというアンコール王朝の伝統によるらしい。

ただ、私が実際に目にしたアンコールワットの回廊内にはどう見ても仏像と思われる像が祠られていたし、敷地内で見たオレンジ色の僧衣はタイなどで見かける仏教僧と同様のものだ。アンコールワットはヒンズー寺院として建てられたはずなのにと疑問に思うが、一三世紀後半、アンコール朝に仏教がもたらされるとアンコールワットは仏教寺院へと衣替えをしたという。

疑問はたやすく氷解したが、ヒンズー寺院であったものをそのまま仏教寺院として使うということは、不思議といえば不思議な話だ。モスクがキリスト教会になったり、教会が神社や寺になることなど想像もできない。やはり、仏教もヒンズーの一派と見られるくらいに両者は近しいものなのだろう。

同じく、私がアンコール遺跡を訪れた際、アンコールトムの南大門前やバイヨン寺院に林立する顔の石像を見て「仏像」だと感じながらも、何も知識がなかったからそう断定することができなかった。アンコール朝への仏教伝来が一三世紀後半のことならば、一二世紀末に造られたアンコールトムに「仏像」が存在してはおかしいことになる。ところが、バイヨン寺院に彫られた膨大な数の顔はすべて観音菩薩だそうで、そうするとこれはまぎれもなく「仏像」である。アンコール朝はアンコールワットを築き上げた後、チャンパというベトナムの王朝に三〇年近くにわたって侵攻されるが、そこに登場し巻き返しを図ったのがジャヤバルマン七世で、仏教の力で乱れた国土を立て直そうとアンコールトムを造営し、仏教寺院であるバイヨンを築いたという。

年代的には辻褄が合わないが、ジャヤバルマン七世が取り入れた仏教というのは大乗仏教で、一三世紀後半に伝わった仏教とは南方上座部仏教（小乗仏教）なのだそうだ。しかし、それならどうして

ジャヤバルマン７世（?-1220）

1181年より約40年にわたって治世を行い、スーリヤバルマン二世の時代と並ぶアンコール王朝の最盛期を築く。王都をチャンパから奪回するとともに、逆にチャンパを属州として併合するほか、ラオスやタイにまで勢力を広げ、この時代に王朝の領土も最大となる。アンコール王朝で初めての仏教徒の王であり、仏教思想に基づいて善政をしいたインドのアショカ王を理想とし、仏法によって天下を平定しようと考えた。そして、アンコール地方のみならず領土全域にわたって次から次へと寺院を建立したことから「建寺王」ともいわれた。

不滅で不可侵の王都であったはずのアンコールワットがチャンパに侵略されたことを教訓に、難攻不落の都城をめざしてアンコールトムを建設した。そのためアンコールトムには堅牢な城壁・城門など強固な防衛機能が備わっている。

アンコールワットも、ジャヤバルマン七世の時代に大乗仏教の寺院にならなかったのだろうか。また、アンコールトムの南大門の前にズラリと並んだ石像は、向かって右側が阿修羅、左側がヒンズーの神々で、阿修羅と神々が「ナーガ」と呼ばれる大蛇を引いて大洋を攪拌したというヒンズー教の天地創造神話を立体的に表現したものだという。

そうしたことから考えると、ジャヤバルマン七世は大乗仏教を取り入れながらもヒンズーの教えを否定したわけではなく、また、南方上座部仏教よりもヒンズー教のほうが大乗仏教に近いものだとも推察される。ちなみに、かなり近年まで、バイヨンの観音菩薩像はシバ神の像ではないかと言われていたそうだ。専門家でさえ、外観だけではヒンズー教の造営物と大乗仏教の造営物を区別するのが難しいのだろう。

さらに知ったことは、それらの造営物に表現された世界観も、ヒンズー教と大乗仏教では非常に近い物があるということだった。アンコールワットの中央祠堂は、世界の中心に高々とそびえ、そこに神が住むというメール山（梵語では「スメール」といい、その音訳は「須弥山《しゅみせん》」。仏教の宇宙観においても、世界の中心にそびえる高い山のことを「須弥山」としている）を表し、周囲の壁はそれを囲む山々であるヒマラヤを意味しているという。中央祠堂は高さ六五メートルもあり、参拝者は上に上るに従って神々の世界に近づくというわけである。これはバイヨン寺院も同じで、観音菩薩がピラミッド状に並ぶその姿は、世界の中心である須弥山を表し、城壁はヒマラヤを、周囲の濠は大洋を表すという。

そこで思い出されるのがバリ島のことだった。アンコール朝の王たちは、ヒマラヤのことを世界の頂点を囲む峰々であると考えたわけだが、実際にもヒマラヤは世界の屋根だ。一方、バリヒンズーの人々は、島の最高峰アグン山を世界の中心と考え、そこに聖地ブサキ寺院を設けている。つまり、海の向こうから渡ってきたヒンズーの教えを取り入れながらも、世界の中心は島の最高峰のアグン山であると、島内で完結する世界観をつくり上げてしまった。やはり、バリ島は大いなる島国で、島の内側の自分たちの世界だけを見つめていれば生きていけるという確信のようなものがあったのではないだろうか。

アンコール文明の衰退

アンコールワット、アンコールトムをはじめ、六〇〇もの王都・寺院を築いたアンコール朝は、一四三一年、アユタヤにより攻め滅ぼされた。偉大な建造物を築いたがゆえに、その負担が国力を低下させたともいわれている。

以後、王族は各地に落ち延びて細々と王朝を営むが、いずれもタイやベトナムなど隣国の激しい攻撃に遭い、やがてカンボジアはフランスの保護下に入る。フランス植民地時代にプノンペンは都市計画が施され、「東洋のパリ」と呼ばれる美しい街になった。初めてプノンペンを訪れたとき、荒れ果てながらも整然とした広い街路やグリーンベルトに驚いたが、それらもフランス統治時代の遺物なのだ。

アンコールワットは、一九世紀末、フランス人アンリ・ムオーが訪れ、旅行記にそれを発表したことから「世紀の大発見」と大騒ぎされたそうだが、「新大陸発見」と同様、地元の人々にとっては発見でも何でもなく、一三世紀後半に南方上座部仏教が伝来して以来、その聖地として信仰の対象であり続けたという。ただ、それ以外のアンコール王朝の遺跡はほとんどが見捨てられ、密林の中に埋もれ去っていたのだそうだ。

未開のようなジャングルの中に、忽然と偉大な文明の痕跡が現れるのがアジアの奥深さだと常々思うし、アンコール遺跡はその典型であろう。だが、その文明の系譜は今のカンボジアに受け継がれて

アンリ・ムオー（Henri Mouhot, 1826-1861）

フランスの博物学者。1860年に昆虫採集のためにカンボジアのジャングルを訪れた際、地元の人から「森の奥に、何百年もの間、死神の呪いがかかった巨大な石の都が眠っている」という話を聞き、昆虫採集よりもそちらに心を奪われる。森の中を探し回った末にその石の都を発見し、「ギリシャやローマが残したいかなる遺産よりも偉大であり、世界でもっとも美しい建築だ」と驚嘆したという。それがアンコールワットだった。

いるのだろうか。

たとえば、今のシェムリアップの水辺の民に再びアンコールワットを築くことは可能だろうか。もちろん、日本人に平安京を造れといっても、イタリア人に古代ローマを再現せよといっても、一人ひとりにその能力がないのは分かっている。だが、建築に関する教育やトレーニングを受けた一部の人間は、それに代わる建築物を造ることは可能なはずだ。真正面から過去の文明は超えられないにしても、教育と分業で文明は維持発展されていくものかもしれない。だとしたら、いかに昔の文明を誇ろうとも、政府がきちんとしていなければ過去の叡知や栄光は忘れ去られていくのみだろう。だが、一方ではシアヌークビルのホテルのオーナーのように、政府の力などあてにせず、厳しい中でも自力で明日を切り開こうとする人々がいる。一か八かの借金で造ったというそのホテルには、クメール文化の伝統を表す凝った装飾が輝いていた。

ただ、アンコールワットやアンコールトムを築き上げたアンコール王朝時代の文明は驚嘆に値するものかもしれないが、同じシェムリアップのトンレサップ湖の周辺で目にした水辺の民たちの暮らしを、貧しいだとか、昔よりも劣っているなどという言葉で、簡単にくくってしまっていいものだとも思えない。年齢の違う子どもたちが一緒になって遊ぶ姿や、それを暖かく見守る大人たちのまなざし。私の少年時代の日本の都会の片隅にも、確かそういうものが存在していたように思う。そしてそれは、日本人が経済の発展と引き換えに忘れ去ってしまった大いなる豊かさの一つではないだろうか。また、素朴に見える暮らしの中にも、昔から受け継いできたモラルや生活の知恵が潜んでいるに違いない。

しかし、そこにグローバリゼーションの大波が押し寄せ、現代風の物質文明が流れ込んだらどうなるのだろう。村人たちの表情があんなに穏やかだったのは、その背後にトンレサップの水系という豊かな大自然があるからだろうが、いかに自然の幸が豊富であっても、その余剰だけで、たとえば、日々大量生産され、モデルチェンジされる車やエレクトロニクス製品を購うことは可能だろうか。先にも書いたように、すでにシェムリアップの空港では国際線の離発着がはじまっている。観光開発を端緒として、遅かれ早かれこの村にもグローバリゼーションの波がやって来ることは確かなようだ。

第4章

微笑みの国の舞台裏
——タ　イ——

発熱アジアが迎えた試練

カンボジアから帰って間もなく、上り調子で発展を続けたアジア経済に異変が起きた。タイバーツの暴落を機に、いわゆる「アジア通貨危機」が勃発し、あれよあれよという間にほぼアジア全域に波及したのだ。我々が番組取材で訪れた韓国とインドネシアは、とくにその影響が大きかった。

韓国経済を支えてきた財閥の多くが倒産の危機に瀕し、韓国では下落するウォン相場を支えるため、タンスの隅に眠っている一ドルでもいいからそれを集めて差し出そうという国民挙げての運動が巻き起こった。インドネシアでは、ルピアの対アメリカドル相場が五分の一以下にまで急落するという尋常でない通貨下落に襲われたため、生活物資や工業原料の輸入が事実上ストップし、激しい物価高や品不足、また深刻な失業問題に直面した。そして、一部の地域では、現状に苛立ち生活苦にあえぐ群衆が商店を焼き討ちするといった暴動も起こった。ジョグジャカルタのようにあれほど熱気があった街も、本当に一瞬にして萎えてしまったのだろうか。あるいは、いつ暴動が起こるか分からない一触即発の状況にあるのだろうか。お調子者に見えたわりには仕事ができ、ヘアヌードの週刊誌が欲しいと無邪気に何度も言っていたジャワのジャジャーさんはいったいどうしているのだろうか。

一方で私は、自分の役割が単なる荷物持ちになってしまった番組取材の仕事を降り、アジアに関しては情報誌に専念することになったが、一九九八年の春ごろ、インドネシア行きの話がもち上がった。そろそろ「アジア通貨危機その後」というテーマもいいだろうということで、インドネシアの取材が企画されたのだ。ただし、インドネシアに関してはまだ政情不安という問題が残っていたので、ジャワ島に工場をもつ会社から現地の話を聞くことになった。

その会社は、アジアでは本業とはまったく別の展開をしていて、主に安い人件費を利用した欄間の彫刻を行っている。当初は台湾に進出していたが、国の発展とともに人件費が高騰してきたことから、ある程度木工の伝統があり、関税や物流の面でもメリットの得やすい場所を商社を通して探したという。その結果、ジャワ島の中西部に昔から家具づくりが盛んだった町が見つかり、そこに工場を移転したのだった。

話をしてくれたのは社長の息子で、現地の工場を任されている人物だったが、日本で話が聞けたのは、通貨危機以来、現地はローカルスタッフに任せて日本人社員とともにずっと帰国しているからだった。まだ若干治安の心配は残っているが、そろそろ戻ってもいいだろうというのが本人の判断だった。

じゃあ、もう取材も大丈夫だろうかと聞くと、まだやめたほうがいいと言う。というのも、インドネシアで起こった暴動とは主に華僑・華人に対するもので、見かけがさほど違わない日本人は理由がなくても間違って標的にされる危険が大きいのだそうだ。焼き討ちにされた商店にしても、そのほとんどが華僑・華人が経営する商店であり、インドネシアでは、人口のわずか六パーセントにすぎない華僑・華人が経済の八割を握っているという常日ごろからの市民の不満が暴動の背景にあるのだという。

たとえば、車に乗っているときでも取り囲まれる可能性がある。そこでいくら自分は日本からの旅行者だと説明したところで、いったんエキサイトした人間が果たして聞く耳をもつかということだ。しかも、状況が状況だけに、カメラをぶら下げて物珍しげにウロウロしていると、何人であれ反感を買う可能性はきわめて高い。とはいえ、誰が行っても大丈夫という状態になってから取材に行っても情報としての価値は乏しい。とりあえず発行人に報告すると、うちはジャーナリズムを追求するような媒体ではないし、危険を冒してまで取材する必要はないということで、インドネシア取材は持ち越しとなった。

私も、内心ほっとした。また、話を聞いて合点がいくことがあった。ボロブドゥールに行く途中、贅を尽くした中国人の墓をジャジャーさんはせせら笑うように紹介したが、それは、その背後に華僑・華人に対する独特の感情があったからだろう。

魔都バンコクのイメージ

結局、発行人の指示により、インドネシアの代わりとしてバンコクとその周辺を取材することになった。タイはアジア通貨危機の激震地ではあったが暴動などは起こっておらず、バンコクの街の様子を取材したり、ビジネスマンからタイ経済の現況について話を聞くほか、タイ仏教の寺院群や近隣の古都アユタヤを回ればバラエティに富んだネタが収集できるというのがその理由だった。

私としても、この話はたいへん嬉しいものだった。番組取材に首を突っ込んだ結果、東南アジアの歴史に関する興味がふつふつとわき上がっていたが、情報誌に専念するようになってからはしばしその関係からは遠ざかっていた。今回、アユタヤにも足を延ばすとなると、久々に東南アジアの歴史・文化に触れることができるはずだった。しかし、その一方で、メインの取材地であるバンコクの街がどうしても好きになれないというのがあった。私には最初にバンコクを訪れたときの印象が強烈で、それ以来バンコクという街が「魔都」と言ってもいいような得体の知れない大都会のように思えてならないからだった。

それは、私がサラリーマンをしていた一九九〇年のことで、ある電子メーカーがバンコク近郊の工業団地に建てた工場の紹介パンフレットとビデオを制作するため、その撮影にやって来たのだった。「業務」で入国するとなると、いろいろややこしい決まりがあって、カメラマン以外は現地のスタッフを雇わねばならなかったし、ビデオカメラや照明機材も日本から持ち込んではならず、こちらでレンタルしなければならなかった。とても自分たちの手に負えるものではなく、ロケのコーディネートを専門にする会社に依頼したが、その会社の日本人社員は、「タイはまだ途上国なので、外国人が仕事する場合はできるだけこちらの雇用や売り上げに貢献しなくてはならないから、こんな決まりがあるのだ」と説明していた。

私が最初に目にした庶民の暮らしも、現実にかなり貧しそうだった。我々は、渋滞に巻き込まれないようにと朝五時半ごろにバンコク市内のホテルを出て工場に向かったが、市街地を抜け出たあたりで薄明かりの中に見えてきたのは、水の澱んだどぶ川であり、そのどぶ川をはさんで密集するバラックのような民家だった。路上にはポツポツ朝食の屋台が出ていたが、不潔そうで、とても食べてみよという気にはならなかった。

撮影を手伝ってくれた現地スタッフたちは、私にとって初めて普通に接するタイ人だった。最初は少々構えつつも、「元気ですか」「ありがと」などと、知っている日本語で話しかけてくる。基本的に我々に何か話しかけたくて仕方がない様子だった。少し日に焼けた感じがするだけで、顔は日本人とさほど変わらない。ふと、彼らがどんな家に住んでいるのか気になった。彼らもバラックのような家に住んでいるのだろうか。決めつけるわけではないが、このときタイが初めてという私としては、朝早く目にしたどぶ川横のバラック以外に「タイ人の住まい」というのがどのようなものかまったく見当がつかなかったのだ。撮影の合間に一緒に食べる昼食で、不思議に思ったのはみんな平気で食べ物を残すことだった。親が戦争経験者で、一粒のご飯でも粗末にしてはならないということを鉄則のように叩き込まれた世代の私にとっては、見ていて非常に抵抗のある場面だった。しかもタイという国は、私の幼いころの日本がそうだったように、まだ途上国のはずではないのだろうか。

「いいですか、タイはほっておいても地面から食べ物が生えてくるような豊かな土地なんですよ。それに比べたら、日本はどれだけ貧しい国か。『天保の飢饉』に『天明の飢饉』、日本の歴史なんて飢饉の歴史のようなものじゃないですか。彼らにないのはこれだけですよ」

コーディネート会社の日本人社員はそう言って、親指と人差し指で丸をつくった。金という意味だ。ある意味で目から鱗が落ちるような話ではあったが、たくさんあるから粗末にするというのにもやはり抵抗があった。

夜は「お疲れさん」ということで、撮影先の会社の人がご馳走してくれた。毎晩、とんでもなく高そうなレストランに連れていかれ、その後は高級ホテルのバーに行く。移動はすべて運転手付きの社用車だ。我々が食べたり遊んだりしている間、運転手はずっと待たされている。

「早く帰さなくていいんですか」と尋ねると、「残業が付くんで喜んでますよ。なるべく遅くまで使ってやったほうがいいんです」とさらりと答えられた。そこにあるのは、上役と従業員というより、主人と使用人のような関係に思えた。私が生きてきた中で、初めて目の前で「貧富の差」という言葉を意識させられた場面だった。

ホテルのバーは激しいロックが流れ、白人や日本人などスーツを着た男の客ばかりで、必ず一人ひとりに女性がつく。女性は誰もがキンキラのミニスカートで、東洋人か西洋人か区別できないような化粧をしている。彼女らの仕事は客になるべく酒を飲ませることで、詳しいことは忘れたが、客の酒代の何割かと、自分が客におごらせた分の酒代が自分の収入になるという。その代わり給料はない。そして、客と話がまとまればホテルに行く。客はその際、女性への支払いとは別に店に連れ出し料を払い、さらにホテルに入ると各階にそれをチェックする従業員がいて、その従業員に連れ込み料を払うのだという。

会社の人はそう説明しながら女性のほうに目をやって、「彼女らは、イサーンと呼ばれる東北地方など、貧しい田舎の出が多いんですよ。でも、女の子ってすごいですね。みるみる垢抜けていきますから」と付け足した。

バーを出ると、暗がりの中に裸電球を灯した露店で偽物のロレックスが売られていた。粗末にされる食べ物に貧富の差、システマチックな夜の商売、頭の中でそれらがグルグル絡み合った。偽ロレックスが並ぶ向こうの闇の中に、何かとんでもない魔物が潜んでいるように思えた。

情報誌の取材でその後何度か訪れたが、なかなかこのイメージは拭えなかった。「微笑みの国」というこの国のキャッチフレーズは、何度聞いても頭を素通りしていった。一番のビジネス街シーロム通りに林立するビルを見上げたり、大繁華街であるサイアムスクエアで雑踏の中に身を置いたり、あるいは空港からのタクシーが渋滞の中で立ち往生するとき、ここは東京よりも凄まじい都会ではないかと思った。

実際に、バンコクは日本の東京よりも、韓国のソウルよりも、一極集中の進んだ首都でもあった。タイの全人口が六〇〇〇万人弱で、そのうち六〇〇万人がバンコクに集まっている。タイでバンコク以外の都市といえば、人口二〇万人のナコンラチャシーマ、人口一六万人のチェンマイと数えるほどしかない。集中の度合いならソウルが上だが、そのほかの都市との格差を考えると、バンコクは突出した大都会だった。そのバンコクで、現金収入を得るために地方からひっきりなしに出稼ぎに来る。

「仮に、もし私が地方から出稼ぎに来た人間だったら」

人があふれる街角で無機的な高層ビルの群れを見上げ、そんなことをふと思うと、何者かに押しつぶされそうな戦慄が走った。

アジア経済が活況を呈する中で、バンコクの街はますます外国からの投資を集め、新しいビジネスビルやホテルが立ち並んだ。激辛のタイ料理がブームとなり、旅行者の間でもバンコクは大人気の街となった。安いゲストハウスの並ぶカオサン通りは、バックパッカーのメッカとして注目を集め、長期旅行をする若者たちをのみ込んでいった。バンコクは、タイ国内といわず東南アジアの中でも突出した大都会だった。

そのバンコクが、アジア通貨危機、すなわち「バーツショック」で一気に意気消沈してしまったという。そして、その様子をレポートしようというのが今回の旅の一つの目的だった。「魔都バンコク」も少しは毒気を抜かれているのではないかという意地の悪い期待がないでもなかったが、やはりバンコクに行くこと自体は乗り気ではなく、私にとって今回の旅の楽しみはバンコクの後のアユタヤ行きだった。私としては珍しく、アユタヤを中心にタイの歴史について若干の予習をしたのだが、アユタヤは「アユタヤと周辺の歴史地区」という名称でユネスコの世界文化遺産リストにも登録されているということを知った。先に書いたように、これまでも無意識のままに世界遺産を訪ねていたが、世界遺産を世界遺産と知って訪ねるのは初めてのこととなる。だが、そんなこと以上に、タイ史の予習をする中で、私としてはそれまで及び知らなかった事実を知って驚いてしまった。

バブル崩壊で落ち込んだとはいえ、いまや東南アジアきっての経済大国であるタイ。また、アユタヤ朝時代のタイは、偉大なアンコール王朝を滅亡に陥れた国でもあった。そして、その現在の首都バンコクは押しも押されもせぬ大都会であり、タイの中ではバンコク以外に大都市は存在しない。だが、意外なことに、タイという国は東南アジアの中では後発国であり、かつバンコクは中小都市を含めたタイの町の中でもかなり後発の町だというのだ。

遅れてきた大国

世界四大文明の中にも数えられるように、アジアでもっとも古くから発展し、文明を築き上げたのはインドと中国だった。「インドシナ」という言葉もあるが、古来、東南アジアはこの二つの大国から大きな影響を受けてきた。たとえば、中国に隣接するベトナムもその最たる国の一つであり、「中国故に滅び、中国故に栄える」という言い伝えもあるそうだ。すでに秦（BC二二一～BC二〇二）や漢（BC二〇二～AD二二〇）の時代から中国がこの地を支配しており、早くから漢字が使用されてきた。そのベトナムに最初に興った独立国が、アンコールの王都にもたびたび攻撃を仕掛けてきた「チャンパ」だった。チャンパは、一世紀末ごろに南北に細長い国土の中ほどにあるフエ地方に発祥し、当初はやはり中国色が強かったらしい。だが、ほどなくもう一つの大国であるインドの影響を受けてシバ信仰を取り入れていった。

ベトナムと並んで国家の成立が早かったのがカンボジアだった。前章にも記したように、一世紀末ごろにはインドの影響を色濃く受けた扶南王朝が誕生し、カンボジア南部やベトナム南部のメコンデルタを中心に大いに繁栄を謳歌する。七世紀半ばにはカンブジャ王国がそれに取って代わり、九世紀に初頭にアンコール王朝が誕生する。

中国やインドの影響を引きずっているとはいえ、東南アジア内陸部の東側には、現在のベトナム、カンボジアにあたる二つの大国が台頭してきた。片やその西側には、少々時代は下るものの九世紀中

パガン王国

ミャンマー（ビルマ）最初の統一王国。1044年にアノーラータ王が、ミャンマー中部の肥沃な盆地であるパガンを都に建国した。イラワジ川流域を中心に領土を拡大し、現在のミャンマーの国土とほぼ一致する領域に支配を広げた。モン族との交流により文字や南方上座部仏教を学び、アノーラータ王の息子であるチャンジッタ王の時代に寺院が盛んに建設される。この時期のパガンの寺院は、アンコール遺跡に匹敵するほどの完成度を示したといわれ、現在もその多くが廃墟となって残存している。

相次ぐ寺院造営により財政が疲弊するとともに、1286年から1287年にかけて、元（モンゴル）から度重なる侵攻を受けて滅亡する。その後、ミャンマーの実権はシャン族の手に渡るが、再び勢力を盛り返したビルマ族は、1551年にタウングー王朝を打ち立てる。

ごろあたりからビルマ族が力を蓄え、一〇四四年、ビルマ最初の国家であるパガン王国を打ち立てる。しかし、その両者にはさまれたタイ国土にあたる土地に国家が誕生するまでには、もう数世紀を待たねばならない。

そもそもタイの国民の大多数を占めるタイ族は、もとは中国・雲南地域に暮らしていた民族だという。中国でも雲南とは、タイから見るとラオスをはさんで北側にあたる地域である。また古来、ラオスやタイに勢力を及ぼしていたのは、扶南、カンブジャ、そしてアンコールの各王朝を打ち立てたクメール人だった。ビルマ族が力をつけるに従ってクメール人の支配力を脅かすようになるが、雲南にいたタイ族がまず最初に山岳地帯を越え、ラオスからタイにかけて広がる平野部に進出の足がかりを築くのは、ちょうどパガン朝を打ち立てたビルマ族がアンコール朝に攻撃を仕掛けていた時代である。つまり、タイ族は東西の両大国の隙をうかがうような形で南下を開始したのであった。

タイ族の南下は勢いづくかに見られたが、一二世紀から一三世紀にかけていったん足止めを食らう。それはこの時期、アンコール朝はアンコールワット、アンコールトムの二大王都を建設するという黄金期で、再び広域にわたる強固な統治体制を取り戻したからだった。

だが、アンコールトムを築いたジャヤバルマン七世が亡くなって以降、この無敵の皇帝を失ったことに加え、アンコールトム造営の負担によりアンコール朝の国力は下降線をたどる。また、ビルマ族のパガン朝も、相次ぐ仏教寺院の建立で財政が逼迫して崩壊寸前となっていた。この両大国の弱体化に乗じるかのように、タイ族は一二三八年、タイにおける初めてのタイ族国家「スコータイ王朝」を打ち立て、引き続き一二九〇年にはもう一つのタイ族国家「ラーンナータイ王国」がチェンマイに成立した。

初のタイ族国家となったスコータイだが、わずか一〇〇年余りで国力が傾く。というのも、スコータイの領土となった現在のタイにあたる地域は、もともとアンコール王朝がヒンズー教と大乗仏教を軸に強力な支配体制を築いた土地であったため、スコータイはアンコール色を払拭するべくスリランカから南方上座部仏教を導入し、仏教寺院の建設に力を注いだ。だが、それが財政的に大きな負担となり、逆に命取りになってしまったのだ。スコータイの政治力が低下する中、その配下の一候国がのし上がって逆にスコータイを吸収する。そして、一三五〇年、スコータイよりもさらに南の土地に新たな王朝を打ち立てる。それが、今回の旅で私が訪れようとしている「アユタヤ」だった。

アユタヤ王朝は四〇〇年余り続き、その間ついに、かつてタイ一帯の支配者だったアンコール王朝の息の根を止める。だが一方で、パガン王朝崩壊後、再び勢力を盛り返したビルマ族から度重なる攻撃を受けて一七六七年に滅ぼされた。その後、アユタヤ王朝の役人だったというタークシンという人物が南に逃れ、すぐさまトンブリー朝を打ち立てるが、王となったタークシンが精神障害をきたしたため一代一五年で滅び、トンブリー朝のチャクリー将軍が一七八二年に、トンブリーとはチャオプラヤ川をはさんだすぐ向かいに新たな王朝を建設する。それが、現在まで続いているバンコク王朝である。チャクリーは自らをラマ一世と称し、歴代の王もラマ姓を名乗った。現プミポン国王は、ラマ九世に数えられる。

つまり、現在、東南アジア一の大国タイは、北にいたタイ族がビルマとカンボジアという東西の両大国の隙をうかがいながら南下して築いた国であり、そのタイ族が最後にたどり着いたのが、現在、東南アジア一の大都市となったバンコクなのだ。

また、この新興勢力であるバンコク王朝はしたたかな王朝でもある。近代以降アジアを襲った帝国主義の時代に、西の雄だったビルマがイギリスの支配に屈し、東の雄だったカンボジアやベトナムがフランスの支配に屈するが、バンコク王朝だけはその帝国主義の時代も生き延びる。タイは日本ともに、欧米の植民地支配を受けなかったというアジアでは稀な存在なのだ。しかも、日本が攻撃は最大の防御とばかりに欧米列強に力で応戦して最後は敗戦の憂き目に遭うが、タイは巧みな外交戦術で欧米の矛先を払いのける。とくに第二次世界大戦では、日本と軍事同盟を結んでアメリカ、イギリスに宣戦布告する一方で抗日ゲリラを支援し、日本の敗戦で戦争が終わるや否や、そのことを盾に米英への宣戦布告は無効であると宣言し、敗戦国の仲間入りを免れるのだ。

バーツショック後のバンコクにて

ボロブドゥールやプランバナンを生んだジャワ島がアンコール遺跡を生んだカンボジアと関係があることはすでに「学習済み」だったが、今回、タイ史の「予習」をしたおかげで、さらにカンボジアはタイという国家の成立に密接なかかわりをもっているということが分かってきた。また、タイとカンボジアおよびビルマの関係ように、現在の国際社会の力学からは想像できない勢力地図が浮かんできた。こんなことくらい、歴史に興味がある人なら当然知っていることかもしれないし、中学や高校の社会科の時間に習っているのかもしれないが、私にとってはこのような知識を仕入れることは新鮮な喜びであったし、これまで訪ね歩いた土地やこれから訪ねようとしている土地が横のつながりをもつことが分かってくると、以前はまったく興味がわかなかった「歴史」というものが身近なものに感じられた。

「世界遺産アユタヤ」行きのモチベーションも高まる一方だったが、その分余計にバンコクの取材が煩わしいものに思えてきた。それに、「バーツショックでバンコクはどう変わったか」などということは、そもそも定点観測していなければ分かるわけもなく、私には到底手に負えないようなテーマでもあった。そんなことは編集部一同も承知の上だったが、とりあえず、現地の日本語ガイドから一市民としての立場でバンコクがどう変わったかという話を聞いたり、タイの経済人らを取材して情報を集めるという段取りが組まれた。

アジア通貨危機が勃発してからほぼ一年がすぎた一九九八年七月二二日、私はマニラ経由のタイ国際航空機でバンコク・ドムアン空港に到着した。やはり長引く不況のせいなのか、心なしか入国審査のカウンターも以前ほどの混雑は感じられなかったが、係官はのらりくらりと審査業務を行っていた。思えば、この入国審査もバンコクが好きになれない理由の一つだった。審査待ちの人間がいくら長蛇の列をつくっていようと動作は緩慢で、平気で席を外したりもする。女性の係官はまだしも勤勉そうなのだが、男性の係官の場合、若い女性の番になると急に表情が緩み、ニヤニヤと長話を始めるというのもしょっちゅうだった。「ああ、またバンコクか」、遅々として進まない入国審査の列に加わりながら、うんざりとした気分になった。

私が入国審査を終えたのは、列に並びはじめてから約一時間後のことだった。良藤さんという旅行会社の若い係員の出迎えを受け、ホテルに向かった。車中で今回の取材の主旨を説明すると、「こちらにいる駐在員仲間を集めて一席設けるので、それぞれに現在のバンコクの状況を語ってもらえばどうか」と言ってくれた。とにかく、片っ端から使えそうな情報を集めて心おきなくアユタヤに向かいたいと考えていた私にとっては、実にありがたく、また心強い提案だった。

翌日からのバンコク取材で私に同行してくれたガイドは、チャイさんという中国・潮州系のタイ人だった。潮州とは広東省東部沿岸の地名で、現在でこそ広東省の一部になっているが、人々は独立した文化や伝統をもつとともに商才にもたけ、潮州出身の華僑は、華僑の五大勢力の一つに数えられている。タイは雲南から南下してきたタイ族の国であるが、それ以降も近現代に至るまで中国から渡ってくる人々はたくさんいて、それらタイに渡ってきた中国人は、自分たちだけで固まらず現地の人々と婚姻関係を結ぶことも珍しくなかったため混血もかなり行われている。バンコクの経済や商業も、ほかのアジアの大都市と同じく中国系が力をもっているようで、街には漢字の看板が目につくし、トップバンクである「バンコク銀行」ですら「盤谷銀行」と漢字が併記されている。そんなバンコクで活躍する中国人の中でも、とくに多いのが潮州系の人々なのだ。

そういう意味で潮州系のチャイさんは、バンコク経済の現状を尋ねるには適役かもしれないと思った。チャイさんは、ビジネス街の昼御飯をまかなう屋台センターに私を連れていき、値段表示の書き換えられた跡を指さしながら食事代が二、三割上昇したことを説明したり、閑古鳥の鳴くいかがわしそうな露店街に連れていき、バブル時代にバンコクでも大人気を博したカシオの「Gショック」や「ナイキ」のシューズのコピー商品がすっかり売れなくなってしまった様子を示してくれた。また、「絶不調の極み」という夜の歓楽街パッポン通りや日本人相手のクラブが軒を連ねるタニヤ通りを案内しながら、その絶不調の理由を解説してくれた。

チャイさんによると、バンコクに夜の街が発達したのはベトナム戦争によるもので、当時、一時の享楽を求めるアメリカ兵たちが休暇日になるとは海を越えてバンコクに押し寄せたという。戦争が終わるとともにアメリカ兵は去ったが、その穴埋めをしたのがタイに進出しはじめた日本企業の駐在員だった。以来、主に日本人がバンコクの夜の街を支えてきたが、タイ経済の低迷もさることながら、日本経済の不振が歓楽街の落ち込みの主たる要因となっているらしい。それにしても、この手の産業が出てくるのは、貧富の差によるところが少なくないだろうが、今の世の中にあってそれをもっとも顕著にするのは外国人が堰を切って流れ込むときかもしれない。そういえば、プノンペンも麻薬とピストルに加え、夜の商売でも無法地帯になりつつあるという話を聞いている。

翌日は、「工業連盟エアコン部会長」なる人物を取材することになっており、そこへもチャイさんに同行してもらった。工業連盟の事務所のあるスリキットパークのコンベンションセンターでは、「ファミリーフェスティバル」というイベントが催されていて、「家庭用品を売って景気をよくしようというイベントよ。いわゆるナイジュカクダイね」とチャイさんは言った。

ちょうどオープニングセレモニーが始まるところで、幼稚園児や小学生たちがさまざまな扮装で歓迎の用意をしている。開幕とともに、家族連れや制服を着た遠足風の生徒集団がなだれ込むように入場した。出品は、家電にコンピュータ、食品、玩具や学用品、旅行商品までと幅広い。小さい子どもたちまでが景気回復のために一役買おうという姿を前にして、「不況のおかげでバンコクも少しは毒気が抜かれていれば」などと期待していた自分が後ろめたかった。とはいえ、子どもたちが主役のこの華やかなイベントに出会えたことは情報誌の記事をつくる上でたいへんラッキーなことであり、私はしっかり写真を撮った。この記事とエアコン部会長のインタビュー記事で特集の柱は埋まりそうだったし、初日にチャイさんから聞いた話も十分使えそうだった。旅行会社の良藤さんが駐在員仲間を集めて一席設けようという話も、この日の夜に実現する運びとなっていた。

エアコン部会長の取材も終え、夕方にチャイさんと別れると、私はタクシーで指定されたホテルに向かった。良藤さんが集めてくれたメンバーは三人で、一人はホテル、一人は建物の管理会社、一人はコンテナのリース会社に勤務しており、みんなバンコクにはもう二、三年は暮らしているということだった。

「すみませんね、あまり人数が集まらなくて。我々の仲間も、経費節減でかなり日本に帰っちゃったんですよ」と、良藤さんは申し訳なさそうに私に言った。早速、上階にあるレストランに案内され、彼らへのヒアリングが始まった。まずは予定通りそれぞれの業界の近況を語ってもらったが、一通り話を聞いただけで、かぎられた誌面で紹介するには十分すぎるほどのネタが収集できた。その時点で私の心の中から、「バーツショック後のバンコクについて情報を集めねばならない」という意欲はすっかり消え失せ、以後は私自身の興味本位の質問に切り替えていった。

「ところでみなさん、バンコクに来られて何に一番戸惑いましたか」

すると、即座にこんな答えが返ってきた。

「やはり貧富の差じゃないですかね。金持ちは、日本の半端な金持ちとは比べものにならない。一方で、貧しい人はとことん貧しい。一日働いて三度の食事代くらいしか日当がもらえなかったり」

「タイの貧富の差は絶対に埋まらないと思いますよ。日本だったら努力すれば何とかなるというのがあるけど、タイの場合、スラムで働いている人間は、どれだけ努力しても絶対に上に上がれませんから」

「バンコクに出稼ぎに来る人々にしても、一旗揚げようというんじゃなくて、本当に田舎だと仕事がなくて、お金が稼げないから来るんです。タイには、アメリカンドリームのようなものはまず存在しないと見ていいでしょうね」

「じゃあ誰が金持ちかというと、華僑なんですね。経済の実権を握ってますから」

みんな、結構饒舌だった。タイにおける貧富の差というのはかなり激しいものがあるのだろう。そして、「富」の側にいるのは華僑なのだ。しかし、それならなぜインドネシアのような華僑を狙った暴動がタイでは起こらなかったのだろうか。それに関して尋ねてみると、次のような答えが返ってきた。

「華僑も、タイ社会に非常にうまく溶け込んでいるんですね。たとえば、マレーシアやインドネシアの華僑に、『何人か？』という質問をすれば、『チャイニーズ・マレーシアン』とか『チャイニーズ・インドネシアン』という答えが返ってきますが、タイの華僑は迷わず『タイ人だ』と答えますから」

「貧富の差なんて、みんなそれを子どものときから見ているから、きっと当たり前のことだと思ってますよ。土地が豊かだから食べるものには比較的不自由しないし、困っていたら周りの誰かが助けてくれる。貧しい人も、何とか生活していけますから」

「みんな仏教の生まれ変わりの教えを信じているから、『今はこんな人生だけど、ちゃんとお布施をしていれば、来生は絶対いい人生になる』と考えるんです。だから貧しい人でも、一〇〇〇バーツあれば一〇〇〇バーツ全部お布施にしちゃう。むしろ、貧しい人のほうが律儀にお布施をするんです」

タイが「微笑みの国」であり、それは仏教へのあつい信仰心によるものだという話は、ガイドブックやツアーのパンフレットを開けば嫌というほど出てくる。そして、この「お布施」の話からも、馬鹿正直なくらいに仏教の教えを信じていることがうかがえる。タイの民衆は、貧しくても貧富の差が激しくても、あるいは通貨危機に直面しても、少なくともそうして仏教を信じているかぎりは微笑みを絶やさずに暮らしていけるのかもしれない。だが、私にはこの仏教というものがうさんくさいものに思えてならなかった。民衆を上手に丸め込み、政治家の責任をうやむやにするための装置ではないかとさえ思えるのだった。

そもそも、「貧富の差」というもの自体は別に珍しいものではなく、どこの国にも当たり前のように存在していたに違いない。だが、国の経済を発展させるとともに、貧者と富者の間に中間層を育て、貧者を中間層に吸収することで貧困の解消を図ってきたというのが「近代国家」の姿のはずだ。ところが、タイという国において、ある程度経済が発展したにもかかわらず貧富の差がなかなか解消されないとするならば、それは政治家の怠慢であり、その怠慢が許されているのは、「信仰を積めば来世は救われる」と説く仏教の教えが民衆に浸透しているからではないのだろうか。

先にも述べたように、タイではバンコクへの人口の一極集中が起きている。経済もまたバンコクに集中しているから、田舎で仕事にありつけない人々がバンコクに流れ、ますますバンコクの人口は膨れ上がる。それを、政治の力で少しは何とかできないものだろうか。

出稼ぎにくる人々の中には、夜の商売に身を落とす女性も少なからず含まれている。そして、彼女らがベトナム戦争以来、国の外貨獲得に貢献してきたのも事実だろう。タイではたとえ売春をしていても、本人が熱心に仏教を信仰しているならば、周りの人々はその人格を認めてしまうという話を聞いたことがある。売春の問題というものは、個人にその責任を帰するのではなく、それを生み出す社会構造をなくさなくては解決できないといわれるが、タイでは「信仰心があつい」という名目のもとに売春に携わる個人を許してしまうことで、是正されるべき社会構造が放置されているのかもしれない。その意味でタイの仏教は、政治の不備をカバーする役割を果たしていると言えなくはない。

通貨危機に際して暴動が起きなかったのは、華僑がタイ社会に溶け込んでいるというのがバンコクに暮らす若いビジネスマンたちの分析だったが、もっといえば、華僑が自らタイ人を名乗ることよりも、華僑以外の民衆がその華僑たちをタイ人であると認めることのほうが重要だろう。その意味では、暴動を起こしたインドネシアの民衆の多くはイスラム教徒であり、暴動が起こらなかったタイは仏教徒の国であるということも気にかかった。暴動が発生しなかったことは喜ぶべきことなのだろうが、「来世がよければ……」ということで「貧富の差」という自分たちの身に直接ふりかかる矛盾にも目をつむっていられるタイ仏教徒の寛容さが金持ちの華僑を同胞であると認めさせているとするなら、仏教は本当にタイ人に幸せをもたらす宗教であると言えるのだろうか。

黄金の仏塔を支える者

「バーツショック後のバンコク」のネタ収集も一段落し、アユタヤ出発までの時間を著名な観光スポットの写真撮影に費やした。

王宮とエメラルド寺院が並ぶあたりはいわゆるバンコクの観光銀座で、大型観光バスがひっきりなしに行き来する。エメラルド寺院の正式名称は「ワットプラケオ」といい、王宮の守護寺院にあたる。現王朝の始祖ラマ一世がワットプラケオと隣接して初代の王宮を設けて以来、歴代の王たちは競うようにして自分の住む宮殿を築いたといい、ワットプラケオとは一続きの塀に囲まれた敷地内に燦然と

黄金の仏塔を支える夜叉

それらが建ち並ぶ。なお、現ラマ九世の宮殿はここではなく、直線距離で約四キロ離れた場所にある。

ラマ一世が建てたドゥシット宮殿は純粋なタイ様式で、王朝一〇〇周年を記念してラマ五世が建てたというチャクリ宮殿はタイ様式にヨーロッパ様式を融合させたものというが、私にはどちらもクメール様式との区別がつかなかった。二重三重に重ねた屋根の上に尖塔を配した姿は、プノンペンの王宮や官庁とそっくりに思えたし、シェムリアップやシアヌークビルの高級ホテルとも似通って見えた。タイ様式とクメール様式を見分けるのは、私のような浅はかな知識では無理なのだろうか。

ワットプラケオがエメラルド寺院と呼ばれるのは、本堂にエメラルドの仏像を安置するからだというが、その本堂の前にはヒンズー教でシバ神の乗り物とされるガルーダの像があった。また、ワットプラケオには遠くからでも見える三つの高い塔堂があり、うち一つは、私にも分かるクメール様式の砲弾型の塔堂だった。さらにその近くには、アンコールワットの模型が据えられていた。

境内にはたくさんの像や塔が立ち並び、金箔や宝石が散りばめられてまばゆい光を放っていた。私は写真を撮ろうと、見物人が途切れるタイミングを待って塔の一つに近づいた。その塔は、白い石の台座があって、その上に金ピカの塔がそそり立っているが、その基部を見たとき一瞬背筋が寒くなった。台座の周囲には小さな夜叉のような彫像がグルリと配され、すべて必死の形相でその黄金の塔を支える格好をしている。その姿が私には、たとえ貧しくとも寄進を惜しまないという民衆のイメージとオーバーラップしたのだ。

ワットプラケオを立ち去り、チャオプラヤ川の渡し船に乗った。運賃は片道一バーツで日本円にすると約三・五円。川を越えるともうそこは、短命に終わった先代のトンブリ王朝が置かれ、今もトンブリと呼ばれている地区である。船を降りるとすぐワット・アルンがある。三島由紀夫の小説『暁の寺』の舞台にもなった寺で、トンブリ王朝を築いたタークシン王が王室寺院として建立したものだ。現在、ワットプラケオに安置されているエメラルド仏は、かつてはここに祀られていたという。改修中なのか、足場が組まれた仏塔は石の地肌がむき出しでワットプラケオのような輝きはないが、その台座にも夜叉の彫像がグルリと配され、必死の形相で仏塔を支えていたのだった。

立て続けに目にした仏塔を支える夜叉の彫像。それがあったのは、いずれも王室が直々に建てた寺院である。そこで私が思ったのは、支配者にとって宗教とはいったい何だったのかということだ。クメールの王は、自分たちがヒンズーの神や仏陀と一体であるように装い、民衆を服従させてきたという。アンコールワットやアンコールトムにしても、その神格化された王の権力を誇示する装置でもあった。だが、スコータイの場合は、そういう支配の方法論までも否定し、王は仏教の擁護者のレベルにとどまったという。

一方、その後を受けたアユタヤは、仏教信仰こそスコータイを引き継いだが、民衆を支配する方法は積極的にクメールに学んだといわれる。アユタヤの王たちは、仏教と一体化した王家の権威を見せつけるために寺院を盛んに建立した。自分自身を神聖化したアユタヤ王は、家臣にも直接対面することを許さず、王の顔を見た者はその場で処刑されたともいう。

悲しいかな、穏やかな支配より強権的なほうが王朝は長持ちするのか。スコータイが一〇〇年余りで滅んだのに対し、アユタヤは四〇〇年以上も繁栄を誇った。バンコク王朝もまたしたたかな王朝であり、一七八二年の成立以来、帝国主義の時代もくぐり抜けて今もなお健在だ。バンコク朝を建てたラーマ一世はアユタヤ朝の再興をめざし、王都バンコクはアユタヤをモデルに造営されたという。

王と仏が一体であるなら、現世は貧しくても熱心に祈れば来世は必ず幸せになれると信じる国民ほどありがたいものはないだろう。また、国民にそう信じ込ませることがいわば「王道」になるのだろうし、そのための装置として壮麗な寺院を造営するには、収入があれば自分が食べるより先に仏に寄進しようという国民は願ったりかなったりの存在となる。

ただそのように、仏教で国民をうまく手なずけるというやり方も一概には否定できないものかもしれない。民衆に甘い政治で国そのものが弱体化し、結局、国民が異民族に支配されてしまうことと、程度にもよりけりだが、強権支配でも国力を維持して外敵をかわし、国民も少なくとも心だけは平安に暮らしていけることとではどちらが幸福と言えるのだろうか。

ワット・アルンから渡し船でバンコク側に引き返し、王宮の周囲を散歩した。川と逆側の王宮の向かいには、手前にゆったりとした植え込みのある美しい西洋式の建物があった。それだけならたいへん優美な姿であるが、植え込みの中には何基もの大砲が鎮座していた。それは、国防省の本部だった。

タイの国名は正式には「タイ王国」だが、すでに一九三二年以来、立憲君主制がとられている。当時勃発した世界大恐慌に巻き込まれ、タイも財政危機に陥る。その際に王政に対する批判が高まり、無血クーデターを経て王の権限は縮小されたのだ。ただ、立憲君主制に転じたといっても、以後約六〇年にわたって軍が政治を取り仕切り、本当の意味で民主政権が誕生したのは近年になってからのことだ。王宮の真ん前に国防省がデンと陣取っているというのは、軍が王家に睨みを利かせるためだったのだろうか。

とはいえ、タイ国王に対する国民の尊敬の念は、今も非常にあついものがあるという。歴代国王の名を冠した大通りが市内を貫き、国王たちの銅像も立ち並ぶ。立憲君主制になって以降の一九四六年に即位した現国王の宮殿も、広大な敷地をもつ壮麗な建築だ。タイには、毎日午前八時と午後六時に国歌演奏タイムがある。街に国歌が流れると、国民は国歌が終わるまで直立不動の体勢でいなくてはならないのだそうだ。

国防省のすぐ隣、王宮から見れば斜め向かいに不思議な場所があった。ガイドブックにもその説明はなく、地図にわずかに「市の柱」とその名称が記されていた。門を入るとすぐに小さな舞台があり、舞踊が演じられていた。宗教的な匂いがするが、見物人はほとんどが欧米人旅行者で、賽銭ではなくチップを投げる。さらに進めば、お堂があって市民がお参りをしていた。線香やローソクを捧げているのは日本の寺と変わらないが、油を買い、灯心がユラユラ燃える祭器に注ぐというお参りの方法もあるようだ。金箔を買って仏像に貼り付ける人々もいる。もっともここは寺院ではなくて、その像も仏像でないかもしれないが、その黄金の輝きは庶民の浄財の集積であることには変わりない。

山田長政の通った道

バンコクでの日程を終え、次はいよいよアユタヤだった。バンコクから約八〇キロというアユタヤまでは、鉄道やバスの便もあるが、チャオプラヤ川伝いに船で向かった。チャオプラヤ川というのは、総延長一二〇〇キロ以上に及ぶという大河で、タイ北部のミャンマー国境付近からチェンマイを経て南下する「ピン川」や、ラオス国境付近からスコータイを経て南下する「ヨム川」「ナーン川」のほか幾つもの川が合流して一つの流れとなり、アユタヤ、バンコクを経てタイランド湾に注いでいる。流域には歴代王朝の名が連なり、それだけでタイ史のダイジェストができてしまうほどだ。昔からタイの交通や物流の大動脈だったというが、さぞかし歴史的にも重要な川であったのだろうし、タイ族の南下とも密接なかかわりをもっていたのだろう。

アユタヤ行きの船は、「オリエンタルクイーン二世号」という豪華なクルーズ船だった。一九世紀の中ごろ、バンコクで初めての西洋人向け高級ホテルとして開業して以来の歴史をもつ「オリエンタルホテル」が運航しており、キャビンのサービスもそれなりのものがあるようだったが、私としてはそんなことはどうでもよくて、ずっとデッキに出たまま景色を眺めていたかった。というのも、このチャオプラヤ川は江戸時代の初めごろに山田長政という日本人が往来した川でもあり、沿岸の様子はすっかり変わっているにせよ、四〇〇年近くも前の日本人がいったいどのような所を通っていたのかということを自分の目で確かめてみたかったからだ。

今ではほとんど記憶に残らない中学や高校の歴史の授業の中でも、山田長政と日本人町の話は比較的よく覚えている。飛行機もない時代に、日本人が遠く海外に出掛け自分たちの町をつくったという話に冒険心がくすぐられたし、教科書で東南アジアに点在する日本人町の地図を見ていると、父親が使っていたという戦前の地図帳を思い出した。それは私が小学生のころに何かの拍子に出てきたもので、アジアのページには、日本の領土であることを示す赤色が北は樺太の南半分から南はシンガポールあたりまで広がっていて、なぜか興奮を覚えたのだった。

川から望むバンコク市内には、誇張ではなく寺院が林立していた。高層ビルが立ち並び、海軍の基地やビール工場などもあった。やがて市内をすぎると杭上家屋が多くなり、だんだんと田舎風の景色になってきた。船は幾つもの三角州を越えていく。チャオプラヤ川にはたくさんの支流があるのだから当然三角州も多いのだろうが、支流といっても川幅が太く、どちらが本流なのか見分けがつかない。右へ行くか左へ行くか、山田長政の時代はどうやって航路を見定めたのだろうか。当時は、基地や工場はもちろんのこと、バンコクもまだ開ける以前だったから寺院も存在しなかったはずで、このあたりまで来るだけでも奥地を分け入るという感覚ではなかっただろうか。一つでも航路を誤るといつまでたってもアユタヤには着かない。それだけを考えても気が遠くなる思いだった。

山田長政（?〜一六三〇）は駿河の出身で、一六一一年ごろ、当時の貿易船だった朱印船に乗ってアユタヤへ渡った。教養があり弁舌も立ったという長政は、やがて日本人町の頭領となる。武勇にもすぐれ、日本人傭兵部隊を率いてビルマ軍の侵入を阻止したほか、当時世界を荒し回っていたスペイン艦隊の奇襲にも成功した。

当時の東南アジアに日本人町が誕生したのはまだ江戸幕府が鎖国を行う以前であり、貿易が盛んに行われていたからだが、そのことに加え、豊臣秀吉らが行ったキリシタン弾圧によって多くのキリスト教の信者が海外に逃れたという理由もあったそうだ。アユタヤではキリスト教信仰が認められていたためにその受け皿となったわけだが、この地に逃れた人々も生きていくためには仕事を見つけねばならず、その中にはアユタヤ王朝の傭兵という職に就いた者も少なくなかったのだそうだ。日本人の傭兵は優秀であったのみならず忠誠心も備えていたので、アユタヤの王も戦争のためや反乱を抑えるために好んで雇い入れたという。そのリーダーとなって活躍したのが山田長政であり、数々の武功により当時のアユタヤ王だった第二二代ソンタム王の信任を得た。やがて最高の官位に上り詰め、日本流にいえばその俸禄は約一万石に達したという。ソンタム王が亡くなると王位継承の紛争が起こり、幼王を擁立した山田長政は二万の軍勢を率いて反乱を鎮圧した。しかし、亡き王のいとこにより左遷され、王朝の中枢にいた誰かの手によって毒殺された。享年四〇歳、その優秀さや発言力が逆に命取りになったといわれている。もし、山田長政がいなければ、アユタヤの歴史、ひいてはタイの歴史も微妙に変わっていたかもしれない。

バーンパイン離宮

船は草藪の中の桟橋に着いた。車に乗り換え、ほどなく到着したのは大きな芝生や池のある公園のような場所だった。そこはまだアユタヤではなく、バーンパイン離宮だという。

池の中央にはバンコクやプノンペンの王宮とよく似た造りの屋根をもつ東屋《あずまや》が立ち、向こう岸にはクリーム色の重厚な西洋風の建物があった。バーンパイン離宮とは、アユタヤ朝第二五代プラサート王が一七世紀前半に造営し、後にバンコク朝のラマ四世、五世が手をかけて復興したもので、現在も国王の公式儀式に使用されているという。

池を通りすぎてもさらに敷地が広がっており、もうどう見てもヨーロッパそのものの薄紫色の迎賓館のような建物がある。そして、その片側には、黄色の瓦屋根と赤い柱の典型的な中国建築が立っていて、もう片側にはさらに西洋式の宮殿建築が見えた。

赤い中国建築は交易で富を築いた華僑が国王に寄贈したものだそうだが、西洋式の建物が多いのは、復興を手がけたラマ五世がヨーロッパ文化を熱心に取り入れたからだという。ただ私には、東西の美しい建物だけをつまみ食いしたようなその場所はテーマパークのようにも見えたし、アユタヤ時代の遺構とはいえもはや実質的にはバンコクの王都の一部なのだと思うと、あまり興味がわかなかった。

再び車に乗り込み、次はいよいよアユタヤだった。バンコク方面から行くと、一番手前にあるのが日本人町跡になる。非常に期待が膨らんだが、日本人町跡はきれいに敷石が敷き詰められて公園のようになっており、まだ新しそうな建物が二棟立っている。以前の日本人町跡には「アユタヤ日本人町の跡」の石碑と長政を祭る祠しかなかったそうだが、一九九〇年に「タイ・日本修好百周年記念事業」の一環として一大整備がなされたそうだ。建物のうち一棟はアユタヤ歴史研究センターの別館で、もう一棟の内側には、日本人町の模型と山田長政の像が置かれていた。だが、昔を偲ぶには整備が行き届きすぎだった。

川に面したその向こうには、当時、ポルトガル人町があったという。見たところ木がうっそうと茂るのみだったが、まだしもそのほうがイマジネーションの世界に遊べた。

内陸の島アユタヤ

アユタヤの都が置かれた一帯は、非常に不思議な立地にある。大雑把にいうと横長の長方形をしたその周囲をグルリと取り囲むように川が流れているため、内陸部にありながら島のような格好なのだ。「島」の北側を東西に流れているのがロッブリー川で東側を南北に流れているのがパサック川、そして西側と南側をチャオプラヤ川がL字型に流れ、それらが互いに合流している。

「島」の東には、タイ国鉄のアユタヤ駅がある。線路は「島」の外側をパサック川とほぼ平行に走っていて、私のホテルは、パサック川と線路にはさまれた、駅から南に歩いて五分くらいの場所だった。ホテルに着いたのは夕方だったから、遺跡めぐりは次の日からということにして軽くアユタヤの散策に出た。

まず、駅前に行ってみた。駅前からパサック川の方へ東西の通りが通じていて、その両側はちょっとした屋台街になっているが、ほんの一、二分も歩けば川に突き当たり、そこで駅前通りはあっけなく終わる。岸辺には桟橋があり、アユタヤの「島」に行

内陸の「島」アユタヤ案内図（日本人町跡）

くには渡し船を使わねばならないようだった。しかし、考えてみればのどかなものだ。駅から町の中心部へ行く通りに橋も渡さず、いまだに渡し船に頼っている。何となく「古都アユタヤ」のイメージにふさわしく思え、これから渡し船で向かうアユタヤの街というものに少々期待が膨らんだ。

料金はすぐ向こう岸まで行く船が一バーツ（約三・五円）、斜めに行って市場前の桟橋に着く船が二バーツで、私は「市場前行き」の船に乗った。所要時間はほんの三分くらいで、船を降りて桟橋の階段を上がると、ダイハツミゼットの群れがいきなり目に飛び込んできた。バリ島のデンパサールで会えると楽しみにしていて会えなかったダイハツミゼットが、路肩に整列しているのだ。その数は一五台は超えるだろう。中にはきれいに塗り直されていたり、カエルの目のようだったヘッドライトが角目に改造されているのもあるが、塗装も剥げ落ちてまったく昔の姿そのままというのもある。何せ、もう三〇年以上前の代物だから、自然に生き残ったというよりは、意識して使い続けたか、どこかから寄せ集めてきたとしか思えない。それらはすべてタイ式の簡易タクシーである「トゥクトゥク」として使われていて、渡し船を降りてきた客を待ちかまえているのだ。

強引に客引きをするドライバーたちをくぐり抜けると大通りがあり、それを越えた一画が市場になっていた。大通りと直角にまた大通りが走り、あたりにはビルが立ち並んでいる。交差点には携帯電話屋のウインドウがあり、その前で二人の僧がタバコを吸いながら立ち話をしている。携帯電話の是非について話しているのか、それが欲しいと言っているのかよく分からないが、その目つきから、きっと後者のような感じがした。

市場の中に入っていくと、野菜や魚を売るオバサンに混じって可憐な感じの若い女性がいた。細身で目がクリッとしていて、なかなかの美形である。鮮やかな緑の葉っぱを広げて売っている商品を見ると、それは一匹一匹腹を裂き臓物を取り除いた食用ガエルだった。売り手と商品のイメージがかけ離れているので驚いたが、タイではカエルも普通の食材なのだろう。市場の奥は細い路地が幾筋も交差し、そこに店がひしめき合う。外から見た感じ以上に市場の規模は大きそうだった。

市場の先にはバスターミナルがあって、学校帰りの生徒たちで混雑していた。そこをウロウロしていると、「ユー・ニード・サムシング」と大きな声で呼び止められた。声の主は道端でジュース売りをしている六〇歳くらいの男性で、お前はタイ語が話せるかと聞いてくる。「ノー」と答えると、男性は「俺は英語が話せるから」とそのまま話を続けてきた。

「どこから来た」

「ジャパン」

「俺は日本人が好きだ、何か飲むか」

すぐに男性の妻と思われる女性がアイスボックスの蓋を開けたので、そこにあったコーラをもらうことにした。

「いくら?」

「八バーツだ、高いか?」

「安い」

そう言って一〇バーツ札を出すと、釣りをくれたが三バーツあった。

「これは何?」

「チップだ。ところで、ホテルはどこだ、いくらで泊まっている」

どうもおかしな具合である。ホテル名はあまり言いたくなかったが、嫌々ながら教えると、女はいらないかと聞いてきた。妻も子もいると逃げ口上を言うが、まったく気にする様子はない。

「お前が望むなら女を見せてやる。好きなのが選べる。学生もいる」

「いくら?」

「一〇〇〇バーツだ。二〇歳の小柄な女で、腕も細い。欲しければ俺の家に電話しろ、ホテルまで届けてやる」

しつこいのだろうかと思ったが、断ると握手を求め、財布から二枚のカードを取り出した。それぞれ日本語と英語で、「このおじさんは有名なアユタヤの魅力をよく知っているすばらしいトゥクトゥクドライバーです」と書いてあった。観光地では、結構この手のカードをよく見せられるが、中には「私はマヌケなドスケベです。どうぞムシしてやってください」と書かれたカードを得意げに見せる人もいる。たぶん、書いてくれと頼まれた日本人旅行者の非情な悪戯だ。

おかしなオジサンだったが、本当に日本人の相手が好きで、女を買えというのは、私をからかっていただけではないかという気がした。それにしても、この界隈には渡し船に乗る前に期待した「古都アユタヤ」の風情はなかった。

アユタヤ王朝前半を飾った遺跡群

ホテルに戻ると、フロント係が「明日はどうする?」と聞いてきた。「市内見物をする」と答えると、「ならトゥクトゥクはどうだ」と言う。一時間一五〇バーツだが、一日チャーターすると五〇〇バーツで、あとは運転手へのチップとして一〇〇バーツほど見ておけば十分だと言う。日本円にして総費用が約二一〇〇円と結構手ごろだ。トゥクトゥクというのは三輪タクシーのことだが、たぶんあのミゼットに乗れるのではないか……そう期待して二つ返事で予約を入れた。

さて、翌朝現れたトゥクトゥクは確かにあのミゼットではあったが、スポイラー一体型のＦＲＰ(繊維強化プラスチック)で甲装され、まるで新車のように輝いていた。内装もピカピカで、タコメーターまで付いている。だが、いざ走りはじめても、スピードメーターもタコメーターもゼロを指したままピクリとも動かなかった。見かけ倒しとはいえここまで改装されていると、「懐かしのミゼットに乗る」というささやかな夢は実現されなかったに等しいが、料金が手ごろで小回りのきくトゥクトゥクはアユタヤめぐりには非常に役に立った。アユタヤは、およそ東西が六キロ、南北が三キロくらいで、そんなに広くはないもののかぎられた時間で歩いて回るのには少々きつい。

まるで陸上の島のようなアユタヤは、それ自体が天然の城塞をなしているが、往時は周囲に城壁や砲塁が築かれて、なおも守りが固められていたという。町には碁盤の目状に道路や運河が通され、王宮以下、商業地域、手工業地域、居住地域などが周到な都市計画によって区分されていたらしい。だが、私が昨夕訪れた市場のある界隈がほとんどダウンタウン風になっていたように、現在はアユタヤ最盛期の面影を見いだすことは難しく、当時の遺構が残るのは主に「島」の北西部だった。もっとも、この北西部だけでもたくさんの遺跡があり、四〇〇年余り続いた王朝の歴史の中で建てられた年代もまちまちなので、心して見ないと何が何だかわけが分からなくなりそうだった。しかも、それらはアユタヤの息の根を止めることとなった一七六七年のビルマ軍の侵攻によってことごとく破壊されているので、気を入れて観察したつもりでも、それぞれの元の姿を推し量ることは難しかった。

このとき、私が訪ねた中でもっとも年代の古いものはマハタート寺院だった。一三七四年に王立寺院として建立され、そこで国家の重要儀式が執り行われるなど、アユタヤ初期にもっとも重要だった寺院だという。だが、この寺院にしてもその荒廃ぶりは凄まじく、寺の中心をなす大仏塔は朽ち果てた基壇を残すのみで上部は丸々消え去っており、その周囲には夥しい数の頭のない仏像が並ぶ。それらはきっちりと等間隔に配列されているので、それがアユタヤ寺院の一つの様式ではないかとも思われたが、伽藍そのものがほとんど原型をとどめていないため、仏像の配列一つをとっても往時のままとは思いがたく、後世の人間が無惨な仏様たちを慈しみ、せめてもの供養にと美しく並べ直したのではないかという憶測も浮かんだ。重要な寺院だったがゆえにここまで打ち壊されたのかもしれないが、境内の片隅で見た光景がとりわけ印象的だった。打ち捨てられた大きな仏像の頭が木の根元に埋まっているのだ。顔の周囲をピッタリ包むように木の根が絡みつき、思わず目を背けたくなるくらいグロテスクだった。ただ、よく見ると仏像の表情自体は悲痛をこらえているようで痛ましい。もちろん、これはビルマの仕業であるのだろうが、ビルマも同じ仏教国だ。敵の仏像は仏像にあらず、というこ

マハタート寺院の無惨な仏像

となのだろうか。

マハタート寺院のすぐ隣には、ワーチャブラナ寺院という寺院があった。そこでも足を踏み入れるや否や目に飛び込んできたのは、見事に屋根の取り払われた建物跡であり、その周囲にある仏像はことごとく頭がもげ、腕がもげ、ものによっては胴体も消え失せ、膝とその上に据えた手のひらだけしか残されていない。アユタヤの魅力は「滅びの美」だといわれるが、こちらもまるで廃墟そのものだった。

ただし、このワーチャブラナ寺院には、「青天井」となった建物の背後に砲弾型の塔堂が立っていて、これだけはまだしも原型をとどめていた。塔堂の中ほどをよく見ると四隅にガルーダの像が彫られていた。砲弾型の塔堂にガルーダとくれば、かなりクメール色が強いといえる。アユタヤはアンコール王朝を手本に支配体制を築いたということだったが、これはそれを物語る証拠かもしれない。ところが、このワーチャブラナ寺院は第八代の王だったボロマラーチャー二世が一五世紀前半に建立したもので、実はこのボロマラーチャー二世こそがアンコール王朝を滅した王だった。後にアユタヤを滅ぼした同じ仏教国のビルマがアユタヤの寺院や仏像を打ち壊したのに対して、アンコール王朝を滅ぼしたアユタヤの王はヒンズー色の強いクメールの造形を自分の建てた仏教寺院に取り入れている。考えてみれば妙な話ではないか。当時の王たちは、宗教を政治の道具として使用する一方で、宗教に対する畏敬の念や「貞操感」などはもち合わせていなかったのかもしれない。

なお、一九五七年にこのワーチャブラナ寺院が修復された際、二つの地下祭室から鮮やかな壁画と多数の財宝が見つかったという。それはアンコール王朝を打ち倒したこととあいまって、この時期の

シーサンペット寺院

アユタヤが徐々に力を蓄えてきたことを物語るあかしといえよう。マハタート寺院が建てられたころのアユタヤは、国家としてまだ発展途上にあり、王宮自体も規模は小さかったというが、この一五世紀前半のボロマラーチャー二世の時代にかなりの強国にのし上がったのだろう。そのアユタヤが、本格的な王都建設に着手するのは一五世紀末のことで、その際、王宮の敷地内に王宮専属寺院として建てられたのが、ワーチャブラナ寺院から約二キロ西にあるシーサンペット寺院だった。アユタヤ朝が設けた最大の寺院であり、このシーサンペット寺院の建立により、仏教と王権の強力な一体化が完成されたという。

ワーチャブラナ寺院を見た後でそのシーサンペット寺院に行ってみたが、三基の仏塔が天高くそびえ、かなりの偉容を呈しているものの、それ以外に目に付くものといえば、屋根も壁もすべて打ち砕かれて基礎部分しか残っていない建物跡と、もぎ取られて地面に転がる仏塔の先端部分くらいなものだった。

廃仏や建物の残骸もほとんど残っておらず、かなり殺風景な印象を受けた。この寺院は、バンコクの王室守護寺院ワットプラケオのモデルとなったともいわれるが、あまりに殺風景すぎて、巨大な三つの仏塔以外にワットプラケオとの共通イメージを求めることは難しかった。

ビルマにアユタヤを滅ぼされたタイ族は反撃に転じ、トンブリ王朝を経てバンコク王朝を打ち立てるが、その際、新都バンコクの建設にはアユタヤの都を形づくっていた部材が運ばれたほか、さらなるビルマの反撃を恐れ、無傷で残った仏像なども新都バンコクに移されたという。シーサンペット寺院が殺風景なのは、ビルマに攻められたからだけでなく、遺物の多くがバンコクに運ばれたからかもしれない。

アユタヤ中期のビルマの侵攻

先にも記したように、アユタヤの遺跡群は「島」の北西部に集中しているが、「島」の外側にも幾つかの遺跡が存在する。私が訪ねることができたのは、チェディプーカオトーンとヤイチャイモンコン寺院、「象追い込みの柵」の三ヵ所だったが、それらは互いに深いつながりがあった。

さて、一五世紀末、シーサンペット寺院の建立とともに強力な王権を確立したアユタヤだが、一六世紀半ばにはビルマから激しい攻撃を受け、一五六四年にいったん都を占領される。その際、ビルマはアユタヤに大寺院を建立したというが、それがチェディプーカオトーンであり、そこにはビルマの

ヤイチャイモンコン寺院

力を誇示するごとく高さ八〇メートルの大仏塔が設けられた。アユタヤの王子だったナレスアンは人質としてビルマに連行されるが、やがて許されて帰国するや否やビルマに反旗をひるがえし、一五九三年までには占領される前のアユタヤの領土をほぼすべて奪還したという。そして、第一九代の王に即位したナレスアンは、チェディプーカオトーンの仏塔より高い仏塔を建立しようと考えるのだが、その場所となったのがヤイチャイモンコン寺院だった。

ヤイチャイモンコン寺院自体の歴史は古く、初代ウートン王がスリランカに留学した僧たちを迎えるため建立したという。アユタヤの「島」から見ると南東にあり、ナレスアン王が建てたというその仏塔は今も天高くそそり立っていた。高さは七二メートルだそうで、チェディプーカオトーンの仏塔にはわずかに及ばなかったようだが、それ単体を見るかぎり大国の片鱗をうかがわせる威風堂々とした大仏塔だった。ただ、私がそれよりもなお目を奪われたのは、その仏塔を囲む膨大な数の仏像だった。仏塔が立つ四角い敷地の四辺すべてに、黄色い布を着せられた仏像が仏塔のほうに顔を向けてズラリと一列に並んでいる。並び方は違うが、アンコールトムの南大門前に並ぶヒンズー神と阿修羅の像を髣髴させるものがあった。あちらは五四体だが、こちらはもっと数が多い。何体あるか数えようとしたが、途中で面倒になってしまった。

南大門前の像は天地創造の神話を表したものだったが、これは何を意味するのだろう。意味が分からず見ているだけでも圧倒されるような迫力がある。また、その裏手には一体の大仏と一〇体ほどの小さな仏像が据えられた一画があり、小さな仏像はいずれも大仏に対してひざまづいて合掌している。釈迦とその弟子たちだろうか。数ではかなわないが、こちらもまた一種異様な雰囲気があり、見ている者を黙り込ませるような迫力があった。詳しい意味は分からないが、いずれも仏教の世界を表現したものであるに違いない。

しばしその不思議な世界に見とれている中で、アユタヤとビルマの戦いは仏教国のプライドをかけての戦いだったのだろうか、とふと思った。いかに立派な仏塔を建設するか、いかにこの世に仏教世界を再現するか、そこに国家としての威信がかかっていたのではなかろうか。

一方、アユタヤを占領下に置いたビルマが建てたチェディプーカオトーンは、アユタヤの「島」の北西約二キロ半の所にある。高さ八〇メートルの仏塔はさぞかしいい展望台になると思ったが、上れるところまで上ってみてもアユタヤの町は遠く霞んで見えるだけだった。アユタヤを手中に収めたのなら、デンと都のど真ん中に据えてもよさそうなものを、どうしてこんな町外れに建てたのだろうか。占領したとはいうものの、必ずしも完全に掌握できていなかったのではないかとも思った。

　この一六世紀半ばのビルマの侵攻は、アユタヤ王が象狩りの際に捕らえた七頭の白い象をめぐって起きたという伝説があって、ビルマの王がうち一頭を譲ってほしいと頼んだが拒絶されたため戦争に発展したという。ヒンズー教の教えでは白い象をもつことは宇宙の支配者になるための第一条件であるのだそうだが、仏教においても仏陀の前世は白い象であると信じられていたため、仏教国の君主がそれを何とか入手したいと思うのは当然のことだったらしい。伝説であるから象の奪い合いについては本当かどうかは分からないが、やはりビルマとアユタヤは仏教国の威信をかけて反目し合ったと考えてよいのかもしれない。

　また、アユタヤ時代に象は聖なるものの象徴であるとともに、輸送手段や戦時の乗り物として使われたという。中でも、とくに重要だったのが戦時の乗り物としてであり、ビルマとの戦いに備えて王たちは象狩りに熱中したという。私が「島」の外で訪れたもう一つの場所である「象追い込みの柵」は、その際に野生の象を追い込み、捕獲するために設けられた柵である。そこには、捕獲した象を飼っておくための正方形の囲いがあり、そこから原っぱに向かって、追い込みに使われたと思われるジグザグの柵が伸びていた。原っぱには、兵士を乗せた象たちの姿がブロンズで再現されていた。

　実際のアユタヤ時代の「象追い込みの柵」はここととは別の場所にあったらしいが、いずれにせよ、ビルマとアユタヤは歴史的な宿敵同士であったようだ。また一方で、一六世紀半ばのビルマの侵攻は、アユタヤにとってカスリ傷程度だったのではないかとも思われた。ヤイチャイモンコン寺院の大仏塔の建設もさることながら、それ以後のアユタヤの躍進ぶりには目を見張るものがあるからだ。

　一七世紀に入るとすぐオランダと国交を開き、国際都市としても発展する。山田長政がやって来たのもこのときだ。チャオプラヤ川を通じて大海とつながり、はるかアラビア、ヨーロッパと盛んに交易が行われた。訪れたヨーロッパ人は、アユタヤをアジアでもっとも繁栄した王国であると信じて疑わず、その運河の走る美しい町並みをベニスにたとえ、都市としての完成度の高さをロンドンにたとえ、賛辞を惜しまなかったという。

しかし、一八世紀以降、アユタヤの国力に陰りが見える。そして、それを宿敵ビルマは見逃さず、一七六七年、とうとうアユタヤを再起不能に陥れた。その際の執拗な攻撃ぶりを示すのが、私が見てきた大寺院の残骸だった。王宮跡にも行くには行ったが、そこは草が生えているだけで何かが築かれていたという跡形すらなかった。それとももう一つ、国際都市として発展した時代の形跡もまったく残っていなかった。

象追い込みの柵

ロッブリーに眠るアユタヤの秘密

私のホテルは、「島」の外側にあるという最大の難点を差し引くと、ベランダからすぐ前に川が見下ろせ、ロケーションとしては悪くなかった。部屋に戻ると、夜一一時までやっている渡し船が見えたし、深夜になっても大きな貨物船が豆電球のような明かりを灯して運航しているのが見えた。昔、山田長政やヨーロッパの商人が行き来した川を、今、通っているのは無骨な貨物船ではあるが、川が今も物流の大動脈であることは変わらないようだ。

渡し船は朝は五時からで、六時ごろに目を覚ますと、僧たちを乗せて「島」の側から駅のある側へ向かっているのが目に入った。バンコクでも托鉢僧を撮りたかったのだが、どこに行けばいいのか分からなくて撮れずじまいだったから、すぐに私はカメラを用意して桟橋に向かった。

バンコクで世話になった良藤さんの話によると、「僧を撮るときは事前に断りを入れ、場合によってはお布施も必要」ということだったが、船上の僧に向かって岸辺から「写真を撮らせてください」と叫ぶわけにもいかないだろう。桟橋に立って黙って望遠レンズを向けると、僧は気配に気づいたようで、一瞬表情がきつくなったように思えた。やはり、この国で僧というものは、やすやすとカメラを向けてはならない存在なのだろうか。一般に南方上座部仏教の国では僧が守るべき戒律は非常に厳しいが、その分僧は一段上の存在であり、民衆が寄進をする場合でも、「寄進させてもらっている」という分をわきまえねばならないという。これも何か引っかかる話だ。「寄進させてもらっている」

と考える民衆の心は謙虚で美しいものかもしれないが、これを裏返せば、寄進を受ける側が「寄進させてやっている」と考えることになりはしまいか。僧たちの修行がいくら尊いものであっても、仏教が民衆を支配するための道具だったとするならば、僧たちは支配者のエージェントにほかならない。

この日は、タイ国鉄を使ってロッブリーに行く予定をしていた。鉄道を使った小旅行がしてみたかっただけで行き先は別にどこでもよかったが、アユタヤから日帰りで行けるちょっとした町はないだろうかと『地球の歩き方』(ダイヤモンド社)をめくると、目に留まったのがロッブリーだった。「太陽王ルイ一四世の大使も訪れた古い町」という見出しがあり、その下の説明文には、アユタヤ時代に第二の都として発展し、当時は国際色豊かだったというようなことが書かれてあった。迷わず、ロッブリーに行くことを決めた。アユタヤ朝の全盛期に、ヨーロッパ人が往来していた名残を発見できるかもしれないとも思った。

朝のアユタヤ駅前はちょっとした華やぎがあった。カラフルなスーツを着たOL風の女性や中学生、高校生たちが行き交う。夕方見たときガラガラだった屋台も、近所の住人や勤め人風の人たち、それに大きなリュックを足元に置いた白人バックパッカーも混じり繁昌していた。

列車を降りた学生たちは、トゥクトゥクや小型トラックの荷台を客席にしたバスに乗り換えて学校に向かう。ただし、すぐには乗り込まず、仲間同士で何やら指さして大笑いしたり、男子学生のグループと女子学生のグループが冷やかし合ったり、何があるわけではないが毎日が楽しくて仕方がないといった様子は少し前までの日本の中高生たちを思い出させた。

トゥクトゥクに乗らない学生や勤め人は、みんな渡し船のほうに歩いていく。船は小さく、ギュウギュウに詰めても一五人くらいしか乗れないだろう。これから、しばし船頭は大忙しだ。川を越えた先にある町の中心部に特別の風情がないことはすでに知ってはいたが、こうしてまだ渡し船が活躍しているところが旅行者の目には嬉しかった。

一方、列車が去った後の駅のホームは閑散としていた。遺跡の町アユタヤもこのあたりでは都会だから、朝の流れもアユタヤへの一方通行となるのだろうか。列車を待つ人の約半数は外国人旅行者だった。日本の地方駅ではまずお目にかかれない風景であり、アユタヤはかなりの国際観光都市なのだろう。ホームにはトゥクトゥクの料金を表示したボードがあって、主要な寺院や観光地、ホテルやゲストハウスまでの運賃が表示してあった。あのダイハツミゼットは、この町では今もメジャーな存在かもしれない。

ロッブリーへ向かう列車は八時一〇分発の予定だったが、約一五分遅れて到着した。たくさんの人が吐き出されてくるが、遅れを取り戻そうと急ぎ足になる様子はどこにもなかった。

朝の時間は通勤・通学列車を兼ねるが、最終的には約七〇〇キロ先のチェンマイまで行く長距離列車となっており、車両は昔の日本の急行列車とよく似ていた。車内販売もあり、弁当、ジュース、菓子類などが売られている。四人掛けの対面シートには長い旅路に備えてゴロンと横になる人も多く、席を確保するのに結構手間取った。迷惑といえば迷惑だが、懐かしい汽車の旅の風情が思い出された。

九時三五分にロッブリー着。アユタヤからの所要時間は七〇分だった。ホームに降りると、もうそこから大きな遺跡が眺められた。駅で改札を行わないので、ホームへは自由に出入りできる。そんなホームの片隅に、幼い子を三人連れた夫婦がむしろを引いて座り込んでいた。衣類は垢で汚れている。父親までが朝からこうして何もせずに座っているというのは、いったいどういう一家だろうか。子どもがホームの売店の菓子をつかんで母親にねだった。根負けした母親は、むき出しの分厚い札束から一枚を抜き取ってその菓子を買った。買った菓子に三人の子どもが群がった。

駅前へと出ると、「サムロ」と呼ばれる三輪の自転車タクシーやバイクタクシーの運転手がたむろしていた。客がつかないのか暇そうだ。サムロの群れの隙間には両足とも膝から下を欠いた男がいて、私に向かって何か叫んだ。男の前には小銭の入った缶がある。足をひきずった老人も、同じようにして私に近づいてきた。

それらは、私にも覚えのある駅特有のもの悲しい風景だった。学生時代によく貧乏旅行をしていたが、冬に夜行を乗り継いで寒い地方に行くと、駅前にはしばしばアル中の老人がいて、朝っぱらからくだを巻いたり、ダラリと寝ころんだりしているのを見かけた。身寄りがないのか、家族に見放されたのかを知るすべもなく、酒代はどうしているのだろうと不思議に思ったものだった。

今から約二〇年前のそのころは、「集団就職」という言葉がギリギリまだ生きていて、『蛍の光』のメロディが流れるホームで、詰め襟やセーラー服を着たほんの二、三人の中学生が、わずかのクラスメートや教師や親たちに見送られていたのも記憶にある。もうすでに、中卒者は「金の卵」とは呼ばれなくなっていたはずだ。

ロッブリーの駅ですぐ目の前にある光景と、ささやかな生きるドラマを秘めた当時の雰囲気にどこか通じるものを感じた。ノロノロの列車でわずか一時間余りなのに、アユタヤ駅とはまったく違う。とんでもなく遠くへ来てしまったような気になった。

大勢いるサムロの運転手の一人が、歩きはじめようとする私の横にピッタリ張りつき執拗に声をかけてくる。客がいないといってしまえばそれまでだが、その熱心さは、ティッシュ配りの横柄な若者に爪の垢でも飲ませてやりたいくらいだった。名前さえ知らなかった未知の町への期待感からブラッと散策をと思っていたが、ここまで迫られては乗らないわけにはいかなかった。

『地球の歩き方』に載っている地図には縮尺がないのでどれくらいの距離か見当がつかなかったが、とりあえず「宮殿まで」と行き先を告げた。料金は二〇バーツということだった。サムロは道の凸凹を避けながら、歩くよりも遅いくらいの速さで動きはじめた。

サムロと同様の自転車タクシーであるシクロには、ホーチミンで危ない目に遭っていた。街灯のない真っ暗な通りに連れていかれ、マリファナを買え、女はいらないかと強い調子で迫られたのだ。だがまだ午前中だし、ややこしい場所にさえ連れていかれなければいいだろう。そう思って乗り込んだが、ややこしいも何も、わずか三分くらいで宮殿に着いた。この近さでよく平然と客を取るものだ、とサムロの運転手に呆れもしたが、タイ人は歩くことを極度に嫌うと何かの本に書かれてあった。だったらタイの流儀にかなっただけで、サムロの運転手にしてみれば当たり前のことかもしれない。

なお、一通り町を歩き終えてから分かったことだが、歩くことが苦にならない日本人にとっては、自分の足以外に何もいらないくらいロッブリーの町は狭かった。そう思うと、駅前のバイクタクシーやサムロの数は異常に多い。暇そうなのは供給過剰のせいではないかと思わず考えてしまう。

ロッブリーに関する知識はすべて『地球の歩き方』の受け売りだが、宮殿の正式名称は「プラ・ナーラーイ・ラーチャニウェート宮殿」で一七世紀の造営だそうだ。

山田長政が活躍し、アユタヤがヨーロッパに門戸を開いたのとほぼ同時代ということになる。一面の緑の芝生の上に、煉瓦の王宮跡、蔵跡、象舎跡など、廃虚と紙一重の遺跡群が並んでいた。アユタヤの廃寺といい勝負の朽ち果てようだが、こちらはまだしも、もともと何があった場所かくらいはよく分かった。象舎というのは、アユタヤでいう「象追い込みの柵」のようなものなのだろう。「象追い込みの柵」は、有力な兵器であった象を外国人に見せつけるため国賓の接待場にも使われたというが、宮殿内に象舎があるのは、同じ意味があったに違いない。

フランス国王ルイ一四世（一六三八〜一七一五）の派遣した大使がアユタヤ王と謁見したのもこの宮殿だという。屋根がなくなり三方の壁だけが残った建物跡には、謁見の様子を描いた金属の立派なレリーフがポツンと飾られていた。街の建物にも宮殿にもヨーロッパの建築様式が取り入れられたというが、崩れたレンガを見たところで、私にはどこまでがタイ様式で、どこまでがヨーロッパ様式なのか区別することはできなかった。三々五々、背の高い白人旅行者の姿を見かけた。彼らにはその違いは分かるのだろうか。

城壁に囲まれた広い芝生では、女学生が作業をしていた。「写真を撮れ、撮れ」と呼ぶので近づく

ロッブリーの宮殿（謁見の様子を描いたレリーフ）

と、キャンバスのような大きなボードと肖像写真が芝生に置かれ、その周りに定規やハサミが散らばっている。聞けば、もうすぐお祭りがあって、そのときに飾る王妃のパネルをつくっているという。教室でもできる作業を名のある遺跡の中庭でするというのは、なかなか優雅な話ではないか。

宮殿の次は、「チャオプラヤ・ウィチャエーンの家」を見に行った。ここは、かつての国際都市ロッブリーに集まった外国大使たちの住居跡で、カトリックの礼拝堂跡も残るという。もちろん仏像の姿はなかったが、崩れた建物を見るかぎり、これも私の目にはアユタヤの仏教遺跡とほとんど同じにしか見えなかった。

ちょうど昼食時で、庭ではガーデンパーティの準備をしていた。ケータリング会社のミニバンの荷台から次々と食器や料理が運ばれ、正装をした出席者らしき人も集まりはじめた。結婚式のようにも見えるが、新郎新婦が見あたらないので上流階級のパーティかも知れない。いずれにせよ、ここでも名のある遺跡の庭が現役で活用されている。贅沢なことだと思う一方、ふと駅で見た景色が頭をよぎり、バンコク以来忘れていた「貧富の差」という言葉が思い浮かんだ。

料理の匂いに誘われて、私も近くの食堂で昼食を取った後、町をブラブラしていると、ロータリーのようになった道の真ん中に寺があり、柵やお堂に猿が鈴なりに群れていた。『地球の歩き方』に「猿に占領された寺」と説明されている寺だった。途切れずにやって来る人々は猿のあしらいには慣れていて、支障なくお参りをして帰るから、占領されたは言いすぎだ。ただ、猿のあしらいに慣れていない私は、猿にカメラバッグを引っ張られるなど結構迷惑だったので、じっくり見学もしないままに退散した。

猿の寺と線路をはさんで砲弾型の塔堂が並んでいた。これはプラーン・サムヨートという寺院で、最初クメール人がヒンズー寺院として設け、それを後にタイ人が仏教寺院に改めたという。ということは、タイ国土がまだクメール人の支配下にあった時代、つまりアユタヤ王朝成立以前に発祥した古い寺だということになる。背の高い砲弾型の塔が三つ並ぶそのさまはアンコールワットの中央祠堂のようでもあるが、その三つはもともとシバ堂、ブラフマー堂、ビシュヌ堂だったというから、まるでプランバナンそのものでもある。名前の「プラン」と「プラーン」にも共通するものがある。

最後は駅前に戻り、ワット・プラ・シー・マハタートを見学する。アユタヤ初期にもっとも重要だったマハタート寺院は正式には「ワット・プラ・マハタート」といい、それに「シー」の語を付け足しただけのこの寺院はここアユタヤ王朝第二の都ロッブリーでもかなり重要なものだったに違いない。

ワット・プラ・シー・マハタート

ただ、これももとは一二世紀にクメール人が建立したヒンズー寺院だったという。

ここでも宮殿と同様、目についたのは芝生の上の高校生たちだった。これから列車で家路に就くのだろうが、列車は一時間に一本あるかないかだからこうしてのんびりと時間待ちをしているのだろう。メガネをかけた塾帰りの小学生が、夜の九時、一〇時に電車を待っているような日本とついつい比較してしまう。

ワット・プラ・シー・マハタートもまた、かなり崩壊が激しかった。つまり、ビルマはこの第二の都ロッブリーにも激しい攻撃を加えたのだろう。後で知った話では、ロッブリーこそがアユタヤ発祥の地であり、もとはタイでもクメール文化の影響を非常に強く受けた場所だったという。アユタヤ王が、自分たちの発祥の地であり、かつクメールの影響の強かったこのロッブリーに、第二の都を建設し外国人を迎えたというのは頷ける話だし、ビルマがこの町に攻撃を加えたことにも納得がいく。また、アユタヤにクメールの影響が色濃いのはロッブリーなくして語れないのだ。バンコク王宮にしてもアユタヤを手本に建設されたという以上、そこに見られるクメールの影はまぎれもなくこのロッブリーから流れ出たものに違いない。

近親憎悪か征服欲か

アユタヤでめぐった寺院は、それぞれに建てられた時代が違い、それぞれ固有の歴史的な意味をもつものの、どれも同じようにしか見えないくらいに激しく崩壊されていた。それは一七六七年にアユタヤの息の根を止めたビルマの攻撃によるものであり、そのビルマの手は、第二の首都だったロッブリーにも及んでいたことを目の当たりにした。「坊主憎けりゃ袈裟まで憎い」という言葉があるが、逆に仏教を敬う気持ちがあれば、たとえ敵の仏像や仏塔であってもそれを打ち壊すのは恐れ多いのではないか。所詮、仏教も政治の道具にすぎなかったのだろうか、とロッブリーを訪れて改めて思った。あるいはまた、壮麗な仏教建築物は国威を見せつけるシンボルであり、それを壊滅することこそが、最大の攻撃になると考えたのだろうか。もぎ取られた巨大な仏塔、まるで刀をスパッと振り下ろしたように、きれいに上半身を分断された仏像の数々。強力な近代兵器もない時代に、いったいどのような手段をもってこの破壊行為はなしえたのだろうか。

それにしても、国と国というものは絶対に争いをするものだろうか。そうだとすれば、その原因は宗教なのか経済なのか。それとも、私が小学生のころ、父親の古い世界地図に日本の領土の広がりを見て覚えたようなある種の胸騒ぎの延長線上に凶暴な征服欲が潜んでいるのだろうか。

テレビ番組の企画で韓国に行ったとき、プロデューサーだったKは、「日本と韓国といわず、隣同士なんて所詮、仲が悪いものなんだ。町内の近所付き合いでもそうじゃないか」と言っていた。その感覚は分からなくもない。

ただ、そういったいわば近親憎悪とは別のところに、人間が生まれもった征服欲のようなものがあるのではないだろうか。私が小学生のとき、戦前の日本の領土の広がりを見たとき感じた感覚は、当時の愛読書だった『少年朝日年鑑』で日本の各種のランキングを見て覚える快感とも似通っていた。当時、日本は先進工業国への道を突っ走っていて、すでに造船業などは世界のナンバーワンにのし上がっていた。自動車生産額は世界第三位で、見る見るドイツを抜いて第二位になった。そして、それがわけもなく嬉しかった。

昔は武力による領土の拡大という直接的だった征服欲が、香辛料の調達や市場拡大を目的とした帝国主義の時代を経て、今は直接には武力を伴わない「経済」というものに姿を変えたのではないか。その経済にしても、工業生産を機軸とした家電や生活財の国際競争から、今、ITと呼ばれる情報産業の国際競争へと変容しているのかもしれない。だがそれらは、アンコール王朝がタイに領土を拡大し、タイとビルマが互いに侵攻し合ったことと本質的にはあまり変わらないのではないか。

アユタヤと一口にいっても、その四〇〇年余りの歴史の中では、五つの王家が興亡し、三三人の君主が登場したという。王家が交代しなくてはならなかったのは、宿敵ビルマやカンボジアの侵攻など外敵に国をかき乱されたことが大きい。

王家の交代。しいてそれにたとえて日本の歴史を思うと、源氏の鎌倉、足利氏の室町、徳川氏の江戸という武家政権の移り変わりに相当するのかもしれない。だが、日本にはその上にずっと皇室という本物の王家が存在した。それは奈良、平安と、本物の王家が政治を司った時代にはじまり、民主主義の時代となった現代にまで続いている。古く皇室が政治の実権を手放して以来、日本という国は今でいう立憲君主国家から「立憲」の字を取り除いたような国だった。武家政権が移り変わる時代にも、ほんの一時期でも、外敵に政治を奪われたことがあっただろうか。日本は、アジアでも例外的に安定した平和な国だったといえるだろう。

世界遺産を通してのぞいたインドネシア、カンボジア、タイという東南アジアの国々は、文化的にはヒンズー教を中心としたインドの影響を非常に色濃く受けている。カンボジア、タイは、後世、同じくインドから出た仏教を機軸にしながらヒンズー文化がその背後に見え隠れする。そして、経済的には、現在、インドネシアもカンボジアもタイも華僑が力を握っていて、街には漢字の看板があふれていた。

古代より文明の栄えたインド、中国の二大国家の影響は、なおもアジアに生き続ける。ただそれは、現在の国家としてのインド、中国が放つ影響ではなく、過去、土地に深く染み込まされたものであったり、華僑経済のように政府の庇護や支配から離れ、自由に活動する中国の血を引いた民衆の力によるものだ。

一方日本は、仏教国であることを見ればインドの影響がないとはいえない。だが、それは中国、韓国というフィルターを通したインドだった。漢字をはじめとする中国文化の影響は決して小さなものとはいえないが、日ごろは中国の影響を受けた国であることを意識せずに暮らしている。日本にも華僑社会はあるにはあるが、そのプレゼンスはかなり小さい。日本は、アジアであってアジアでない。日本人はアジアであることを意識していないといわれるが、それはある意味で仕方がないことかもしれない。植民地とされた過去、華僑が経済を握る現在、少なくともそれらをアジアの人々と共有することは不可能だろう。

第5章

変わらない、という豊かさ
――ラオス――

アジアでいちばん静かな首都

アジアを旅するといっても自分で金を出すわけではないから、行きたいと思いながら行く機会がなかった国も少なくなかった。その典型がラオスだった。情報誌も四年が経ち、巻頭の特集ページにも二巡目、三巡目という国が出てくる中、「そろそろラオスを」という声が出始めていた。しかし、一応は広告のことを考えたり、できれば観光局や航空会社のタイアップが欲しいと思うと、取り上げる可能性は乏しかった。

何せラオスという国は、アジアバブルの絶頂期にもほとんど名前が出なかった国だ。あの時代、世界最貧国といわれたベトナムが、「ドイモイ」という経済開放政策をキーワードに脚光を浴び、軍事政権で悪名高かったミャンマーも新たな投資国としてもてはやされた。だが、そういう中でも、本州ほどの国土に五〇〇万人に満たない国民、首都の人口でさえ二〇万人、見るからにひっそりした内陸の国ラオスに関しては浮いた話は何もなかった。水力発電で起こした電気をタイへ売り始めた、というニュースがわずかに聞かれたくらいだった。

広告を頼もうにも、この国にかかわっているようなスポンサーは見つからない。途上国なら力を入れていることの多い観光政策にも、ラオス政府はあまり関心がなかったようだ。日本から直行便を飛ばす航空会社がないために、チケットの便宜も得られなかった。

一九九九年に入り、私は情報誌の仕事から離れようと思い始めた。個人的な事情が集積してそうな

ドイモイ

ドイモイとはベトナム語で「刷新」を意味し、共産党の独裁を維持しながら市場経済の導入を図るというベトナム式の経済開放政策。ベトナム戦争後の社会主義化により長らく沈滞したままだった経済のまき直しを期して実施された。

この方針は、すでに1986年12月の共産党大会で採択されていたが、本格的に軌道に乗ったのは、1992年4月に発布された新憲法で明文化されて以降のことであり、以後、欧米や日本、韓国などの各企業のアジア投資ブームの中で、ベトナムは急速に成長路線を歩み始めた。だが一方で、都市と農村の所得格差を生み出すとともに、投資に絡んだ役人の汚職も横行した。また、社会主義体制然とした複雑な許認可システムはなかなか改善されず、投資企業からも反発を招いた。1997年に勃発したアジア通貨危機の影響を受け、成長にいったん足止めがかかった。

ったのだが、できればその後もアジアの原稿は書き続けたかったし、一つの区切りをつけるためにも個人的に取材旅行をしようと考えた。すでにそのころにはアジアの旅行記本が書店の店頭にあふれ、タイの本といえばそれこそ五万とあったし、ベトナムもミャンマーもこの世界ではメジャーカントリーにのし上がっていた。取材旅行だと意気込んでも、ありふれた国では面白味もないし妙味もない。そこで真っ先に思い浮かんだ国がラオスだった。

そのころ、以前に世話になった旅行会社の人から「辞めて独立する」という葉書をもらった。直接会っていきさつなどを聞くと、ラオス専門の旅行会社を立ち上げるのだという。かなりラオスに入れ込んでいるらしく、この知れらざる国の魅力を熱っぽく語った。

「タイも、もともとラオスなんです。ラオスがタイのルーツです。行けばすぐ、私の言っていることが分かりますよ」

と、タイよりもラオスがもっと面白いことを強調した。この話が私の気持ちに火をつけた。思えば、中国・雲南省にいたタイ族はラオスを経由して南に下り、今でいうタイを建国したのだった。バンコクの源流という意味でアユタヤを見た後のことゆえそのさらに源流を見たくなる。

話を聞いたのは三月の初めだったが、「今なら四月の『ピーマイ・ラオ』に合わせた旅行も手配できる」とのことだった。ピーマイ・ラオと言われても何のことだか分からなかったので尋ねると、それはラオスの正月祭のことだった。

メコン流域では新暦の四月に行われるという正月祭も、以前から是非とも見に行きたいと思っていたものの一つだった。四月に正月を祝うのは農事暦によるもので、メコン流域をはじめとするインドシナでは、このとき派手な水掛け行事が行われる。バンコクのような大都会でも水掛け行事は見られるが、ラオスの古都ルアンパバーンの正月祭は、ことさら賑やかで風情があるとのことだった。このルアンパバーンの正月祭こそが「ピーマイ・ラオ」だったのだ。

迷わずラオスに行くことにした。とりあえずビザだけおさえてもらい、現地はすべて車とガイドを付けてもらうという条件で見積もりを頼んだ。個人旅行の割には費用は思ったより安かった。それは、日本で支払うのは飛行機代やホテル代など旅行の骨組みだけで、現地での観光費用はオプショナルツアーのように現地払いになるからだという。ラオス政府が行っている為替の制限のため、日本から現地事務所に送金するのは厄介で、下手をすれば駐在員の給料なども滞る。だから、そういう形で旅行者に直接現金を運んでもらうのが一番助かるとのことだった。

ラオスへは直行便がないため、バンコク経由の入国となる。ただ、その日の内に首都ビエンチャン入りはできるという話だった。だが、四月に入ってバンコクとビエンチャンをつなぐラオス航空が急にダイヤを変更したため、バンコクで一泊せざるを得なかった。

この年のピーマイ・ラオは四月一四日から始まるということだったが、バンコクの水掛け祭は数日早く、運がいいことに、私がバンコクで足止めをくらった一一日はちょうどその水掛け祭にかかっていた。夕方、バンコク市内のホテルに着き、フロントに水掛け祭を見たいのだがどこがいいかと尋ねると、それならカオサン通りだという。一瞬耳を疑った。カオサン通りといえば、バックパッカーの溜まり場のような場所のはずだ。とりあえずホテルを出て街を歩いてみることにした。

王宮の近くの広場には人がたくさん集まっていた。芝生に腰を下ろす人々の前には大きなステージが造られていて、やがてその上で劇が始まった。まず、キンキラの衣装をまとった主役が二人登場する。入れ替わり、刀を持った赤い衣装の男たちが出てきて、踊りながら戦いを演じる。バリ島で見たケチャックダンスを思い出させるような構成だった。もしかして、この劇もラーマーヤナ物語がベースにあるのだろうか。暗くなるに従って観衆の数は増えてきた。きっと正月の特別行事なのだろう。入場料もいらなかった。

私には退屈だったので、街の様子をブラブラ見がてらカオサン通りに向かうことにした。あちらこちらで人だかりができ、街はガヤガヤざわめいていた。ただ私には、これが正月ならではのものなのか、いつもこんな調子なのかは区別できない。しかし、カオサン通りの入り口近くまでやって来ると、明らかに普通ではない大騒ぎがあった。道の真ん中まで人があふれ、通りは歩行者天国のようだった。

飛び交う水、濡れる路面、頭や服から滴を垂らした人、人、人。

ホテルのフロントが言ったように、水掛け祭を見るには、確かにこのカオサン通りまで来なくてはならなかった。だが、キャアキャアと水をまき散らし大騒ぎしている「祭の主役」たちにはとんでもなく興ざめだった。だが、そのほとんどは、半ズボンにTシャツ、タンクトップといった、いかにもバックパッカー風の青い目をした大男や大女で、かろうじて茶髪のタイの若者たちがそれに参加させてもらっているというような感じだった。マシンガンの形をした空気圧式の水鉄砲や、私が見たこともない物干し竿のような細長いピストン式の水鉄砲を振り回し、自分たちだけで盛り上がっている。さすがに仲間内以外は狙わないが、流れ弾ならぬ流れ水を掛けられると心底腹が立った。店先のワゴンで売られる衣類なんかも濡らしている。「いったいこれは誰の祭りなのだ」と、怒鳴りつけたい心境だった。だが、衣類を水浸しにされた店の人は、ただただ笑っているだけだ。やはりタイは「微笑みの国」なのだろうか。


バンコクからビエンチャンまでは一時間二〇分と、ほぼ国内感覚だった。よくよく考えると、このわずか一時間二〇分の飛行のためにバンコクで一泊したということでもある。ビエンチャンの空港はタラップ式で、降りてからターミナルまでは歩いていく。絵に描いたような旧式の空港だったが、飛行機を出てすぐ風や温度を肌で感じ、その国の大地を踏みしめて歩くこの方式は、閉ざされた空間をベルトコンベアのように運ばれる当世風の空港より、ずっと爽快なものだった。

入国審査が行われるのは二階建ての簡素な建物だったが、その横に立派な新しいビルが出来上がろうとしていた。海外からの観光客誘致に消極的だったラオス政府もいよいよ本腰を入れ始め、一九九九年から二〇〇〇年にかけて「ラオス観光年」の実施も決まった。いわば、そのシンボルがこの新しい空港ターミナルだった。それまで、外国人が国内を移動するにはその都度各地方のイミグレーションに出頭する必要があったが、その制度も廃止されたという。

ホテルへはマイクロバスで向かった。私とほぼ同じ日程で動くパッケージツアーが一組あって、その客たちと混載される格好だった。空港から市内まではそう遠くないが、ほとんど舗装も剥げたガタガタ道で、マイクロバスはゆっくり走った。市内に入ると余計に路面はひどくなり、車体はボートのように揺れ始めた。まるで、工事現場を走っているような感覚だった。

まず一軒のホテルに着いて、パッケージツアーの客を降ろす。そのあたりはビエンチャンでは一番の繁華街だというが、未舗装で、砂埃の発生源のような道路の両側には、二階建てか高くても四階建てくらいの素っ気ない建物が並んでいるだけだった。私のホテルは、そこから一筋北のサムセンタイロードという通りにあった。「繁華街」から道を一本外れただけで、建物の密度は薄くなっていたが、このサムセンタイロードもまたビエンチャンではメインストリートの一つだという。

しかし、ホテルに一歩入ると、そこはまるで別世界だった。当時のビエンチャンで最高級というそのホテルには、広く落ち着いたロビーがあり、中央のブースでは民族音楽の生演奏が行われていた。館内にはプールやフィットネスセンターまであり、レストランでは日本食も食べられるし、オフィスには日本人マネージャーが常駐している。設備も内容も、バンコクやシンガポールにあるような高級ホテルと何ら変わらないものだった。

着いたその日は、旅行会社の駐在員であるIさんの案内で市内を回った。人口二〇万人というビエンチャンは、街の造りもシンプルだった。街の南をメコン川が流れ、川に沿った東西のエリアがダウンタウンになっている。私やツアー客のホテルがあるのもこのエリアだ。そのダウンタウンの東の端から北に向かってランサンアベニューという広い通りが延びていて、旅行者にとっては、このいわばL字型のエリアがほぼビエンチャンのすべてだという。ここを離れてしまうと、まず見るべき所はゼロといっていいのだそうだ。

ホテル前でトゥクトゥクを拾い、サムセンタイロードからランサンアベニューを一路北に進んだ。ラオスでも三輪タクシーのトゥクトゥクが市民の足として活躍しているようだが、車両の種類は実にバラバラだった。バンコクで見かけるのとまったくそっくりなのもあれば、中古のバイクに荷台をくくりつけただけというのもあり、それがもっとも数が多かった。

ランサンアベニューは道幅が広く、ピシッと一直線に走る威風堂々とした大通りだった。プノンペンの街路にも似ているが、それもそのはずで、ラオスもカンボジアと同様、フランスのインドシナ植民地の一つだった。ただ、プノンペン並みに広い通りはこれ一本だけだった。そして、片側だけで三車線以上はあると思われるその道幅がもったいないと思えるくらいに車は少なく、道の両側は建物がまばらで閑散としていた。かつてアジアをどんどん植民地化していったヨーロッパ諸国は、重要な街であればあるほど都市建設に力を注いだというが、ここビエンチャンに関しては、広い通りを一本通してはみたもののあとはどうでもいいと思ったのだろうか。

ラオスという国は耕地面積が国土の四パーセントにすぎず、肥沃な土地に恵まれたインドシナ諸国の中では見劣りがする。地下資源も特筆すべきものはない。人口が少ないため、支配者にとっては、何か自分たちに都合のよい産業を根付かせるにも不利であることは明らかだったに違いない。

ランサンアベニューを二キロほど行くと、パリの凱旋門によく似た大きなコンクリートの建物があった。それは「アヌサワリ」と呼ばれるラオスの独立記念塔だった。せっかくフランスから独立を果たしながら、そのモニュメントがもろフランス風なのだ。こういうのを「お人好し」というのだろうか。ちなみに、プノンペンの独立記念塔はアンコールワットの祠堂を模したものだった。

アヌサワリには、中の階段を使って上ることができた。内部には仏像の透かし彫りがあったり、てっぺんには仏教寺院風の堂が三つ建てられていた。ラオスは社会主義国ではあるが、国民の大半は今も熱心な南方上座部仏教の信者だという。その意味でこの造形は、自分たちの文化がフランス文化の上に立

ランサンアベニュー

アヌサワリ

ったという意味にも取れなくはないが、どう見てもアヌサワリは凱旋門だった。

当初、エレベーターを設けるはずが予算がなくて中断されたそうだが、内部にはその痕跡も残っていた。塔の上からは市内が一望でき、街に高い建物がほとんどないことや、メインストリートにも車があまり見られないこと、また市内にも濃い緑がたくさんあることが手に取るようによく分かった。

下に降りると、鮮やかなオレンジ色の僧衣をまとった若い僧たちがいた。独立記念塔の形がどうであれ、それをバックに僧たちが立っている。それは、ラオスのイメージ写真を撮るには願ってもない情景だった。だが、タイと同じ南方上座部仏教の国であるならば、僧たちに安易にカメラを向けてはいけないのかもしれない。恐る恐るシャッターを押した。気持ちの高まりと緊張のせいか、写真を数枚撮るだけなのに私はかなりの汗をかいた。

アヌサワリを越えると大通りは三つに分かれ、右の道をさらに二キロほど進むと、全部金色の大きな仏塔があった。これは「タートルアン」と呼ばれる寺院で、アヌサワリと並ぶビエンチャンのシンボルだそうだ。ラオスの原型とされる国家はランサーン王国といい、建国以来ルアンパバーンがその都だったが、ビルマの侵攻を逃れるため、一五六三年、ビエンチャンに遷都された。タートルアンはその際に、王国の守護寺院として造営されたものだという。遠目には豪華絢爛たる金ピカ寺院ではあるが、近づいてよく見れば、その金色はどうもペンキ塗装のようだった。

タートルアンを見終わった後は、来た道を一気に逆戻りしてメコン川へと向かった。ラオスでは日中は四〇度くらいまで気温が上がるらしいが、写真を熱心に撮ったことも手伝って私は喉がカラカラに乾いていた。メコンを見ながらビールでもいかがですか、というIさんの提案に一も二もなく賛成したのだ。

メコンの川べりは土手がそのまま小道になり、カフェの並ぶ一角があった。カフェといっても素人が建てたような簡素な小屋で、川原へとせり出す客席は床がきしんで危なっかしい。

一番川寄りの席に腰をかけ、最初の一杯を一息に飲み干す。「ビアラオ」というラオスの地ビールが何ともいえず旨かった。夕暮れの風も心地よい。汗が引き、喉の渇きが癒えたころ、あたり一面が鮮やかに染まった。その中を、漁を終えた人の小舟が行き来する。対岸はもうタイの領土だという。この上なく簡素なカフェは、メコンを眺める特等席だった。

日が沈みきったころにカフェを出て、ホテルまで歩いて戻った。アジア一小さなこの首都は、ほとんどすべてが歩ける範囲でトゥクトゥクさえもいらないほどだった。夜のビエンチャンは、街灯は少なくネオンも見えず、昼と同様何もなかった。闇同然のダウンタウンに、ヨーロッパ風のレストランがほのかな明かりを灯していた。

ビエンチャンから郊外へ

ビエンチャンの二日目は、バンビエンへの日帰り観光だった。山口の秋芳洞や高知の龍河洞なども顔負けの大鍾乳洞があるという。ラオス専門の旅行会社を興したばかりの知り合いは、かぎられた日程の中にさまざまな見所めぐりを詰め込んだ。それは私へのサービスであるとともに、可能なかぎりラオスの魅力をアピールしたいという気持ちの表れでもあったのだろう。

バンビエンまでは車で片道二、三時間で、私はホテルの前に出て迎えの車を待てばよかった。だが、やがて到着した車を見て私は唖然とさせられた。昨日と同じマイクロバスが、昨日と同じパッケージツアーの客たちを乗せてやって来たのだ。おまけにバスに乗り込むと、東京からの男性に「みんなあなたに焼き餅を焼いているんですよ。分かりますか。一人だけいいホテルに泊まれて」と、嫌味を言われる始末だった。

個人旅行で手配したはずなのに、なぜパッケージツアーと一緒にされなくてはならないのか。ホテルが違っていて当然で、嫌味を言われる筋合いはない。行き帰りの車だけが同じということかとも考えられるが、このバスに乗り込んでいる日本語ガイドはたった一人だけだった。きっと、全行程丸々行動をともにしなくてはならないのだろう。同じ時間に同じ場所に行くとして、目の前を「いかにも」といった日本人観光客がウロウロしていたら写真を撮るにも大迷惑だ。

パッケージツアーの客は、大阪からの若い女性二人組と、東京からの一人旅の熟年男性、あとは札幌からという夫婦三組のグループだった。中でも、この夫婦三組のグループがくせ者に思えた。バスの中での会話を聞いていると、この三組はいつも一緒に旅行をしていて、東南アジアのリゾートを全部制覇するのが目標だという。旅慣れているだけに、この日帰りツアーそのものが彼らのペースに巻き込まれてしまう恐れもある。

そして、早速予感は的中した。バスが沿道の青空市場を通り過ぎようとしたとき、三組の夫婦の奥様方が、「ねえ、この市場に寄らないの。私たちちょっと見てみたい」と車を強引に停めさせたのだ。もっとも、これには感謝したい気持ちもあった。私も市場に行きたかったからだ。その市場は、何棟もの掘っ建て小屋を連ねた商店群や露店があって、かなり規模が大きかった。台所用品を売る店には、輪切りにした太い丸太と細い丸太を組み合わせた風呂場の椅子のようなものがあった。聞けばそれはまな板だという。ほかにも竹で編んだ飯櫃など、民族色豊かな商品が並んでいた。一方、日用品を売る店には、箱に大きくタイの文字が印刷された洗剤や、同じくタイ文字のラベルのシャンプーがあった。また、道路沿いの露店では黒い竹筒を売っていた。単なる竹筒ではなく、その中に餅米を入れて蒸したものだった。モン族といわれる少数民族の正月ならではの食べ物だという。その横では、旋盤のような機械でサトウキビを絞ってジュースにして売っていた。

こんな市場が見られたのは、奥様方のおかげだった。だが、問題は時間だった。本人たちは市場めぐりに熱中してなかなかバスに戻ってこない。私一人だけだったらすぐ出発できるのに、と焦りを感じた。

山がちの土地を、バスはクネクネと上下しながら進んでいった。車窓からときおり素朴な民家が見えた。いったい電気や水はどうしているのかとキョロキョロしても、電線などは見当たらず、日除けの下には共同の水場が設けられていた。真っ黒な山肌が続くと思えば、その向こうに煙が上り立っていた。ラオスでは国民の八割が農民で、まだ焼畑農業が行われているという。炭化した木を集めて歩く老婆の姿が目に焼き付いた。

車の数はいたって少なく、ごくたまにすれ違うのは、ボンネットのある昔スタイルのトラックやそんなトラックを改造してつくった乗合バスくらいなものだった。荷台に客席を乗せただけという簡易なバスは、振り落とされんばかりの乗客を詰め込んでトロトロ、トロトロ走っていた。

もうすぐバンビエンの鍾乳洞に着くというころ、とんでもなく広い空き地が見えた。それは、ベトナム戦争時にアメリカ軍が設けた飛行場跡だった。当時は、戦闘機などがめまぐるしく発着し、それはそれでたいへんな活気があったという。

だが、アメリカ軍は、その活気をはるかに上回る悲劇をラオスにもたらした。ベトナムが南北に分かれたのと同様、ラオスでも親米の王国政府と反政府勢力が激しく対立していたが、アメリカ軍は反政府勢力を撃退するために二〇〇万トン以上の爆弾をラオスに投下したという。二〇〇万トンといってもピンとこないが、その量は第二次世界大戦中に、アメリカがヨーロッパと太平洋の両戦線で使用した爆弾の量に相当するらしい。

それにしても何ということか。カンボジアの国道4号線、タイの歓楽街、そしてこのラオスの田舎に突如現れた空港跡。ベトナム戦争時代のアメリカ軍の行為は、ホーチミン市の戦争犯罪博物館にもズラリと陳列されていたが、それ以外にもアジアの各地にアメリカの落とした陰が潜んでいるのだ。

ほどなくバンビエンに到着した。幅広い川がゆったり流れ、鮮やかな緑の芝生の中にリゾートホテル風の建物があった。現在のバンビエンはラオスを代表する景勝地であり、自然との共存をめざしたリゾートづくりも始まったそうだ。Iさんがそんな説明をしていると、再び奥様方の元気な声が聞こえてきた。

「リゾートならプールぐらいあるんじゃない。私たち泳ぎたくって仕方がないの。ああ、暑い、暑い。たまんないわ」

きっと予期せぬリクエストだったのだろう。Iさんは一瞬言葉に詰まった。

「ホテルのプールはたぶん使えないと思いますが、洞窟の近くにきれいな川があるんです。地元の方もたくさん泳いでいますから」

苦し紛れの返答のように思ったが、それは本当だった。洞窟付近には清流の流れる岩場があって、子どもたちが気持ちよさそうに素潜りをしていた。ホテルのプールよりずっとずっと面白そうだった。

いよいよ鍾乳洞探訪だったが、やはり、彼らと行動をともにしなければならなかった。頭にきたので、先に行ってもらうことにした。周辺の写真を撮ってからゆっくり回ろうと思ったのだ。

鍾乳洞の写真を取り終え外に出ると、すでに奥様方は水の中でキャアキャアはしゃぎ、亭主たちも一緒になって泳いでいた。

リゾートホテルのレストランに行くと、東京からの男性とIさんがビールを飲んでいた。私もそこに腰を下ろし、開口一番Iさんに、「私は個人旅行のつもりで手配したのにいったいこれはどういうわけか」と詰め寄った。

Iさんが弁解するには、ラオスでは日本語ガイドも日本人客を乗せられるようなまともな車も、まだ数がごくかぎられているという。とくに今の時期は、ピーマイ・ラオの見学で他社の手配も集中するので、一日にガイドと車をワンセット用意するのが限界だったそうだ。なら、どうしてそれを先に説明しないのかと思う。ただ、どうもIさんの話を聞くと、日本とのコミュニケーションがうまく取れていないようだった。Iさんが席を離れると、東京からの男性が私に言った。

「あの男、どうも頼りないですよ。私もさっきから苦情を言ってたんです」

この男性も写真を撮るのが目的で、個人旅行のつもりで申し込みをしたらしかった。

奥様方も天然のプールに堪能し、バンビエンを後にして一路ビエンチャンに戻る。車中、ガイドと話をしていたIさんが、突如、客たちに向かって切り出した。

「この近くに面白い場所があるそうです。降りて見に行きませんか」

意見は半々に分かれたが、結局降りることになった。畑の中を歩いていくと、水の澄んだ川が流れていて、そこには臨時で設けたような丸太の橋が架かっていた。橋を越えたすぐ正面はこんもりとした草藪だったが、左側の川伝いに細長い空き地が広がっていた。空き地はサッカーコートの縦半分くらいの大きさで、両サイドには小屋の骨組みのようなフレームが竹で組まれ、ズラッと奥へと連なっていた。フレームの上にテントを渡してその下に屋台でも置けばちょうど縁日の出店のようになると思ったが、それはまったくその通りで、にわかに作業をする人が増えて「縁日の出店」は形を整え始めたのだ。その前を通って一番奥まで歩いていくと、空き地はさらに右の方へと広がっていた。そちらに向かって左手奥には高床式の民家があり、右手奥には洞穴があった。民家の前では老若男女とり交ぜ一〇人くらいの人々が作業をしていた。焚き火をおこして煮物をしたり、大きな鉢で米の粉を練ったり、引き抜いた根菜の土を落としたりとやっていることはまちまちだが、みんな何やら楽しそうだ。一方、洞穴の中をのぞいてみると、三メートルくらいの寝釈迦仏があった。それはタイやミャンマーで見られるのと同様の極彩色の寝釈迦仏で、顔がツルンとしてユーモラスな表情をしている。そして、その前ではオレンジ色の僧衣をまとった年輩の僧が読経していた。

何とも不思議な場所ではあるが、ここはタムサーン村といい、正月の時期にだけ開かれる村なのだという。タムは「洞穴」、サーンは「象」の意味だというから、そのまま訳せば「象の洞穴」ということになる。なぜそう言われるようになったのかを聞き逃したのが残念だが、前章でも書いたように象は釈迦ともゆかりの深い動物だから、ここは正月行事を行うにふさわしい縁起のいい場所だということだろうか。ともあれ、縁日の設営も食事の準備も僧の読経も、ここで行われていることはすべて新年を迎える準備である。ちょっと見物しているうちに人が増えどんどん賑やかになってきたが、私まで心が小躍りするような気分になった。普段は何もない場所が正月にだけ華やぐというこの光景を目の前にして、ふと幼いころのことを思い出したのだ。それは私がまだ幼稚園に入園するより前のことだが、近所の神社で毎月三回、八日と一八日と二八日という「八」のつく日に夜店があって、子どもにとって普段はつまらない神社が、そのときだけ行きたくて行きたくて仕方がない場所に変身する。ささやかだけれど何にも代え難い楽しみだった。

バスに乗り込みしばらく行くと、Iさんはある橋の上で車を停めた。遠くに並ぶ三つの山を指さして、「ラオスでは有名な山々です」と説明した。みんなあまり興味を示さない様子で、それよりも橋の下の景色に見とれていた。そこには大きな川があり、大人も子どもも一緒になって水浴びをしていた。子どもはみんな丸裸で、大人は服を着たまま入っている。我々に気が付き笑い声を上げ、大人も子どもも手を振った。

ビエンチャン市内も近くなりIさんは「今日はみなさんお疲れさまでした」と挨拶を始めたが、話も終わらないうちに集中砲火を浴びせられた。

「こんな行き帰りだけであれだけも取るの。ちょっとこのオプション高すぎるんじゃない」

「えっ、もうホテルに戻るの。タラートサオには行かないの」

「タラートサオ」とはビエンチャンでは最大の市場で、衣類や日用品から電化製品や貴金属まで一〇〇軒以上の店が入り、市民にとってはデパート、旅行者にとっては総合土産物センターのような場所である。奥様方はそこでの買物を楽しみにしていたみたいだった。「じゃあ、いったんホテルに戻ってから何とかしますす」とIさんは言うが、「そんなことしてて、メコン川の夕日に間に合うの。あんな寄り道してるからよ」と、一筋縄では納得しない。しかもその上、「サウナはあるの」「ホテルにマッサージは呼べる」「エステはないかしら」などと、口々に要求をぶつけてきた。

まだ二日目だったが、ラオスはこのような百戦錬磨のツアー客を満足させられるような国ではないことが何となく分かってきていた。だが、ビエンチャンもあなどれなかった。ある仏教寺院の境内には伝統的な薬草サウナがあって、マッサージもやっている。外国人も利用できるということだった。

ラオスとタイの切れない関係

翌四月一四日、早朝の飛行機で、ピーマイ・ラオの初日を迎えるルアンパバーンへ向かう。ホテルに迎えに来たマイクロバスは、すでにお馴染みの顔ぶれだった。奥様方は昨夜の薬草サウナがいたく気に入った様子で、空港までのわずかな時間ひたすらその話で盛り上がっていた。

空港の出発ロビーは二階建ての建物の二階にあるガランとした部屋で、一階の屋根と一続きになっていた。屋根に出ると空港前の様子も滑走路の様子も一望でき、細かな禁煙の規則もなく、最新式の空港よりはるかに人間的な場所だった。

ラオスの国内線利用にあたっては、出発前に釘をさされていたことがあった。それは、途中で機内に白い煙が立ち込めるが決して慌てないように、ということだった。ラオス航空が使用する年代物のプロペラ機は機密性が十分でないため、機内に流れ込んだ冷たい空気が水蒸気を結露させ、それが白い煙になって立ち込めるが、それは毎度のことで運航に支障はないのだという。ある程度オーバーに言っているのだと思ったが、それはまったくその通りだった。みんな重々聞かされているらしく、慌てる人はいなかった。白い煙とともに、クスクスと笑い声が機内にあふれた。

窓から見下ろすラオスの大地は山だらけで、耕地が国土の四パーセントというのも納得できた。一部の山肌には見事な棚田が開かれていて、地図の等高線のように見えた。中国の雲南地方にいたタイ族は、こんな山の間をテクテク歩いてタイまでやって来たのだろう。一部の人たちは途中にとどまり、こうして棚田を開いたのか。いや、タイ族が歩いたのはもっと北側かもしれない。いずれにせよ、険しい山と山の間を、何十年、何百年かけて南へ下りた。

そのタイ族が、ラオスに最初に建てた国がランサーン王国で、これから向かうルアンパバーンがその建国以来の都だった。ランサーン王国が誕生したのは一三五三年のことで、すでにそのとき、同じタイ族の国家として一二三八年に誕生したスコータイ王朝と、一二九〇年に誕生したラーンナータイ

スワー侯国

8世紀ごろにタイ族は中国雲南省の大理を都に「南紹王国」を建設し、メコン川などの諸河川伝いにその勢力圏を拡大していたといわれるが、8世紀の中ごろに、南紹王国から出たクン・ローという人物が、タイ族の一派がルアンパバーン付近に形成していた「ムアン・サワー」（ムアンとは小さな国）の支配権を握って建設した小国家がスワー侯国であり、以後、ランサーン王国へと発展するまで約600年間続いたといわれている。

王朝がタイの北部に存在したたし、一三五〇年にはスコータイを破ってアユタヤ王朝が誕生しているから、タイ族国家としては後発になる。その意味では、ラオス専門の旅行会社をつくった私の知り合いが「ラオスはタイのルーツです」と言っていたのは誇張がすぎるようでもあるが、それは解釈の問題で、あながち否定はできないようだ。ルアンパバーンのあたりにはすでに八世紀ごろからタイ族系の一大勢力が君臨し、「スワー侯国」という小国家を興していたといわれている。そういうことも含めながら、タイ族がラオスを経由してタイにやって来たことをそのまま捉えると、やはり「ラオスはタイのルーツ」といえるのだろう。

なお、そのスワー侯国が一三五三年にランサーン王国へと発展するわけだが、それにはアユタヤ王朝の誕生と共通の背景があった。最初のタイ族国家であるスコータイ王朝は一四世紀半ばになると弱体化するが、それによって、それまでスコータイの支配下にあったメコン川上流の小国家が結束を固め台頭する。その中で、現在のタイ国土にあった小国家で、直接スコータイを打ち負かしたのがアユタヤであり、現在のラオス北部にあった小国家でまったく別の国家として独立したのがランサーン王国だったというこ

ファーグム王

その生涯については半ば伝説的であるが、スワー侯国の王族として生まれた後、アンコール王朝の宮廷で養育され、アンコールの王女を妻とした。やがて軍勢も与えられてルアンパバーンに凱旋し、1353年、スワー侯国を基礎に周辺の諸侯国を統合してランサーン王国を建国した。本文に記したように、アンコールから僧侶を招き南方上座部仏教を取り入れたとの説もあるが、それは妻がアンコールの王家の出身であり、その妻が懇願したからだったといわれている。

とだ。

また、この時代、もう一つのタイ族国家としてラーンナータイ王朝が存在するが、ランサーンの王家はラーンナータイの王家と姻戚関係にあったというし、一六世紀に出たランサーン王国のセータティラート王は、父の王位を継ぐ前はラーンナータイの国王だったとの記録も残っているらしい。ラオス国民のラオ族とタイ国民のタイ族は実質ほとんど変わりがなく、ラオ語とタイ東北地方の方言はきわめて似通っているという。

だから、「ラオスはタイのルーツ」かどうかというより、ラオスとタイを分けて考えることに無理があるのかもしれない。そもそもタイとラオスの国境も、近代になってラオスを植民地にしたフランスが定め強制したものだという。メコン川がそのまま国境となっている部分が長いが、もとより両岸の住民は互いに異国とは思っておらず、バックパッカーたちの旅行記には今も漁や耕作で人々が自由に往来する姿が描かれている。

さて、ラオス最初の統一国家としてルアンパバーンを都に誕生したランサーン王国は、初代ファーグム王の時代に、東はベトナ

モン族

古くはインドシナ半島からビルマの海岸地域に住み、高度な文化とすぐれた航海技術をもっていた。古代よりインド文化を受容するほか、スリランカとも交流を行っていち早く南方上座部仏教を導入。文字、仏教、美術などの多くの分野で東南アジア各地に大きな影響を与えたという。また、モン族は、タイおよびパガン王国成立以前のビルマに、タトン、ドバーラバティ、ハリプンジャヤなどの小王国を建設するが、中でもタトン王国の発展はめざましく、仏教文化も隆盛する。パガン王国に仏教が栄え、独自の文字が生み出されたのも、タトン王国から連れて行かれたモン族の僧侶らの功績によるものとされている。

現在は、ラオス、ベトナム、タイ、ミャンマーなど東南アジア諸国ほか、中国南部などの山岳地帯に住んでいる。中国では苗族と呼ばれるが、それは稲の苗をもって移動した民族だったからであるとの説もある。

ム北西部、西はタイ北部にまで領土を広げたという。また、ファーグム王はアンコールから高僧を招き、南方上座部仏教を取り入れたともいわれる。その際、アンコールの僧たちはスリランカで造られたパバーン仏を、ビエンカムという土地に運び込んだのだそうだ。もっとも現在では、ランサーン王国成立以前よりこの地にはモン族によって仏教が伝えられていたという説が有力だそうだが、いずれにせよ、建国当初より仏教を信奉していたことは確かなようだ。

そのランサーン王国も、一五世紀中ごろにベトナムの侵攻を受ける。だが、その後王位に就いたビスーン王が、仏教の力で国の建て直しを図ったという。その精神的支柱とするため新たな寺院を建立して、ビエンカムにあったパバーン仏を自分の膝元に据えたのだった。ルアンパバーンという地名はそのパバーン仏の名に由来し、それまでルアンパバーンは「シェントン」と呼ばれていたそうだ。

ところが、一六世紀中ごろ、ビルマ軍がどんどんタイやラオスを脅かし始める。ちょうどセータティラート王がラーンナータイ国王の座を辞してルアンパバーンに戻って即位したころだったが、ビルマ軍はセータティラート王が去った後のラーンナータイ国王を滅ぼしてしまった。そこでセータティラート王はビルマの攻撃に備えるため、アユタヤと協定を結ぶとともに、ルアンパバーンの都がビルマ軍の進路にあたるということから、一五六三年、いったんビエンチャンに遷都を行う。このとき国家守護として建てられたのが、私がラオスでの初日に訪ねたタートルアンだった。

しかし、そのかいむなしくビルマから三度の侵攻を受ける。その後、国家は盛り返すが、十八世紀の初めに王位継承問題などから、ランサーン王国、ビエンチャン王国、チャンパサック王国の三国に分裂した。以後ラオスは、フランスのインドシナ支配に組み込まれた後、一九四七年、フランスの影響力下で「ラオス王国」が誕生し、一九七五年の革命により王制が廃されて「ラオス人民民主共和国」として現在に至っている。

なお、ラオス最初の王都として歴史に登場したルアンパバーンは、いったんビエンチャンに都の座を明け渡すが、三分国時代のランサーン王国の都を経て、フランス統治時代には再び全ラオスの首都に返り咲いた。そして、一七七五年の王制廃止まで、ずっと都であり続けた。

新年初日のルアンパバーン

ビエンチャンを発った年代物のプロペラ機は、約四〇分でルアンパバーンに到着した。あの飛行機で四〇分だからそんなに遠くないはずだが、ラオスには鉄道が一本もなく道路も未発達なので、旅行者が動く場合はもっぱら空路になるらしい。

観光年が実施されてリゾート開発が始まろうと、この国は観光客を受け入れるキャパシティが不足していることは間違いなかった。ルアンパバーンにあるのは小さなホテルばかりで、たった一〇人ほどのツアー客さえ一つのホテルにまとめられず、三つのホテルに分かれるらしかった。

私には本来何ら関係ないことだったはずなのだが、決してそうではなかった。ルアンパバーンの空港を出たマイクロバスは三つのホテルを順に回り、客を降ろしてチェックインさせ、その客を再び乗せては次のホテルへ行くということを繰り返し、全部の客がチェックインし終わった時点でようやく市内観光のスタートとなる。すでにピーマイラオの初日が始まっているというのに、そんな時間の浪費に私も付き合わねばならなかった。もっとも、イライラはみんな同じで、一刻でも早く祭見物に出かけたい様子だった。ところがIさんにしても、ガイドにしても、いつどこで何が行われるかというピーマイラオの日程をまったく把握していなかったのだ。ラオスではマスコミも通信もまた未発達なため、ビエンチャンにいてもルアンパバーンの情報はほとんど入ってこないという。

幸い二番目に行ったホテルのフロントに、英文ワープロで打ち出されたスケジュール表が貼ってあった。きっと余分があるはずだと思ったが、これ一枚だけだという。それをはがして人数分コピーしてもらうことにしたが、ホテルにはコピー機がないらしく、スケジュール表をはがした係員は外にコピーを取りに走った。ラオスという国は、一事が万事この調子なのだ。

ようやく手に入れたスケジュール表には、この新年初日、朝の四時から一〇時まで大きな市《いち》が立つとあった。時計は一〇時を回っていたが、ここまで来る途中に一度たいへんな人込みでバスが立ち往生しており、きっとそれがその人の群れだったのだろう。ただ、それ以外は通りはどこもひっそりしており、地元の人よりも白人の観光客のほうが目に留まった。

私にとっての今回のラオス初旅行は、雲南を出てアユタヤ、バンコクに至ったタイ族が途中経てきたラオスという国を一目見たかったというのもあるが、ラオスの正月「ピーマイラオ」をフィルムに収めることも大きな目的だった。スケジュール表が手に入った時点で単独行動に出てもよかったが、土地勘のない初めての町でスケジュール表通りに動くことは不可能に思えた。だからこそ専属の車とガイドを手配したはずなのだが、どうやらそれは「ない物ねだり」だった。すっかり諦めの境地で、ツアーの一行と行動をともにすることにした。

空港からのバスが最後に着いたビスーン寺院前のホテルが、祭り見物の出発点となった。ビスーン寺院はその名の通り、ベトナムの侵攻を受けた後、ランサーン王国の建て直しを図ったというビスーン王が建立し、ルアンパバーンの名の由来ともなったパバーン仏をいただいた寺院である。だが、ビスーン寺院は素通りし、まずプーシーの丘をめざした。

スケジュール表の記述はかなりアバウトなもので、「午後、みんなメコンの対岸に渡り、砂のストゥーパ（仏塔）造りをする」となっている。プーシーの丘は海抜七〇〇メートル、市街から見た高さは一二〇メートルで、あたりを一望するのにちょうどよい。だから、ストゥーパ造りを見に行くまでの時間つぶしにこの丘に登ろうということになったのだ。

道すがら三々五々すれ違う人は、手に細長い旗を持っていた。登り口にはちゃんと料金所があって、正月の特別料金を徴収された。丘はなかなかの人出で、登る人、降りる人、彼らもみんな細長い旗をかざしていた。旗には八種類の動物が描かれていて、それはラオスの干支《えと》だという。一方、子どもたちはプラスチックの水鉄砲を持っていて、ふざけてこちらを狙ってくる。小さいながらも空気圧式の水鉄砲で、ラオスの水掛けにもこんな近代兵器が出回っているのだ。丘の頂上には寺院があって、ゾロゾロとお参りの人が入っていく。この寺院自体は一九世紀初めの建立と比較的新しいが、ここに参るのも正月の一つの習わしなのだろう。

プーシーの丘から見下ろす市街は、森と川に抱かれ眠っているかのようだった。このルアンパバーンの町は、一三五三年、ラオス初の統一国家ランサーン王国の建国から、一九七五年に最後の王朝ラオス王国が消滅するまで、一時期を除き一国の首都であり続けた。だが、とてもそうは思えないほどひっそりしていた。ほんの二〇数年前まで、官庁街のようなものもどこかに存在していたのだろうが、それらしきエリアも見当たらなかった。ほんのいく筋かの大通りをトゥクトゥクやバイクが緩慢に走り、民家のような三角屋根がパラパラ見えるだけだった。ちなみに現在のルアンパバーンの人口は約五万人、ラオスではビエンチャンに続く「大都市」だそうだ。

唯一、王都であったことを証明するものは、メコン川の手前に見える旧王宮の大屋根だった。一九

プーシーの丘から旧王宮を見下ろす

七五年、ラオスが社会主義体制に移行するまではここに国王が住んでいた。ただ、建設されたのは二〇世紀の初めと新しく、インドシナを配下に置いたフランスが、その傀儡政権としてルアンパバーン王国を再興するために設けたという。バンコクやプノンペンの王宮からそっくりそのまま装飾だけを取り除いたようなシンプルなもので、現在は博物館に利用されているらしい。

プーシーの丘を下り、メコン川へと向かった。水掛け祭で知られるメコン流域の正月。凄い迫力で町中水が飛び交うと聞くが、ルアンパバーンのそれはいかがなものか。まさか、先ほどの子どものように水鉄砲でチョロチョロというのではないだろう。かといって、バンコクのバンコクのカオサン通りのようにマシンガン片手の白人戦など見たくもない。ただ、これまで町の様子を見た限りでは、迫力のある水掛はあまり期待できそうになかった。

丘を下ると旧王宮の壁伝いにメコン川へ通じる道があり、辻ごとに子どもがポリバケツや洗面器を手に待機していた。だが、ここも人通りは少なく熱が入らない様子だった。義理ほどに宙を舞う水は、慣れてなくてもほとんどかわせた。メコン川に突き当たり、川沿いの道を右に折れた。どうせこちらもよく似たものか、と思う間もなく目に飛び込んできたのは、通り一帯で繰り広げられる放水の嵐だった。三人も四人も乗った原付や客を満載にしたトゥクトゥクが、水をボロボロ垂らしながら駆け抜けていく。車上の人々は水が飛ぶたびに歓声を上げ、わざわざずぶ濡れになりたくて流しているかのようだった。バケツなんていうのは可愛いもので、蛇口直結のホースという凶器もあった。路面は大きな水たまりだった。

男も女も、観光客も地元の人もお構いなしの無礼講で、我々にもガンガン水が飛んでくる。私は工事用の防水カメラを用意していた。敵はそんなことな

水掛け風景

ど知る由もないが、カメラがあっても手加減なしで、真正面から大きな水塊の洗礼を受けた。子どもがマシンガン型の水鉄砲で追撃を仕掛ける。たちまち全身ずぶ塗れで、周囲から「ピュー」と嬌声が上がる。水をかけられただけでなく、白い粉や赤い絵の具をしこたま顔に塗りたくられた。どうやらルアンパバーンの正月では、こうして顔に色を塗り合ったりもするようだ。

ちょうどその一画が水掛け銀座のようで、しばらく行くと放水合戦も一段落だった。岸辺の道は見晴らしがよかった。大河メコンもここまで来ると川幅はさほど太くなく、人の頭が豆粒くらいに見える程度に対岸の様子がうかがえた。その豆粒のような人影が、徐々に徐々に膨らんでいく。桟橋ではしきりにボートが発着していて、我々も連られるように乗り込んだ。

小さなエンジンを積んだボートは、ブルブル元気な音を立て対岸に近づいていった。そこはもう人、人、人で埋まっていた。ボートが着くと、また水掛けが待っていた。桟橋もなく、不安定なボートから陸に上がるまでの間は自由に身動きすることもできず、しかも目の前には余りあるほどの水源がある。まさに相手の思う壺で、本物の滝のように水を浴びせられる人もいた。そんな中どんどんボートが到着し、ますます人波は膨れ上がる一方だった。

人々は車座になり、円錐形の砂山づくりに励んでいた。「砂のストゥーパづくり」とはこのことだった。円錐形が整うと砂を丸めた団子を飾り、てっぺんに干支《えと》の描かれた旗を立てる。プーシーの丘でみんなが手にしていたのと同じ旗だ。手づくりの仏塔が林立し、旗をたなびかせている風景は、神々しいというよりはほのぼのとしている。紛れもなく宗教的な行事のはずだが、無邪気な砂遊びの

メコン対岸の砂のストゥーパづくり

ようにも見える。

ふと、子どものころの盆の母の里帰りを思い出した。母にはほかに三人の姉妹がいて、年に一度全員が揃うこのときに声を合わせて御詠歌を詠むのが楽しみだった。今の若い母親たちは、いつでも実家に帰れるし、まさか姉妹で御詠歌を詠むことなどを楽しみにしているはずはない。一世代違うだけで、ずいぶん変わってしまうものなのだ。

それにしても、何と人の多いこと。御輿や山車が出るわけでもなく、ステージや音響設備といったイベントの装置も何もない。普段ならここは草ぼうぼうの川原のはずだ。あるのは新年という時の演出だけなのに、どうしてこんなにも盛り上がることができるのだろうか。

町に引き返すと、普段は空地という場所に露店が出ていた。竹の飯櫃に風呂の椅子のようなまな板など、バンビエンまでの青空市場で見たような商品のほか、鮮やかな刺繍の布製品がたくさんあった。大きな敷物のようなものからコップ敷きのようなものまで各種あり、それはそれで興味深いが、売り手の方が印象的だった。ほとんどが女性で、派手な衣装をまとっていた。正月に着る服かと思ったが、モン族の衣装だそうだ。いつもは山で暮らしているモン族が、正月の祭りはかきいれ時とばかりに、商品を背負い何日もかけてはるばるやって来るという。

この地に仏教をもたらした本物の主役といわれるモン族も、今はひっそり暮らしているのか。ここにも小規模ながら、インディアンとアメリカ人や、オランアスリとマレー人のような先住民と外来人との関係があるのだろうか。いや、普段は山に暮らしているからといって、虐げられているとか可哀想と考える方が間違っているのかもしれない。モン族の女性は、にこやかに買い物客の相手をしていた。

彼女らを冷やかしながら一めぐりしたころ、若い女性が近づいてきた。真っ白のブラウスを着て、長い髪を後ろで束ねた不思議な雰囲気の女性だった。ちょうど手のひらの中に収まるくらいの小さな鳥籠を持っていて、その中には窮屈そうにしている小鳥がいた。ルアンパバーンの新年初日には、飼っている鳥を大空に放ち、魚を川に放流する習慣があるそうだが、そのための簡易セットがそれだった。日本にも「放生会《ほうしょうえ》」といって、殺生を戒める仏教の教えから魚や鳥を放って供養する儀式があるが、どうやらそれによく似たものらしい。

各自、いったんホテルに戻った。濡れた衣類を取り替えるためだ。もう水掛けはたくさんだと思うが、いったいいつまで続くのだろう。夕方にはまた集合する。スケジュール表によると、午後八時にはニュースタジアムという所で「ミス・ピーマイ」を決める美人コンテストがあり、市内各寺院では仏像に水を注ぐ祭りが行われるという。

ホテルから待ち合わせ場所まではトゥクトゥクを使った。どうやら夕暮れになると水掛けも休戦のようだった。みんなそそくさとバケツを片づける中、最後の一掛けに執念を燃やそうという感じの人がいたりと、店じまいどきの市場に似ていた。

町をブラブラ歩いていると、民家の玄関先で若者が派手に太鼓を打ち鳴らしていた。のぞいてみると、一〇人くらいが宴会をしていた。私にもグラスが回ってきて、透明な酒を注いでくれた。料理もつまんでいけという。ガイドを通して話を聞くと、これは新年の宴会ではなく家族の誰かが亡くなったという。ラオスでは、葬式は賑やかに盛大に行うらしい。また、このとき、親族の若者で出家中の者がいた場合はその若者が、出家中の若者がいない場合は孫など年少の者が僧侶の役を務めるという。

美容院では、もう日暮れというのに二人の客がいて髪を結ってもらっていた。店の人が嬉しそうに話すのを聞くと、二人は夜の美人コンテストに出場するのだという。コンテストには六〇人の候補者が出場し、まず半分の三〇人に絞られ、さらに半分の一五人になる。そしてファイナルに七人が残り、そのうち一人が新年の美の女王「ミス・ピーマイ」の座に輝く。ラオ語で「ピー」は「年」、「マイ」は「新」を意味するのだそうだ。

ニュースタジアムは少々遠いということで美人コンテストには行かず、寺院の祭を見ることになった。どの寺院でも秘仏が開陳されるということだが、ルアンパバーンには五〇を超える寺院があり、どの寺がいいか見当がつかない。道行く人に尋ねたところ、ワットマイに行けばパバーン仏が見られるという。ビスーン寺に招来されたパバーン仏は、今はこのワットマイにあるということになる。

ワットマイの境内には仮設の大きな堂があった。堂内にはパバーン仏を据えた台座があり、その上に龍の模様の樋が架かる。仏像の上が龍の頭になっていて、参拝者が尻尾の側から水を注ぐと龍の口から仏像の頭にしたたり落ちる。水は普通の水ではなく、生姜の入った新年の香水だそうだ。お参りの人々は、三々五々やって来る。英語のスケジュール表には「フェスティバル」と単純に書かれてあるが、一気に盛り上がる祭りではなく、このような一人ひとりの祈りの集積が祭りになる。

新年初日は、日本でいう大晦日にあたるという。人々は大掃除をして厄払いをする。なるほど、昼間、露店で日用品が売られていたのも合点がいく。この夜に新年のミスが選ばれても遅くはない。しめやかな寺院の儀式は、さしずめ除夜の鐘だろうか。

ピーマイラオのハイライト

新年二日目、この日が日本の正月の元旦にあたる。スケジュール表には、朝から僧侶に餅米や料理を捧げる托鉢があり、午後二時から、タートノイ寺院からシェントン寺院まで、ミス・ピーマイのパレードが行われるとなっている。托鉢は是非とも見物したかったたし、また写真も撮りたかった。敬虔な仏教徒の国ラオスにあって托鉢自体は正月だけでなく毎朝行われているそうだが、正月は捧げ物が豪華になり、人々は正装をして僧を迎えるという。托鉢を見るのには何時にどこに行けば一番いいのかとホテルの人に聞いたところ、ビスーン寺院より一つ南西の四つ角で、朝六時前に待っていればいいということだった。

五時半にホテルを出て四つ角に向かった。途中、名前の知らない大きな寺院の前を通ると、ちょう

新年の托鉢

ど僧たちが托鉢に向かうところだった。ほとんど暗闇に近い中を、金属の鉢を肩から下げた僧たちが大勢出ていく。裸足の僧たちは無言で足音もたてず、まったく音のない世界だった。出遅れた幼い僧がそれを駆け足で追いかけていった。

四つ角に着くと、人々は竹で編んだ飯櫃を手に僧が来るのを待っていた。市で売られていた飯櫃と同じ形をしているものサイズはかなり大型で、恐らく七合以上は入るだろう。料理というのはどのようにして捧げられるのか疑問に思っていたが、口を結わえたビニール袋の中に入れられていた。僧たちは、いろんな方向からやって来た。それぞれに自分の寺を出て、檀家のいる地区を回ってまた寺に戻る。それら各地区の接する場所がこの四つ角になるのだろう。相前後して現れた托鉢僧の列は一五分くらいですべて行き去り、思ったよりもその時間は短かった。

宿に戻るのも物足りなくて回り道をすると、途中でとんでもない人だかりに出くわした。トゥクトゥクやトラックを改造したバスが道路を埋め、大きな荷物を抱えた人々が次から次に乗り込んでいく。それは露天市だった。ラッシュ時のターミナルのような人波をかき分けて中をのぞくと、野菜に果物、食べ物屋台と、典型的なアジアの市場の風景があった。ただし、この熱気はただものではない。入り口付近に陣取る女性は、バナナの葉を折りたたんで円錐型に巻き上げては目の前に並べていくのだが、これが飛ぶように売れていた。いったい何に使われる品物なのだろう。市場の前の道路の逆側では、生きた鶏を売る人々がこれもまたたくさんの客を集めていた。これは、新年恒例の「鶏の市」らしい。

午後二時からというミス・ピーマイのパレードは、ルアンパバーンの正月祭のハイライトとされる行事で、朝の托鉢からパレードまでの間、スケジュール表はブランクだった。祭り見物と定例観光を兼ねた私の旅の日程では、この日の午前中はパクオー洞窟の見学にあてられていた。もちろん、ツアーのご一行も一緒だった。祭りのスケジュールをつかんでいない割には、その隙間にうまくセットされていたといえる。

洞窟まではメコン川をボートで行く。手こぎボートだと二時間かかるが、「スピードボート」ならわずか半時間だそうだ。我々が使うのは後者のようで、町はずれにある船着場から日本製の自動車エンジンを積んだ細身のボートに乗り込んだ。安全のために乗客は全員、ライフジャケットとフルフェイスのヘルメットを着用しなくてはならなかった。ちょっとオーバーな演出のように思われたが、出航した途端、その程度ではまだ不十分だということを思い知らされた。このあたりのメコン川は至る所に岩が突き出し、そこをボードは飛び跳ねるように疾走するのだ。痛いほど風圧を受け、激しいエンジンの振動とボート自体の上下動で、心臓にもかなりの負担に思われた。だが、例の奥様方は、遊園地の絶叫マシーンを楽しんでいるかのように大はしゃぎしていた。一方私は、帰りは車が使えないものかと真剣に思った。

パクオー洞窟は、メコン川から切り立った垂直の崖がえぐられてできた洞窟だった。これならどう考えても船以外で来ることはできない。昔から信仰の対象になっていて、とくに正月には国王も庶民も必ず参拝に訪れたという。えぐられた部分は川面から一〇メートルくらいの高さにあって、桟橋からそこまでは急な階段が設けられている。階段を上りきった所に祭壇があり、中年の女性たちが熱心に祈りを捧げていた。ただそれだけでは別に珍しくも何ともないのだが、洞窟の方を見やるとすぐ目に飛び込んできたのは、雛壇状の石壇に並べられた夥しい数のミニチュア仏だった。周辺の村人がそれぞれの思いを込め奉納したもので数千体はあるという。その前を干支の描かれた旗を手にした人々が押し合いへし合いしていて、ここにお参りするという正月行事は今も盛んなようだった。参拝を終えた人の群れは洞窟の上へと続いている。それに交じって上っていくとさらにもう一つの洞窟があった。そして、その洞窟の内部は縦横左右に広がっており、そこにも祭壇らしきものがあった。ほとんど真っ暗で中の様子は分かりにくいが、ほのかな灯明の明かりによって祈りを捧げる人影が浮かび、下の洞窟とはちょっと違った厳かな雰囲気が感じられた。

町へ引き返すスピードボートは、途中、沿岸の村落に立ち寄った。村落の入り口には大人の膝ほどの高さの瓶がズラリと並び、その先に草葺きの小屋がいくつも立っていた。小屋と小屋の間には作業場があって、石臼や竹籠、ふるいなどの道具が置かれている。そこはサーンハイ村という村で、ラオスの焼酎「ラオラーオ」をつくっているとのことだった。村内にはそのラオラーオをはじめ民芸品などを売る売店もあった。我々が来たのに気づいた村人はいろいろと焼酎のつくり方を身振り手振りで解説してくれる。ちょっとは売店で買物をさせるためのサービスかもしれない。ラオラーオの原料となるのは餅米で、実際に石臼で餅米をつく作業も実演してくれた。雑穀ではなく餅米から造る伝統の酒があるということは、このルアンパバーン一帯はかなり豊かな土地だったのかもしれない。試飲もさせてもらったが、かなりアルコール分が高かった。そういえば昨夜、葬送の宴で振る舞われた透明の酒もこのラオラーオだったのだ。

洞窟見学を終えた後は、みんな自由にパレードを見物することになった。私はいったんホテルに引き揚げ、カメラバッグにフィルムをぎっしり詰め込んだ。ようやく身軽になり、写真撮影に打ち込める。出陣前に、ホテルの近所の食堂で腹ごしらえをした。言葉はよく通じないが、客席に向かって調理場があるので、身振り手振りでほかの客が食べているのと同じ汁そばのようなものをつくってもらった。

肉や野菜など具がいっぱい入った汁そばは、見かけはタイの汁そばにも似ていた。辛くはないかと用心しながら一口食べた。私はタイ料理のような唐辛子の辛さにあまり強くない。だが、ほとんど辛さは感じられず、言葉にするのは難しいが、こくがあり深みのある絶妙の味だった。それまではたいていホテルかレストランでの食事ばっかりだったが、それも決してまずくはなかった。というより、かなり美味しいと思ったが、きっと観光客用の味付けをしているものとばかり思っていた。だからこの食堂で食べた汁そばは、私に「ラオスの味」についての見方を変えさせてしまった。

失礼だがラオスの料理がこんなに旨いとはまったく予想していなかった。わずかな知識では、ラオスでは昆虫やネズミも食べるとのことで、きっと内陸国で食材に乏しいのだろうとぐらいにしか思っていなかった。

だが、思い返せば、レストランでご飯といって出てくるのは餅米だった。これは日本人の感覚ではなかなかの贅沢だ。さっきのラオラーオも米からつくる。観光客用の店といっても、国や場所によっては決して美味しいとはいえない。同じレシピで料理をしても、背後の食文化が味を決めるとするならばラオスの食文化はかなりのものに違いない。また、ラオスではフランスパンが名物だという。かつてフランス人が植民地でも母国と同じ食生活が送れるようにと、現地の人に焼き方を教え込んだのがその始まりだそうだが、いまやフランスより美味しいフランスパンが食べられるとさえいわれている。

正午が過ぎると、シーサバンボン通りとそれに交わるキットサラット通りが色めき立ってきた。シーサバンボン通りは旧王宮のあるルアンパバーンのメインストリートで、パレードもこの通りで行われる。めかした女性、普段着風だがパリッとした男性、バックパッカー風の白人も混じり、群衆はどんどん膨れ上がっていった。わずかな空き地に手動のメリーゴーランドが設置され、子どもたちが列をつくって待っていた。昨日見たモン族の市場は店の数が増えて歩道へはみ出し、通り一帯に延びていた。やがて制服の一団が登場し、交通整理が始まった。

シーサバンボン通りに面したタートノイ寺院の境内には、絢爛たる民族衣装に身を包み、円錐形の花飾りを手にした娘たちが母親に付き添われて勢揃いした。朝、市場で見たバナナの葉のオブジェはこの花飾りの台だった。門前には、派手な垂れ幕のかかった山車や、金ピカの座所を据えたトラックがいつの間にか停まっていた。そこに、一対のナマハゲに似た奇妙な姿が現れた。その正体は、ラオスの大地の創造主で、ラオス人の祖先とされる「プーニュー」と「ニャーニュー」の精霊夫妻だ。ラオス最初の都にふさわしいこのキャラクターは、正月にだけ登場するという。いよいよ、パレードが始まる午後二時が近づいてきた。

今か今かと待ち構える中、鮮やかなオレンジの僧衣が門前の石段を下りてきた。そして、そのままトラックに乗り込み、一人だけ団扇を持って黄土色の僧衣をまとった僧が金ピカの座所に着座した。

プーニュー（左）とニャーニューの精霊夫妻

それに続いて民族衣装の女性たちが下りてきた。うち七人が山車に乗り込む。彼女らが、昨夜のコンテストで最後まで残った七人だろう。山車にしつらえた張り子の上に、そのうちの一人が寝そべった。彼女こそが、美の頂点となったミス・ピーマイだ。頭に大きな冠を載せている。年配の婦人はミスたちに目もくれず、僧に駆け寄り水をかける。子どもたちはナマハゲを取り巻いてはしゃいでいる。うっすらと口髭の生えた少年僧は、山車上の美女を食い入るように見つめている。

予定通りの二時ちょうど、一大パレードが始まった。山車の後には、それに乗り損ねた女性たちや若い僧たちが長い列をつくっていた。列の最後には何頭かの象もいた。ゆっくり優雅な歩調だが、群衆がパレードに合わせて移動するため混雑をきわめる。その混雑をかき分けて写真を撮るのは、並大抵のことではなかった。群衆よりも先んじなければ山車を正面から狙うことができない。下手をすると、まともな写真が一枚も撮れないかもしれない。塀や土手には見物人が鈴なりで、道に張り出すカフェでは、テーブルに上った客がそれでも見えずにジャンプしていた。

一キロ半先のシェントン寺院まで、パレードは二時間かけて到着した。境内ではプーニューとニャーニューが新年の舞を奉納し、その周りを大勢の見物人が取り囲んだ。大役を終えた美女たちが肉親、知人に迎えられ、そこら中で記念撮影の輪ができていた。熱狂は、なかなか冷めやらなかった。なお、ミス・ピーマイのコンテストやそれをいただいた大パレードは、正月行事として昔からあったものではなく、一九八六年、ラオス政府が「チンタナカーン・マイ」（新思考）と呼ばれる経済改革に着手して以降、取り入れられたものだという。

なかなか醒めなかった熱狂も醒め、人影もまばらになったころ、シェントン寺院を後にした。シーサバンボン通りにはたくさんの寺院があったが、私は名前もいわれもまったく知らなかった。門前でぼんやり寺院を眺めていると、若い僧が英語で話しかけてきた。境内を案内してくれ、堂の中の仏像も自由に写真を撮らせてくれた。別れ際に何度も何度もお礼を言うと、「フィルムが余っているなら譲って欲しい」と言ってきた。予想外の言葉に戸惑ったが、私はフィルムを一本渡した。

もうかなりボロボロになってしまったスケジュール表には、この日も夜、市内各寺院で仏像に水を注ぐ祭りがあるとなっていた。そして、明日の夜もまた同じことが書かれていた。大きな寺院も小さな寺院も堂の脇に仏像を据えた台座が置かれ、その上に前夜ワットマイで見たのと同じ龍の樋が渡されていた。規模が違えど、どの寺院もしめやかにお参りの市民を集めるのだ。

しばらく歩くと、人通りのない細い道でバケツを持った子どもがいた。子どもにとって水掛けは、夕方になってもやめられない楽しい遊びなんだなと思い、その細い道に入っていった。子どもはバケツを持ち直して一瞬私に掛けようとするが、はにかんでモジモジして、結局バケツを置いてしまった。何の根拠もない憶測だが、この子どもはもしかして、丸一日この調子で水を掛けたくても掛けられず、わざとこんな人通りのない所で待っていたのかもしれないと思った。

シェントン寺院はどちらかというと町外れにあたる。パレードの出発点だったタートノイ寺院のあたりまで引き返すと、あたりはたいそう賑やかだった。家々の軒先で宴が開かれ、そこが飲食店なのか普通の家なのか見分けられないほどだった。のぞき見すればグラスを持たされ、たちまちラオラーオの回し飲みの一員にされた。ただ、そんなグループがいるかと思えば、通行人には目もくれず、母親と子どもだけでひっそりと料理をつまんでいる家もあった。

いったんホテルに戻り、また夜の町を見に行く。七時をすぎると町は静かになっていた。だが、よく見ると薄明かりの中、家々の宴は続いていた。雑貨屋では母親がまだ店に立つその横で、料理を広げたテーブルが据えられ、夕飯が待ち遠しいと言わんばかりの表情をした子どもがスナック菓子を食べていた。新築早々の家があり、その中で灯りを消してテレビを見ていた。画面はまだ白黒だった。各人各様、ふと立ち止まると、開かれた扉の間からミシンを踏む女性の影が裸電球に浮かんで見えた。各家各様の正月があった。

人間が暮らす世界遺産

翌朝も一人で托鉢を見に行った後、午前中はツアーの一行と周辺観光に出発した。この日の行き先は、ルアンパバーンの南約三〇キロにあるクォンシーの滝だった。三段になった大きな滝で、それぞれにエメラルドグリーンの深い滝壺があった。思えば、ラオスの川はどこもみな清流だった。チャオプラヤ川のように濁ってはおらず、日本人の目にも違和感がなかった。メコン川にしても澄んではいないが決して濁流というほどではなく、見た目にあまり重たくはなかった。

美しいエメラルドの滝壺を前に、もちろんあの奥様方は見ているだけで済むはずもなく、三つの滝壺をはしごして天然のプール遊びを満喫していた。

彼女ら一行は、私よりも一日早く、この日の午後の飛行機でビエンチャンに向かう。少々の余裕を見つつ、その時間に合わせバスは滝を後にした。やれやれ、これで彼女らとも最後だと思った。だが、彼女らは、行きの車の中で沿道にあった「象乗り」の施設に目をつけていたようで、しばらくすると「象に乗りたい、乗りたい」と騒ぎ始めた。ガイドもＩさんも当然のごとく渋ったが、結局はそのパワーに負けてしまった。最後の思いを遂げた奥様方ときたら、私も含めたほかの客に「ゴメンナサイネ」と言いつつも満悦至極の表情だった。

私としては、この奥様方の存在を決して快くは思えなかった。だが、ただ一つ、観光国としても右に出る国がいないほど開発途上であるはずのラオスが、実は恐るべき天然のリゾートだったことを彼女らを通して認識できたことが痛快だった。

泳ぎたい、サウナに行きたい、歩き疲れたらマッサージ、もちろん食欲もショッピングの意欲も満々だった。当初は来る国を間違えているのではないかと思ったが、何の何の、伝統的な薬草サウナや清らかな大自然のプール、モン族の織物や台所用品、メコン川のスピードボートや象乗りなどが彼女らの飽くなき欲求を満足させてしまったのだ。私がその旨さに驚嘆した汁そばも、彼女らはきっちり体験済みだった。このラオスにはわざわざこしらえずとも、さまざまな観光メニューが自前で用意されていたのだ。しかもそれは、ここにしかないものばかりだった。

一行が去った午後からは、正真正銘の単独行動となった。この日も午後二時からは、ミス・ピーマイのパレードが行われる。昨日はかなり熱中したが、パレードを見るのもその写真を撮るのも、もうどうでもいいような気がした。ブラブラ歩いてシーサバンボン通りに向かうと、昨日の朝、托鉢僧が出ていくのを見た寺院があった。暗くてよく分からなかったが、日中に見るとかなり大きな寺院だった。堂の一部が改修中で、打ちっ放しのコンクリートの壁面があらわになっていた。ルアンパバーンは世界遺産に登録されるくらいの古都なのだから、そこにある寺院はたいていが木造で塗り壁であろうと勝手に思い込んでいた私は違和感を覚えた。

パレードを避けるように、ブラブラと市内の寺院を見て回った。ルアンパバーンの町には本当に寺院がたくさんあり、ラオスが熱心な仏教国であることを無言のうちに語っているようだった。だが、寺院の中には、先ほどの大寺院のようにコンクリートで改修されたり、ビエンチャンで見たタートルアンのように仏塔や柱の輝きがペンキの金色というものも少なくなかったし、由緒ある寺院であっても比較的近年に改修や改造がなされたと思われる部分が少なからず見受けられた。

ルアンパバーンの寺院には飾り気も少なく造形的にもあまり印象に残るものがなかった。数年前に行き、ほんのわずか記憶に残っているチェンマイの寺院に似ているといえば似ている気がした。それは、かつてのランサーン王国がチェンマイに都を置いたラーンナータイ王国と近い関係にあったからだろうか。

私がささやかながら東南アジアの歴史や宗教に興味をもち始めたのは、番組取材の荷物持ちで、何も考えずに訪れたインドネシア・ジャワ島のプランバナン寺院にアンコール遺跡に見られる砲弾型の塔堂のイメージを見いだしたことが発端だった。そして、アユタヤやそのついでに訪ねたロッブリーや、またその前に立ち寄ったバンコクでも、あの砲弾型のイメージを至る所に発見した。だが、そのタイのルーツあるいは同族であるはずのラオスの、ここルアンパバーンの寺院には、私が訪ねたかぎりでは一切あの砲弾型のイメージは発見できなかった。

これは、私にとってかなり興味深いことだった。ルアンパバーンにしてもクメールの影響から無縁ではない。そもそもラオスという国家の始まりであるランサーン王国をこのルアンパバーンの地に建国したファーグム王の妃がアンコールの王女であったのだから、ラオスの王家はタイ族とクメール族の混血である。ルアンパバーンの仏教はモン族がもたらしたという説が正しいにしても、アンコール王朝の仏教からも多くのものを学んでいるに違いない。ただ、そのときすでにアンコール王朝は南方上座部仏教にすっかり転じた後だった。一方、アユタヤに関しては、それよりもはるか以前からクメールの影響を色濃く受けてきた地域だった。

これは素人のとんでもなく独断に満ちた推測だが、あのクメールの象徴のような砲弾型の造形とは、ヒンズー教と大乗仏教の影響を受けたプランバナンに源を発し、それがジャワから帰国してアンコール王朝を打ち立てたジャヤバルマン二世によってクメール人のもとにもたらされたものではないだろうか。そして、ヒンズー教と大乗仏教が混淆していたころのクメール人によって各地に発信され、その当時のクメール人の支配力の強かった地域においては、土着の文化のように根を張ってしまったのだ。その一つの典型がアユタヤだった。一方、アンコール王朝後期のように、クメール人がすっかり南方上座部仏教に移行してからは砲弾型の文化はもう発信されなくなってしまった。だから、ルアンパバーンには砲弾型のイメージが見つけられないのではないか。

さて、ラオスにやって来た初日、私はアヌサワリ前の青年僧に向かって、自分でも驚くほど手に汗を握りながらシャッターを押した。それは、南方上座部仏教の国では恐れ多い存在であるはずの僧に対する緊張感と、このときを逃せばいつまた僧がやって来るか分からないという焦りが入り交じってそうなったのだと思う。だが、このルアンパバーンの町を歩いていると、そのときの気持ちが馬鹿らしく思えるほど僧の姿が非常に多く目についた。そして、その僧たちは、一般の市民との垣根の低い、

水鉄砲でふざける小僧さん

実に親しげな存在のように見受けられた。境内では、僧は穏やかな顔で市民と語らっていた。一方、市民も市民で、僧侶の前でもタバコを吹かし、平気でポイ捨てする人もいた。それは不心得というより、あまりにも仏教が市民に溶け込んでいるあかしかもしれない。もしかすると人々は、村の集会所に立ち寄るような感覚で寺院に立ち寄り、僧と言葉を交わしているのではないだろうか。そして、自然な感じで祈るのだろう。毎朝托鉢があるように、ここでは祈りはあまりに日常的で当たり前の行為だ。

ラオスでは、田舎で近くに学校がないために小僧になるという形で町の寺に寄宿してそこから学校に通う少年が少なくないというし、家が貧しくて学校に通えないという子どもたちが寺に身を寄せて寺から学校に通わせてもらうというケースも少なくないらしい。また、これは同じ南方上座部仏教の国であるタイやミャンマーにも共通する習慣だが、男子は誰でも一生に一度は出家する習わしがあるという。別に定まったシステムがあるわけではないが、仏教徒の男子は自分あるいは親や親族が決めたある期間に仏門に入って出家僧としての生活を行う。その期間も任意で、私が聞いたかぎりにおいては三週間くらいで還俗する人もいれば、終生仏門に入ってしまうという人もいるようだが、いずれにせよ、男子は出家の経験がないと一人前と見なされないらしい。現在は、仏教徒でも出家しない人がいるそうだが、僧衣をまとうことがさほど特別なことではないのは確かなようだ。ある大きな寺院の境内では、小学生くらいの小僧さんが水鉄砲の撃ち合いをしていた。もちろん、修行は厳しいに違いない。だが、ひとたび修行を離れれば、彼らにしてもごく普通の遊び盛りの少年のはずだ。昨日フィルムをねだった青年僧も、ついほんの前までは普通の青年で、いずれほどなく在家に戻るのかもしれない。

ルアンパバーンの町はラオス最初の国家であるランサーン王国以来の歴史を伝える古都として世界遺産に登録されている。その世界遺産の町の寺院がコンクリートで改修される。寺院は保存のための遺物ではなく、補強して使い継がれる現役の施設だ。度を越してまばゆい寺院ほど権力と結び、国民を従える道具ともなりうる。この町では、そんな匂いはほどんどなくて、寺にしても僧侶にしても、市民に開かれた存在に思えた。タイの僧たちは神聖にして冒すべからざる存在で市民よりも一段高い地位にあるというが、ラオスの寺院やそこにいる僧たちの何と市民と親しげなことか。メコン一帯の水掛け祭でも、僧にまで水を掛けるのはラオスだけだという。

私はもう一度プーシーの丘に登り、シーサバンボン通りに下りた。この日のパレードは、昨日の終点だったシェントン寺院を基点に、出発点だったタートノイ寺院へと逆コースを行く。ちょうどそのときパレードは旧王宮の前を通過中だったが、昨日ほどの人だかりはなかった。

私は、再び町を歩き始めた。軒先の宴会はむしろパワーを増しているようだった。その一軒に引っぱり込まれ、飲んで、食べ、さらに踊りにも引き込まれた。もともとこの三日目が新年のあいさつを行う日で、ラオラーオの祝宴も本来この三日目ならではの行事だったという。

「知られざる国」が発するメッセージ

仮にもし、何も知らず偶然この時期にこの町に来て、この祭りを見たらどうだったかと思う。町の人が狂ったように水を掛け合い、メコンの対岸ではわけの分からない人だかりができている。岸辺を埋め尽くす奇妙な砂山。夜になれば無礼講の宴会が始まる。たとえ言葉が通じなくても、いったい何の騒ぎなんだと尋ね回りたくなるに違いない。もし、そんな旅ができたとするなら、これぞまさに最高の旅といえるのかもしれない。

その意味では、美人コンテストやパレードはいかに大迫力でもありふれている。自分がもっている知識でも、それが何のことかくらいは十分理解できる。所詮、新政策が始まって取り入れられたイベントなのだ。ただ、パレードに登場したラオスの祖先といわれるナマハゲだけは別格だ。これもいったい何だか分からない。そして、何なのかと知りたくさせる力がある。

事前に知り得た知識を確認しに行くような旅よりも、何も情報のない場所を訪ね、突然未知のものに出会える旅のほうがずっとずっと楽しいに違いない。居ながらにして何でも知りうる今の情報化時代は、「未知なるものと出会って興奮する」という機会がどんどんすり減らされている時代でもある。

もっとも、そんな偉そうなことを言えた義理ではなく、私は最初、祭りの進行をつかんでいない旅行代理店に対して不安といらだちを覚えていた。

スケジュールの子細は知らなかったとはいえ、四月一四日から数日間、ピーマイの祭りがあるということを知ってやって来た。「ラオス、知られざる国」という割に、ある意味では結構、情報はつかんでいたのだ。

またその一方、ルアンパバーンの正月祭で、幾たびか自分もその興奮に巻き込まれたり、人々の姿に胸が熱くなる思いがした。それはきっと、自分の中にある正月の記憶が呼び覚まされたからだと思う。私の少年時代には、我が家にも正月を迎える儀式があった。家に臼も杵もなかったが、餅の賃つきが町内を巡回し、大きな四角い木の箱につきたての餅が運ばれると母や祖母がちぎって丸める。大鏡をつくり、小鏡をつくり、三が日に食べる丸餅をつくる。簡単で面白そうだったのでやりたかったが、子どもには無理だといって取り合ってもらえなかった。家中のすす払いをし、神棚や仏壇に新年用の供え物をするのだが、私は今自分でそれを再現できないし思い出すことすらできない。子どもにとってはただ嬉しいだけの正月だが、親たちにとっては、お節料理をつくったり、祝い昆布を切ったりと細かな用事もたくさんあって、正月を迎えるのも何かとたいへんだったはずだ。それでも、親たちにとっても正月は楽しいようだった。

昔の夜は早かった。子どものころはずっと八時に寝かされていた。大晦日だけは、特別に夜中まで起きていることが許されていた。目をこすりながら紅白歌合戦を見て、除夜の鐘が鳴るのが待ち遠しく、時計の針が一二時を回ると、待ってましたとばかりに「明けましておめでとう」というのが嬉しかった。

伝統に即した日程で、伝統に即して準備されるルアンパバーンの手づくりの正月。日本の正月もみんなで紅白を見て、除夜の鐘を聞いてという時代には、ある種感動的な情景があったはずだ。だが仮に、誰か外国人が、今の日本の普通の市民の正月を見て胸をときめかせてくれるだろうか。スキー、海外旅行など、正月の過ごし方も多様化しているようには思う。だが、所詮は単に商品化された「レジャーのメニュー」を選択すれば済むことだ。正月休みも単なる休暇だし、しきたりを無視して正月行事をしなくても、心にも体にも何の支障も起こらない。正月を迎える切実さも一生懸命さもなくて、以前よりは随分贅沢にはなっているが昔の人が正月を迎えたほどの嬉しさもないのだろう。

ミスピーマイのパレードに参加した女性たちは、伝統文様を丹念に染め上げ金銀の刺繍を散りばめた民族衣装をまとい、色とりどりの生花を盛った豪華な花飾りを手にしていた。それを見て思い出されるのは、京都でもそこそこ由緒のある車折《くるまざき》神社の祭礼だった。境内には牛車が据えられ、その牛車の屋根からは、かつてそれが帝《みかど》の乗り物であったことを示す葵の葉っぱが垂らされていた。だがそれは、ビニールでできたちゃちな偽物の葉っぱだった。

どうしてアジアでトップの経済大国日本の祭りが、アジアでも出遅れたはずのラオスの祭りに比べてこんなに手抜きで貧相でなくてはいけないのだろう。

正月の水掛けは、米が主食のこの地域において、もっとも酷暑のこの時期に、降雨と豊作を願い行われる儀式だそうだ。この水掛けを含めた正月行事は、ここがラオス王国の都であった一九六〇年代ころは約二週間続き、もっと以前は一ヵ月続いたという。時間をかけて手をかけて盛大に祝われるということは、それだけ重要であり、また切実なものがあったのだろう。この行事をおろそかにしては、生きていく上でもっとも大切な食糧生産に支障をきたすと信じられていたに違いない。あるいは、正月が祝えるということは、それだけの実りが得られたということでもあり、さまざまな行事に打ち騒ぐことでその喜びを体全体でかみしめ、自然の恵みへの感謝の気持ちを再確認したのかもしれない。そういえば日本の正月も、七日には七草正月、十五日には小豆正月と、そこそこ続いた。やはりそれなりに意味があったに違いないが、次第に形骸化し、今ではもう忘れ去られようとしている。

一口に世界遺産といっても、その形態はさまざまだ。「ボロブドゥール寺院遺跡群」や「プランバナン寺院遺跡群」は特定の時代に造られた特定の建造物を指し、「アンコール遺跡群」はアンコール王朝が数百年にわたって築き上げた数多くの都市遺構や建造物が含まれている。韓国の海印寺の場合は、「八万大蔵経の納められた伽倻山海印寺」ということで、価値あるお経の版木および、それを伝え継いだ寺院が世界遺産だし、日本の「古都京都の文化財」は、一〇〇〇年以上も都であった京都にある建造物の中で各時代を象徴するもの一七ヵ所がセレクトされ、それらがワンパッケージで一つの世界遺産となっている。

一方、「ルアンパバーンの町」は、町そのものが世界遺産だ。アバウトなくくり方のようにも思うが、それはランサーン王国の歴史を伝える寺院や町並みというよりむしろ、この町に暮らす人々やその生活文化も含めたすべてが世界遺産であるという意味にも受け取れた。そして、たとえこの町の寺院がコンクリートやペンキで補修や改修が行われて創建当時の雰囲気が失われようが、人々の祈りの場として現役であり続けるかぎり、この「ルアンパバーンの町」という世界遺産の値打ちは色あせな

素朴なたたずまいルアンパバーンの寺院（紀元前３世紀にアショカ王の使節が創建したとの伝説もあるワット・タートルアン）

いようにも思えた。

昔よりは期間が短くなっているのかもしれないが、手づくりの正月は健在のようだ。正月にだけ突如昔に返るというわけにもいかないだろうし、ルアンパバーンの町では伝統的な生活文化がまだまだ残されているということだろう。ただ、この町にも少しずつ時代の波は打ち寄せていた。美人コンテストやその勝者を主役に据えたパレードは、経済開放という新政策が導入されたことによりはじまったというし、また、町の寺院で英語を話す少年僧に出会ったのも、新政策とともに寺院が英語教育の場として利用されるようになったからだという。そんな時代の流れの中で伝統的な生活文化を守り継ぐのは、遺跡や史跡を保存するよりもはるかに難しいに違いない。

あとがき

一昔前、「観てから読むか、読んでから観るか」という映画のセールスコピーがあって、ちょっとした流行語になったように記憶している。たしかその映画というのは、原作本を発行している出版社が製作したものだったから、原作本を読んでから映画を観ても、映画を見てから原作本を読んでも、いずれにせよその出版社にはちゃっかり儲けが転がり込む。営業的にも実に巧みなコピーではあるが、それが流行語になったのは、映画を観たり小説を読んだりする人間の心理をうまくつついていたからだろう。

私自身はあいにく映画に興味はないが、「観てから読むか、読んでから観るか」というフレーズは、そのまま世界遺産にあてはまる。世界遺産に関する本を読んであらかじめ知識を仕入れてから世界遺産を観に行くか、それとも世界遺産を観てからそれに関する本を読んで知識の裏付けを得るか、いったいそのどちらが楽しいのだろうかというのが冗長な駄文を書き終えてあらためて感じる思いである。

本文にも書いたように、歴史や文化遺産の類にはほとんど興味がないというのが私の世界遺産めぐりのスタート地点であり、こんな人間にさえその成り立ちや背後にある歴史に興味を抱かせてしまうようなパワーを世界遺産は秘めていたわけではあるが、もしある程度の知識を身につけた上で世界遺産に向き合っていたとしたら、逆にあまり興味を持たないままに終わっていたのではないかと思えてならない。少なくとも、曲がりなりにもその一部始終を一冊の本にまとめようという気持ちにはならなかったに違いない。

実は第一稿を書き上げた段階で、本書の編集を担当いただいた株式会社新評論の武市一幸氏から、第四章の「タイ・アユタヤ」に関しては面白くないので大幅な書き直しをするよう言い渡された。十分に推敲しないままに脱稿を急いだというのがそもそもの原因ではあるが、第一章から第三章で記した韓国、インドネシア、カンボジアの世界遺産とは異なり、ことアユタヤについてはなまじ下調べをして現地に臨んだということが、第一稿の記述を面白くないものにしてしまった元凶ではないかというのが個人的な見解である。いわばストーリーを知ってから映画を観たようなもので、実際に現物を目にしたときの驚きや感激の絶対量が人様に読んでもらえる旅行記を著すに必要なレベルに達していなかったのだろう。

史跡や遺跡を訪ねる場合、それに関する知識をもっていたほうが楽しいのかもしれないが、それはある程度歴史に興味があったり、歴史を理解するための感性を本質的に備えた人々にとってのことではないかとも思う。また、定年後に初めての海外旅行をして長年憧れていたどこそこの遺跡を訪れて大感激したというような話には素直に感銘を受けたりもする。だが、そうではない私のような歴史の門外漢にとっては、なまじっかの知識をもつと、その知識を確認するためだけの旅になってしまうような気がしてならない。『イヤイヤ訪ねた世界遺産だったけど』といういささかひねくれた本書のタイトルはそんな思いを込めたものだ。歴史の素人は歴史の素人なりに、肩肘張らず背伸びをせず自然体で訪ねても、世界遺産というものは結構好奇心を刺激してくれるものだということが伝わればせめてもの幸いである。

また編集段階では、説明不足の部分を補足したりコラムにするようにとの指示もいただいた。説明不足というよりは、基本的に知識が足りなかったから書いていなかったというのが正直なところであり、泥縄式に勉強して四苦八苦しながら最低限の内容を書き加えたが、やはり基本的に私という人間は歴史を学んだり追求したりするような人間でないことをあらためて実感することとなってしまった。

本書に出てくるアジア各国、各民族の歴史に関する記述については、百科事典や専門家の著した書物を参考にした部分もあれば、ガイドや現地で知り合った旅行者から聞いただけできちんと裏付けをとっていない部分もあるし、無意識のうちに身につけた思いこみや思い違いも混じっているに違いない。あくまでも歴史の素人が気まぐれで綴った旅行記とご理解いただき、嘘や誤り、矛盾などの類には、どうかご寛容賜りたいとお願い申し上げる次第である。

本書が刊行されるにあたってはいろいろな人のお世話になったし、私がアジアを旅することができたのも大勢の他人様のおかげである。実名を挙げて感謝の意を表すのがいわゆる「あとがき」の作法かもしれないが、それをするときりがなく、また、読者のみなさんにとっては著者の公私混同にしか思えず面白くないであろうと考えて、あえて省略させていただいた。

二〇〇一年六月

大西　剛

著者紹介

大西　剛（おおにし・つよし）

1959年大阪生まれ。京都大学卒業後、会社勤務を経てフリーランスのコピーライターに。趣味は旅行。学生時代は決して海外に行かないと心に誓うが、29歳で初めて海を越えニュージーランドに4カ月滞在、36歳でアジアに目覚める。以後アジア18カ国・地域をめぐり、世界遺産約20カ所を訪ねる。日本グラフィックデザイナー協会会員。

イヤイヤ訪ねた世界遺産だったけど
——アジアで見つけた夢の足跡——　　（検印廃止）

2001年7月25日　初版第1刷発行

著　者　大西　剛
発行者　武市一幸

発行所　株式会社　新評論

〒169-0051
東京都新宿区西早稲田3-16-28
http://www.shinhyoron.co.jp

電話　03(3202)7391
FAX　03(3202)5832
振替・00160-1-113487

落丁・乱丁はお取り替えします。
定価はカバーに表示してあります。

印刷　フォレスト
製本　桂川製本
装丁　山田英春

Printed in Japan
ISBN4-7948-0531-4 C0022

ちょっと知的な旅の本

M.マッカーシー／幸田礼雅訳 **フィレンツェの石** ISBN4-7948-0289-7	A5 352頁 **4660円** 〔96〕	イコノロジカルな旅を楽しむ初の知的フィレンツェ・ガイド！　遠近法の生まれた都市フィレンツェの歴史をかなり詳しくまとめて知りたい人に焦点をあてて書かれた名著。
スタンダール／山辺雅彦訳 **南仏旅日記** ISBN4-7948-0035-5	A5 304頁 **3680円** 〔89〕	1838年，ボルドー，トゥールーズ，スペイン国境，マルセイユと，南仏各地を巡る著者最後の旅行記。文豪の〈生の声〉を残す未発表草稿を可能な限り判読・再現。本邦初訳。
スタンダール／臼田　紘訳 **ローマ散歩Ⅰ・Ⅱ** Ⅰ巻ISBN4-7948-0324-9	A5 436頁 **4800円** 〔96〕	文豪スタンダールの最後の未邦訳作品，上巻。1829年の初版本を底本に訳出。作家スタンダールを案内人にローマ人の人・歴史・芸術を訪ねる刺激的な旅。Ⅱ巻来春刊行予定。
川野和子 **中国　魅惑の雲南** ISBN4-7948-0375-3	四六 620頁 **4000円** 〔97〕	【一万二千キロの風景】日中兵士の悲劇の場となった「援蒋ルート」，そして小数民族の里を訪ね，華やかな民族衣装の裏側に隠された実像を活写する。口絵カラー8P，写真多数。
友田　博 **タイのチャイナマン** ISBN4-7948-0304-4	四六 320頁 **2500円** 〔96〕	【かき混ぜて，ドリアン色の夢】44はタイのラッキーナンバー。44人のタイ華人やチャイナマンのエネルギッシュな日常とその夢の明暗を気鋭なルポライターが生き生きと描き出す。
土方美雄 **アンコールへの長い道** ISBN4-7948-0448-2	四六 320頁 **2500円** 〔99〕	【ちょっと知的な世界遺産への旅】何故それほどまでに人はアンコール・ワット遺跡に惹かれるのか。内戦に翻弄されるカンボジアの人々の「現在」とその「歴史」の重みを伝える。
土方美雄 **マヤ終焉** ISBN4-7948-0468-7	四六 336頁 **2500円** 〔99〕	【メソアメリカを歩く】「過去の遺跡のみについて語ることは、やはり犯罪的なことではないのか」。文明の痕跡と先住民の現在から得られた旅の眼差し。口絵カラー８P。
鈴木孝壽 **ラテンアメリカ探訪10カ国** ISBN4-7948-0462-8	四六 260頁 **2500円** 〔99〕	【豊穣と貧困の世界】企業駐在員として長い間ラテンアメリカ諸国を巡り歩き生活してきた著者が，多様な特色と魅力に溢れる10カ国の社会と文化を豊富な体験を基に活写する。
鈴木篤夫 **イースター島の悲劇** ISBN4-7948-0470-9	四六 256頁 **2500円** 〔99〕	【倒された巨像の謎】「地球上で一番遠い島」と呼ばれているこの絶海の孤島で演じられた悲劇とは。島の成立から崩壊に至るミステリアスな歴史をたどった現代社会への問いかけ。

＊表示価格はすべて本体価格です。